# 思辨的禅趣

禅趣

中国思想史系列

熊逸 作品

北京联合出版公司
Beijing United Publishing Co.,Ltd.

**图书在版编目（CIP）数据**

思辨的禅趣 / 熊逸著 . — 北京：北京联合出版公司，2018.6
ISBN 978-7-5596-1720-0

Ⅰ.①思… Ⅱ.①熊… Ⅲ.①禅宗－佛经－中国－唐代 ②《坛经》
－研究 Ⅳ.①B946.5

中国版本图书馆CIP数据核字（2018）第030790号

**思辨的禅趣**

作　　者：熊　逸
责任编辑：刘　恒
产品经理：张其鑫
特约编辑：丛龙艳

- - - - - - - - - - - - - - - - - - - - - - - - - - - - - - - - - - - - -

北京联合出版公司出版
（北京市西城区德外大街83号楼9层　100088）
北京联合天畅发行公司发行
北京旭丰源印刷技术有限公司印刷　新华书店经销
字数 212千字　880毫米×1270毫米　1/32　印张 9.75
2018年6月第1版　2018年6月第1次印刷
ISBN 978-7-5596-1720-0
定价：58.00元

- - - - - - - - - - - - - - - - - - - - - - - - - - - - - - - - - - - - -

# 题记 1

人们总是对禅宗的机锋公案给予过多的热情，而正确的阅读顺序其实应该是从《坛经》开始。《坛经》创设的理论体系是后来一切机锋公案的思想源头，所以，若从《坛经》入手，则可以高屋建瓴，一通百通。

有必要说明的是，本书是将《坛经》及禅宗纳入思想史的范畴加以考察的，尽力把相关的那些深刻的或看似诡异的佛学义理有理有据地阐释清楚，梳理它们的来龙去脉，展示的是一个和普通人心目中迥然不同的佛学世界。之所以使用轻松诙谐的笔调，仅仅为了阅读的便利。

所以，这样的一本书显然并不适合虔信的佛教徒，而仅仅适合于那些对佛教世界怀有单纯的好奇心以及对佛学义理怀有纯粹知识趣味的读者。

# 题记2

　　1859年，穆勒的《论自由》一书这样谈道：所有基督徒都相信，受到祝福的是贫穷、卑贱、遭受侮辱与损害的人，富人进天堂比骆驼穿过针眼还难；基督徒不该评判别人，免得也被别人评判，应当爱人如己，安心过好今天而不去预计明天，应当把内衣一并交给夺去自己外衣的人，应当把自己的所有财物分送穷人……当他们这样讲的时候，他们的确满怀诚意。

　　穆勒认为，基督徒们都相信《新约》的训诫是神圣的，也都理所当然地接受这些训诫作为自己的行为规范，但是，当真这么去做的人可谓千中无一。他们实际遵循的行为规范并不是这些，而是他们那里的风俗习惯。

　　这个意见适合于所有大众化的宗教信仰。禅宗，乃至整个佛教，也是一样。那么，如果有人执意要从历史脉络与经典文本当中考订"原始意义"，阐明今天看来匪夷所思的经义在历史情境下是如何顺理成章的，并且以极尽通俗的语言讲给听众的话，一定是非常不受欢迎的。遗憾的是，本书做的就是这种不受欢迎的工作。

# 目 录

· I

序之一

# 八戒说禅，胜似唐僧

猪八戒的所谓八戒，其实是有个来由的。

佛门戒律无数，最基本的有五戒、有十戒，还有一种不大正式的情况：把十戒小小地打个折，除掉其中"不许积蓄金银财宝"那条，再把"中午以后不许吃饭"这条算作吃斋，于是，戒律就还剩下八条，这就叫"八关斋戒"，简称"八戒"。

这种戒律是针对那些想临时体验一下出家生活的善男信女们特别准备的，持戒的最短期限只要一昼夜就够，哪天要想再过出家瘾还可以接着持戒，次数不限。所以《西游记》里用"八戒"来做老猪的法号，暗喻讥讽，真是恰如其分。

我这番谈禅论佛，也是八戒之身，临时做几天善男信女，一颗心还常在西天和高老庄之间摇摇摆摆。

当然，八戒说禅也有格外的好处，有劳动人民的朴实语言，也有无产阶级的朴素哲理，总之，尽量想让知其然的人能知其所以然，说的都是能让普通人一听就懂的话，如果换作唐僧主讲，博士以下学历的人都要被拒之门外了。

我们学佛也是要讲方法的，很多人喜欢去看机锋公案，经常绕进去就出不来，市面上很多讲解机锋公案的书也都流于个案分析，往往是十本书给出八个答案，你也不知道谁对谁错。

其实只要搞通一些核心义理的话，所有机锋公案都可以迎刃而解，就好像学通了几何里边的公理、定理，所有几何题你都可以解决。陷入迷宫的时候，我们要想办法找到源头往后梳理，要想办法站在高处往下看。《坛经》就是源头，就是"高处"。

本书从《坛经》入手，在梳理禅宗思想渊源的时候难免会由禅及佛，涉及印度佛教的学理纷争与中国佛教的传承演变——许多人认为禅宗是完全中国本土化的佛教，其实并不尽然，禅宗的许多思想都可以在印度佛教乃至印度外道那里找到源头的。连带对一些许多人都知其然的东西——比如，"风动幡动""空即是色"，也会尽量讲出个所以然来，毕竟这些说法既不是故弄玄虚的文字游戏，也不是不合逻辑的信口空谈，而是有着一些比较复杂的佛学背景的。

也会澄清一些对佛教的常见误解，比如，善恶有报、灵魂不灭、转世投胎、天堂地狱……对了，有坐禅习惯的朋友最好别受什么影响，因为文中有很多篇幅都是讲坐禅有害的——天地良心，这话绝对不是我说的，而是慧能大师说的，禅宗别看名为禅宗，其实是最反对坐禅的。

文中还会用到一些心理学知识帮助分析，但大家可别以为我能猜出那些古人的心思——不但我做不到，所有严肃的心理学家都做不到。

还得说说，这个题材写起来是最容易招人骂的，所以动笔之前，很有必要找一顶大帽子来戴。

《坛经》是佛教经典里唯一以"经"来称呼的中国僧人的作品，禅宗六祖慧能也是至今依然响当当的传奇人物。然而，当初胡适从新见的敦煌资料小心求证，得出结论说早期的禅宗史其实是慧能弟子神会编造出来的一部伪史，慧能的六祖身份也是被神会连蒙带骗地硬捧出来的，至于《坛经》本身，反映的也并非原汁原味的慧能思想，而是神会及其门徒们自己搞出来的。胡适的一连串相关文章不但挑战了许多人的常识，更挑战了许多人的信心，可想而知引来了连篇累牍的批评。

　　作为当时佛门的一位顶尖高手，印顺大师也开始奋笔批胡，但他的批评是这样开始的："胡适所做的论断，是应用考证的，有所依据的。我们不同意他的结论，但不能用禅理的如何高深，对中国文化如何贡献，更不能做人身攻讦。唯一可以纠正胡适论断的，是考据。检查他引用的一切证据，有没有误解、曲解，更应从敦煌本《坛经》自身，举出不是神会所做的充分证明。唯有这样，才能将《坛经》是神会或神会一派所造的结论根本推翻。"

　　当然，我这里写的并非什么考据文章，而是一篇篇通俗小文，而所谓通俗，只是说不像以前写的《春秋大义》和《隐公元年》那样详注出处和引文而已，并不意味着信口开河，内容上也和上述两篇一样，以散文笔法来写论文。如果把引文和注释做足，把推理思辨凝练出来，把书名改成《论禅宗思想的印度佛学源流及前公案时代的宗风特色》之类的，再把面孔板起来说话，就是一篇论文了。所以，希望那些跃跃欲试要开骂的人能多以印顺大师为榜样。不胜感谢。

序之二

# 既不励志，也不小资，更没文化的禅

不励志：如果溯本求源、考察一下核心概念，就会发现：别说作为佛门之一支的禅宗，整个佛教的根本主旨就是厌世的——赵朴初就曾经坦言这个会令许多人不快的说法。其实佛陀时代和佛陀之前的时代，印度五花八门的宗教派别基本上都是厌世主义的，都说世界是幻象，人生是苦海，这是大时代的风气使然。后来佛教传到中国以后，入世精神越来越重，及至现在，人们讲佛谈禅又一变成为人生励志了，书店里卖一些现代版的佛经禅话常常会和《世界上最伟大的推销员》《快乐人生》这类书摆在一起，这是时代大风气使然。在宗教的种种要素之中，教义往往是最不重要的。

不小资：佛教史上讲的禅宗，一般是指慧能创立的所谓南宗禅，就是"菩提本无树，明镜亦非台"和"风动幡动"的那个，虽然随着禅宗的发展，越来越多的士大夫被吸引了进去，但南宗禅本来就是一支"农民禅"——生活方式是自给自足的小农经济，修行法门是自证自悟的小农心态，也不提倡钻研经典。当然，我用"小农"这个词绝对不是贬义，相反，比起同时代风风光光的那些占有良田千顷、奴婢无数、完全靠人供养的寺院僧伽来说，禅宗的自食其力精神只能让人产生敬意。

但不管怎么说，农民禅毕竟是农民本色，这样的禅宗其实一点儿"禅意"都没有，往红酒里兑雪碧那是后来的事。"禅宗作为宗教的团体，反映了小农经济的人生观和世界观。""禅宗是农民的佛教。"——这些难听的话绝对不是我说的！我举报，这都是任继愈说的。


没文化：禅宗真正意义上的祖师爷慧能，也就是《坛经》（或称《六祖坛经》）的主人公，是一个货真价实的文盲。他本着无知者无畏的精神对传统佛典任意曲解和发挥，完全不顾文本的原始含义，还常常会以毫无根据、空穴来风式的佛学理论攻击其他佛教宗派根正苗红的精微义理，从不惮以文盲的身份挑战同时代的佛学大师。

禅宗那个鼎鼎大名的口号"不立文字"大约就和慧能的文化程度有关。汤用彤曾举了四个例子来证实"禅宗史传之妄"，首先就把所谓"秘密相传，不立文字"给击破了，更推测说是慧能一系的后学们给自己争正统，因为慧能是文盲，这才量身定做了这个"不立文字"的传说（尽管这个说法我认为还有商量的余地）。


还有几句嘱咐：小标题里的"面目"一词是截自"本来面目"，这个我们常用的词语正是出自《坛经》，是慧能前辈的话，原本是指每个人都有的真实心性，这一心性也就是真如佛性，禅宗讲"顿悟成佛"便是要在当下的一念之间（"一念之间"这个词也是从佛经来的）发现自己的"本来面目"。那么，我将要讲的，将会是怎样的本来面目呢？或者，到底会是本来面目还是面目全非呢？这就要交由各位自行判断了。

在正文里，我会主要从佛学和历史这两个角度来切入《坛经》文本，关注的是禅宗的本来面目和来龙去脉——它的思想来自哪里，又在反对什么，为什么会这样？我照例是喜欢搞清楚"是什么"和"为什么"的问题，"该怎样"这类问题也照例与我无关。

所以，大家既不可能从我这里感悟到什么《禅意人生》，也不可能欣赏到《禅是一枝花》，冬尼娅们就不要看了，欢迎和保尔·柯察金一样的无产阶级工农兵多多捧场。

序之三

# 从几个常见的误区说起

## 1. 文盲手里的旅游图

佛经为什么需要解读？这问题怎么看都不像是一个问题，但事实上，在很多人的眼里它确实是一个问题。我们会遇到的最常见的说法就是，"佛经是要去'行'的"。这里的"行"自然是实践的意思，这本没错，但是，用实践来否定理解，这就错了。

不仅是在佛教领域，似乎只要在信仰的领域，这个问题就总会出现。即便当初我分析"《春秋》三传"的时候，也有人说过"'《春秋》三传'不是用来读的，而是用来行的"。

虽然经典们互相之间的矛盾百出，很难让人搞明白到底该听谁的话，到底该怎么去"行"，但我可从来不曾否认过"行"的重要性，况且，佛教的一些宗派（譬如禅宗）本来就是强调实践的——你如果去问一些古代禅师有关佛学的义理问题，他们往往是回答不清的，也不认为这种问题能够用语言解释清楚，他们不大会仔细描述你想去的目的地，却会告诉你通往目的地的正确路线。这就像一个从没去过上海的人问一个上海人：上海到底什么样？上海人虽然很清楚家乡的样子，但却很难解释清楚，于是，他会画一张路线图出来，告诉你怎么去上海，等你到了以后可以自己去看。

禅师们的这种作风被后来一些故作高深的人搞得过于高深了。试想，张三问禅师："极乐世界是什么样啊？"禅师沉默不语，只是伸出一根手指。李四问："听说猪肉涨价了，怎么办呀？"禅师沉默不语，照旧伸出一根手指。一根手指包打天下，足以蒙住很多单纯的外行——我写的这篇东西，如果出成书，前后两三百页全是白纸，只在中间某一页上画一根手指，不知道有多少人会买。

事实上，许多佛经并不指导人们如何实践，而是把力气都花在讲道理上，苦口婆心地论证世界为什么是空幻不实的，人生为什么是没有意义的，解脱之道为什么如此重要。即便就实践一层的意思来说，一个显而易见的事实是，佛经（或其他什么经典）就像是一张旅游图，指引我们上天堂或是别的什么我们向往的地方，的确没有什么人会把旅游图当作教科书来深入研读，在一般情况下也的确没有这个必要，手里拿着旅游图的时候我们是要抬脚去走的，但是，我们首先要能看得懂旅游图才能抬起我们的双脚吧？而另一个显而易见的事实是，旅游图往往并不是容易看懂的，我们需要知道坐标，知道比例尺，知道一些必要的符号，当然，最重要的是，我们要识字。至少具有同等重要性的是，我们还需要确定我们手里的这张旅游图是正确的、正版的、最新版的，是经过一家信誉良好的出版社严格三审三校的产品——遗憾的是，要齐备这些条件往往并不容易。

我们可以想象一下：一个来自穷乡僻壤的文盲初到北京，拿着一张十年前出版的盗版旅游图，想从北京站走到颐和园，成功的可能性能有多大呢？同样，我们拿着一部充满着讹误、增窜、脱漏的佛经，义无反顾地拔脚就走，我们到底会被指引到哪里去呢？

佛教典籍浩如烟海，一个人就算穷尽三生三世也没可能看得完，这些经典有许多是来自印度的，经过翻译，难免会损失一些什么。当翻译问题积累过多的时候，认真的读者就该挠头了："这些话怎么都说不通呀？怎么有这么多自相矛盾的地方呀？"当然，另一方面，错误的翻译也可以被阐释出深刻的哲理，比如，观世音菩萨的名号，观世音为什么叫观世音。我见过好几种解释，一种比一种深刻，但精通梵、汉双语的玄奘在西行之路上发现：这分明是对梵文的误译，正确的意译应该是"观自在菩萨"。

翻译经典会出问题，本土经典一样问题重重。现在我要讲的这部《坛经》，版本众多，其中有不同人的不同抄写，也有不同时代人的不同篡改，错别字自然更是少不了的。种种说法互有出入、互相矛盾，莫衷一是。我们可以想象一下：如果你拿到好几份北京旅游图，有的把颐和园画在北城，有的把颐和园画在南城，有的干脆就没有颐和园，你还会毫不犹豫、义无反顾地拔脚就走吗？

经典大多都是这样的，成书的过程和现代出版业截然不同。我们很容易拿现代生活的习惯来套古人，以为某位大师写了一部书，给出版社投稿，经过三审三校，最后主编签字，印刷出版。但古人既没有这样的出版流程，更少有著作权意识，成书过程往往是累积型的：学生抄了一些笔记，学生的学生整理这些笔记，不知又是哪一代的学生在这些笔记整理稿上删删改改，又不知什么时候就突然成书了。这样的书往往被冠上祖师爷的名号，但谁也说不清究竟有多少内容属于祖师爷自己。再者，不同的学生有不同的笔记，不同的笔记又有不同的流传，如果各自成书，当然内容不同。大家熟悉的《论语》就有着这样的经历，之所以我们现在只看到"一部"《论语》，只是因为其他版本的《论语》都失传了而已。《老子》也是一样，并不存在一位"老子"骑青牛西出函谷关，被关尹拦着，不得不写下五千言的事情，即便在郭店竹简本《老子》出土之前，《老子》文中被增删、润色的铁证便已经被史家的火眼金睛给发现了。至于我们一般读的通行本《老子》，是到唐朝才基本定型的本子，所谓"道"为上篇、"德"为下篇，五千言，八十一章云云，这都是唐玄宗搞出来的，圣旨一下，古籍原貌尽失，再等时间一长，人们忘记了当初这个缘由，就以为我们现在看到的就是老子亲笔写下的完整版本的原貌，而在这种张冠李戴的基础上大谈老子如何如何，这种事居然还很常见。大家可千万别以为我们现在看到的这个通行本《老子》就是《老子》自古以来始终不变的样子。

经典往往如此，佛家更有甚之。和尚们普遍比儒家更缺乏学术态度和历史精神，再加上神道设教的手法，便给后人摆出了一座空前巨大的迷魂阵。有时候我们简直可以这样形容：一切细节都是可疑的，只有信仰是真实的。那么，回到旅游图的那个比喻，我们拿着一份旅游图，想从北京站去颐和园，我们如果想把路走对，就不得不参照其他版本的北京旅游图，当然，还要学会认字，学会看坐标、比例尺和地图符号。

走到目的地并不容易，不是拔脚就走、稀里糊涂就能到的。佛陀可以说是第一个成功的探路者，当初他老人家为了探明这条路可真花了不少工夫，吃了不少苦头，最后终于把路探明白了，也就成了佛了——佛的意思就是"觉悟的人"。佛教早期一直把佛陀当作一位"觉悟的人"、一位伟大导师来看待，佛陀变成神通广大、法力无边的形象那是后来的事。

所以，我们要想达到佛陀给我们指出的那个目的地，就得认真学习他老人家留下来的地图。

但如果你一定要穷追不舍地问：真把佛法搞通了是不是一定就能解脱生死轮回之苦？——这，就不在本文的讨论范围之内了。

## 2. 不同根器的人如何从北京走到上海？

另一个常见的说法是，地图们看似互相出入、互相矛盾，其实并不矛盾，因为那是针对不同根器的人而分别设计的，至于最终结果，条条大路通罗马。

这种说法现在很是流行，如果追溯源头，至少《坛经》里的慧能大师就这么说过，而且，与禅宗同时代的唐代几大宗派也有这样的说法，这在唐朝看来是个公论，而唯一的问题是，每一派说的都不一样。天台宗说当初佛陀说法一共分为五个时期，针对不同根器的人分别讲授不同的经典，从一开始的《华严经》一直讲到最高级的《法华经》，所以《法华经》才是佛的终极真理。不用问，天台宗主推的就是《法华经》。

　　可是，别的宗派也这么看吗？当然不是。比如华严宗，他们也把佛门经典分成五等，《华严经》是最高的一等，比任何宗派的任何经典都强。

　　就连唐僧的法相宗也未能免俗，他们把佛陀说法分为三个阶段，前两个阶段是佛陀针对根器浅的人讲方便法门，只有第三阶段讲的自己这一派的内容才是核心奥义、终极真理。

　　是的，佛教越发展流派越多。就说中国佛教吧，我们比较熟悉的除了禅宗之外，还有密宗、净土宗、唯识宗等，各有各的说法。大宗之下又有小派，比如，禅宗又分顿宗和渐宗，顿宗又分临济宗、曹洞宗等。唐朝的调和论我们已经见识过了，都是抬高自己、打击别人，现在的调和论就温和多了，大约是因为没有多少人还真正在佛学理论的追求上像古人一样较真了，他们常说的是，佛法只有一个，但因为世人根器不同，所以佛法要因人施教。这就好像同样为了让学生们通过小学数学的全国统考，有的辅导班推行一天二十四小时的题海战术，有的辅导班推行兴趣教学法，有的则推行自学成才，如果你缺乏意志力，那就选个管理严格的辅导班，如果你意志力很强，那就努力去自学成才。猫有猫道，鼠有鼠道，总有一款适合你，而最后的统考则是一样的。

我们也可以把所谓根器比作钱财，同样是从北京到上海，有钱人可以坐自己的专机，走一条直线直达上海；钱少点的人可以坐火车先到天津，然后坐长途车到塘沽，再坐船走海路南下。如果我们把这两条路线标在地图上，会很容易发现它们的不同。但是，不会有任何一份交通图告诉你从北京到上海的正确路线是步行一直往北走。这就是说，从北京到上海，可以有无数条正确的路线，但并不是所有的路线都是正确的。也就是说，确实有无数条道路都可以让不同根器的人修成正果，但不是所有的道路都可以达到这个目的——持调和论的人往往会犯这个错误，把"无数"等同于"所有"。

如果我们考察佛教的历史，更会发现其派别冲突之大远远超乎现代人的想象。现代持调和论的人往往把调和论的适用范围无限放大，他们不像古人那样爱较真了。佛教在历史上长久以来都是流行辩论的，既有同一个寺院、同一个派别的内部辩论，也有不同寺院、不同派别的辩论，更有和教外人士的辩论。古代的很多佛教徒相信：佛法是越辩越明的。尤其骇人的是，印度的早期辩论甚至充满血腥色彩，输的人会被割下舌头。当然，他们并没有杀生，只是割舌头而已。印度佛教发展出了强大的逻辑学，实在是有些现实压力的。

所以，关于佛教的真理与派别，既有条条大路通罗马的一面，也同样有着冰与火不相容的一面。所以佛教当中才有所谓"正信"，只有持正信的人才是真正的佛教徒，其他人则是歪门邪道。

正信当中有着无数法门、无数途径，但并非所有的法门与途径都是正信。极端的情况正如斯威夫特所言："我们身上的宗教，足够使彼此相恨，而不够使彼此相爱。"

这些描述可能会让一些现代人不大习惯。是呀，时移世易，以前的和尚们主要是修行、学习、辩论，执着地探索最高真理，随着佛教的发展和越来越中国化，和尚们的宝贵时间就更多地被开光、做法事占去了。佛教徒从出世的、实践型的哲学家渐渐变成了入世的心理医师。

我们这里看的既然是历史，也就更多地接触着佛教往昔的一面，那时候的真理争夺战常常让人目不暇接。

# 3. 什么才是正信？

那么，到底什么才算正信呢？一个最简单明确的标准是，我的就是正信，和我不同的都不是正信。

这绝对不是我在搞怪，而是活生生的事实。大概没有人会认为自己走的是歪门邪道，都说自己的才是货真价实的正信。所以我们会发现，无论哪一门、哪一派，都是正信，互相水火不容的派别彼此都是正信。比如，我们都知道佛教分大乘和小乘，所谓小乘就是大乘佛学建立之后对部派佛学的贬称，按吕澂说，这个"小"字在梵文里有卑劣、道德低下的意思，那些被大乘贬为小乘的僧侣自己肯定不会这么认为。于是，我说你是"小乘"，你说我是"大乘非佛"，天知道到底谁才是正信。

那么，难道正信就不存在一个客观标准吗？据说佛陀当年就有过这种担心：

佛陀在鹿野苑的时候曾向众比丘讲过这样一个"阿能诃鼓"的故事。

过去，有个名叫陀舍罗诃的人，这个人有一面鼓，叫作阿能诃鼓。

阿能诃鼓的声音非常好听，也非常响亮，能传到四十里之外。

可是，时间久了，鼓也就破旧了，于是，鼓手重新裁割牛皮，修修补补。阿能诃鼓虽然被修好了，可是，它的声音再没有当初那么好听了。

随着时间的推移，阿能诃鼓不断损坏，不断被修缮；又不断损坏，又不断被修缮，每个部件都被一次次地更换过了……

阿能诃鼓还被叫作阿能诃鼓，但是，这还是当初的那面阿能诃鼓吗？

这个阿能诃鼓的故事，出自《杂阿含经》，"阿含"一脉的经典是佛门早期的经典，距离佛陀生活的时间最近，又是在部派分化之前结集完成的，想来该是最接近佛陀的经典了吧？

作为佛陀最知名的几位弟子之一的阿难，在佛陀去世没多久之后便遇上了一件足以验证阿能诃鼓预言的事情。《付法藏因缘传》里这样记载着：

阿难走入一片竹林，听到有比丘在念诵佛法偈语：

若人生百岁，不见水老鹤。
不如生一日，而得睹见之。

阿难听过之后"喟然长叹"，暗暗叫苦道：怎么佛陀的话这么快就变味了？怎么烦恼诸恶这么快就兴起了？怎么这么快就有人违反佛陀的教导而自生妄想了呢？阿难连忙打断了那位比丘，对他说："你念诵的不是佛陀的话，不是修行的正道，我来告诉你真正的佛偈是什么吧。"

于是阿难念诵佛偈：

若人生百岁，不解生灭法。
不如生一日，而得解了之。

这位比丘听了阿难的佛偈，回去以后就说给自己的师父听。师父却说："阿难老朽，脑子不灵光了，说话总是说错，不要信他的，以前我教你怎么念的你还接着怎么念去！"

这位比丘听了老师的话，又继续念他的"不见水老鹤"去了。

一种思想发展下去，难免会越来越走形，越来越离谱。所以，总得有些核心理念作为支柱才好。怎样才能客观地衡量什么才是正信呢？标准本来也是有的，就是所谓"三法印"或"四法印"。

"印"的本意就是印章、印玺，比喻这些基本原理是被加盖了最权威的印玺的。这"四法印"分别是：

诸行无常。诸法无我。涅槃寂静。有漏皆苦。

而这"四法印"之中，又以前两点"诸行无常"和"诸法无我"最为根本。如果我们较真一下，真以这"四法印"为标准来衡量后来的佛教宗派，会吃惊地发现绝大多数的宗派都不是正信。因为，"诸行无常"和"诸法无我"是根本否定人有永恒的灵魂的，而我们所熟知的佛教几乎无不说些什么灵魂转世、投胎转生之类的事情。

即便把标准放宽，结果也好不了多少。佛门有一种说法叫"大乘非佛"，中国流行的佛教主要就是大乘佛教，而大乘佛教的出现大约是在佛陀死后六百年之后的事了，大乘经典虽然也都打着"如是我闻"的旗号，号称是直接从佛祖那里亲聆的教诲，其实从主张到风格都已经和早期佛教背离太远了。当然，大乘佛教是不是更优秀，这是另外的话题，但它对早期佛教的背离程度之大却是不容否认的。甚至可以说，大乘佛教就是借壳上市，门面还是佛陀的门面，内容却彻彻底底地换汤换药了。

很多事情都是这样，当新的变成了旧的，许多人便会认为这就是事情的本来面貌，而如果有人拿出了最开始的那个旧的，反倒容易被认为离经叛道了。

那么，对《坛经》的禅宗信仰算不算一种正信呢？

## 4. 和尚的戒疤和牛羊的烙印

新与旧的流变，和尚头上的戒疤就是一个例子。

很多人都知道，仅仅剃了光头还扮不了和尚，头顶还要用香烫上戒疤才行。也就是说，真正的和尚不但要是光头，头顶还要有戒疤。

但是，烫戒疤的做法其实是元代才有的，是元代统治者一项种族歧视的政策，汉人的和尚要烫戒疤，就像农场主给牛羊烙记号一样，喇嘛就不必受这一烫之苦。所以，戒疤不但是汉人的耻辱烙印，也是佛教的耻辱烙印。

但是，等事情普及了，流传也久了，耻辱烙印却变成了身份证明，不烫戒疤的和尚反倒被认为不像话了。

当新的变成了旧的，人们往往会对旧的习以为常，认为这就是事情的本来面貌，原本的许多歧义与冲突也会渐渐在时间的长河里消弭于无形了。一个显而易见却常常被人忽视的事实是，佛学是一门货真价实的"西学"。记得我写《春秋大义》的时候用到过不少西学资料，尤其是比较晚近的社会学和人类学方面的，结果一些人很是看不顺眼，说国学和西学是完全不同的两个体系，水火不容，接下来就连崇洋媚外的帽子也给我扣上了。可是佛学这门西学呢，想想季羡林这位搞梵文、治佛学的专家竟然也会被人冠以"国学大师"的头衔，许多人也不觉得有什么怪异。不错，学术本无国界，时间一久就更没国界了。看看佛学，时间一久，不但没有水火不容，反倒水乳交融，经历了一连串的本土化改造过程，结果呢，原有的一些冲突渐渐消弭了，原来的面貌也渐渐地看不清了。

《坛经》也有这样的遭遇。人们现在理解佛教，很多人都会说众生皆有佛性，放下屠刀立地成佛，等等，以为这就是佛教一直以来的主张，所以，当看到《坛经》里出现这样的说法时，只觉得不足为奇。其实这只是因为慧能之后，禅宗的顿悟法门大行于天下，渐渐变成人们对佛教最简单的常识了，然而在慧能当时，这些却都是革命性的观点，不大能为主流佛教界接受。

## 5. 禅宗从何而来?

顾颉刚论《诗经》，曾说过一句看似极端的话："一首诗文只要传诵得普遍了，对于作者和本诗的传说一定失了真相。"这个道理也许并非放之四海而皆准，但用在佛教、用在禅宗身上却是一点不差的。

禅宗从何而来? 对于这个问题，对佛教只要稍有了解的人都能说得出：达摩老祖一苇渡江，来到中国传法，他老人家就是中国禅宗的第一代祖师爷。那么，达摩又是师承哪里呢? 这似乎也是个过于简单的问题：佛陀有一次说法，却一句话也不说，只是拈起一枝花来微笑，听众们全都莫名其妙，只有迦叶发出了会心的一笑。佛陀于是说：迦叶已经明白了我的意思，我这个禅的法门已经传给他了。

佛祖拈花，迦叶微笑，这个动人的故事广为人知，就在这一笑之间，禅法初传。

但是，如果负责任地来说，这两个故事全靠不住。

达摩的故事很符合传说一贯的发展脉络：越靠后的记载就越详细、越神异，搞得后来一些严肃的学者甚至开始怀疑历史上究竟有没有达摩这样一个人物。汤用彤在这个问题上下了很大的考证功夫，得出一个被学者们广为信服的结论：达摩其人确实是有的，只是他的那些身世、经历大多是不靠谱的。

另一个重要的问题是，达摩确实是一位外来的和尚，但他带来的并不是禅宗。事实上，印度佛教从来就没有过一个叫作禅宗的宗派，虽然禅这个概念确实是从印度来的。印度佛教里所谓的禅，是一种修炼的方式，大体上就是静坐冥想，而这种修炼方式也不是佛家的独创，而是在佛陀以前就有的，是为印度的许多宗教门派通用的，其经典上的源头很可能就是婆罗门《吠陀》经典里的瑜伽，考古发现的源头还要更早。《吠陀》相关典籍里提到修炼瑜伽的八个步骤，其中之一就是禅那，简称为禅。

一说瑜伽，大家都不陌生，现在健身房里还经常在教瑜伽，虽然性质上和几千年前的瑜伽已经不大一样了，但大概还能看到几分远祖的影子。

　　原本，瑜伽一词的一个主要意思是"枙"或"驾"，是指驾驭牛马、制伏牛马的情欲，由此引申出"联系""合一"的意思，中国人译经的时候最早曾把瑜伽翻译成"相应"。瑜伽施之于人，一是指苦行，二是指静坐冥想，也就是禅定。这两种瑜伽路线佛陀都曾走过，苦行走不通，这才改修禅定，也就是说，所谓禅定、瑜伽，都是佛教从古代的印度社会继承下来的，并不是自己的独创。

　　禅定能在印度流行，据说是有特定的地理原因的。早期的地理决定论者认为，印度地处热带，吃饭不大让人发愁，在树上摘个大果子就可以充饥，不像温带和寒带的人那样需要辛苦劳作，再加上天热，所以印度人最喜欢待着不动，于是就诞生出来瑜伽、冥想这类精神产物。至于婆罗门和佛教的关系，佛教可以说是对婆罗门的一场革命——在当时当地，婆罗门才是"正信"。然而，就像再颠覆式的革命也很难把传统彻彻底底地推翻一样，佛教也大量吸纳了婆罗门的传统，禅定就是其中之一。达摩确实把禅定带进了中国，所谓壁观、面壁，其实就是坐禅，也就是修炼瑜伽。

　　所以，达摩带来的禅和禅宗意义上的禅完全是两码事。当然，达摩练的瑜伽和张惠兰的瑜伽也是大不一样的，至少在目的上，一个是为了终极真理，另一个是为了强身健体。

　　禅，在达摩那里只是一种静坐冥想的修炼方法，那么，他所修炼的教义又是什么呢？——很简单，只有一部经书，就是四卷本的《楞伽经》。达摩很直率地告诉大家：别的经都不必念了，一门心思念这部《楞伽经》就好。

既然达摩一系主推《楞伽经》，这一派也就被人称为楞伽宗。也有人认为楞伽宗的说法不太妥当，不过我们这里就不做深究了。

达摩传法，把《楞伽经》传给了慧可，慧可又往下传，传到弘忍是第五代，弘忍也就是我们一般所谓的禅宗五祖，后来北方渐宗的神秀和南方顿宗的慧能就都是出自弘忍门下。一般认为，就是在弘忍这个时代，禅宗作为一个宗派才正式形成。

弘忍之前的时代我们可以称为楞伽师时代。治《楞伽经》的和尚被称为楞伽师。唐代有人编了一部《楞伽师资记》，记载楞伽师的传承谱系，把达摩定为第二代，而开山人物则是《楞伽经》的一位译者求那跋陀罗。

《楞伽师资记》，这个书名很有意思，"师资"这个词我们现在还很常用，比如说某高校师资力量雄厚，而这个词却是源于《老子》的。《老子》里有一篇说"善人者，不善人之师；不善人者，善人之资"，这句话很难解读，但《楞伽师资记》的作者无疑把师和资分别理解为老师和学生，所以顾名思义，《楞伽师资记》说的是楞伽师的师徒传承谱系。如果用追溯的眼光来看，可以说该书讲了很多禅宗孕育期的师承系统。令人见怪不怪的是，这本书里的谱系和其他经典里的记载多有出入，调和论者对此也经常感到无能为力——毕竟，就算一部佛经的核心思想可以被不同的读者做出不同的解读，但如果甲书说李世民是李渊的儿子，乙书说李世民是李渊的孙子，这可怎么调和呢？符合逻辑的解释是，两者只可能都错，却不可能都对。

从禅宗谱系来看，说禅宗思想源于《楞伽经》当然是有道理的，但到了慧能这一代，从《坛经》的记载来看，似乎《楞伽经》的痕迹淡了不少，却有好几处郑重地把《金刚经》抬了出来。比如，说慧能当初就是因为偶然听到有人念诵《金刚经》里的一句"应无所住而生其心"而大有所悟，从此踏上求法修佛之路的。

《金刚经》是大乘佛教的般若系统的经典，梳理从达摩以来的脉络，涅槃一系的《涅槃经》也渐渐地发挥着影响。到了慧能这里，楞伽传统、般若传统和涅槃传统一起开花结果，当然，中国本土的儒家与道家传统占的比重也一点不少，这些都会在后文慢慢道来的。

## 6. 我已经成佛了，就看你的了

最后要说的是，慧能的禅法应该算是佛门万千法门中迅速成佛的第一捷径，我的介绍也会格外通俗易懂，所以我估计大家看完以后，一百个人里大约能有三十人可以立地成佛了，另外那七十人再多看两遍应该也能成佛。试想在不久的将来，大街上、超市里，你身边来来往往的全是活生生的佛，这该是怎样的一番景象啊。

当然，由于比大家起步早，我现在已经是佛了——嗯，自己说自己是佛好像不是回事，要不这样吧，我自己没说，这是我的朋友南山逸士说的。听他的名号就很有名气，佛教里有个南山律宗，还有个号称"南宗正脉"的广西南山寺，好像和他都有渊源。当然，即便南山逸士矢口否认，说他从没说过老熊已经成佛这种话，那我也可以很负责任地告诉大家：虽然他嘴上没说，但心里已经说了。我们之间的交流正是禅宗所谓的"不立文字，直指人心"。

那么，如果你问我这个佛比你们人类多些什么本事，我会不打诳语地说：呼风唤雨、点石成金、翻江倒海、撒豆成兵、刀枪不入、水火不侵……这些事我成佛之前不会，现在还是一样不会。但如果你坚持要请一尊按我的相貌用黄铜打造的纯金佛像供起来，我也不会反对，等你有了什么逢凶化吉、遇难呈祥的遭遇，就当是我的保佑好了。

但是，如果你还穷追不舍，问我如果失了业，还被工头儿拖欠工资搞得回不了家，这时候我会怎么办？唉，我也一样会被扫地出门、流落街头，被流氓打，唯一和凡夫俗子不同的是，我不会怨天尤人、哭天抢地，而是在心理上一切如常，既没怨恨，也没追求。

在这里，所谓佛，大约相当于我们现在的学位。好比我在慧能门下修行，某一天突然顿悟，慧能老师一考核，我顺利通过了，我这就获得了佛的学位，可以毕业了。

当然，并不是说一旦毕业就永远是佛，毕业之后还要小心护持才行，就像英语专业的学生毕业之后，如果一连几年不再接触英语，当初的学业很容易便荒废了。

《坛经》之成佛，说白了其实基本上就是这样，要紧的是，第一，没有什么几百万年的累世修行；第二，没有社会问题，只有心理问题。

所以，禅宗也被称作"人间佛教"，因为它和佛教原本的宗旨已经完全不一样了。佛陀当初的一个核心宗旨是，世间一切都是苦。所以佛教的许多义理和辨析都是要说明世界为什么全是苦的，是不值得留恋的，快乐则是短暂而虚幻的。僧侣们发出雪莱一样的深切呐喊："苦难啊，苦难，这广阔的世界里，处处碰到你！"

苦难了，又如何？小说《名利场》的结尾，此前名利场上种种血淋淋的争斗忽然有了一个豁然的评语："唉，虚名浮利，一切虚空。我们这些人里边有谁是真正快乐的？谁是称心如意的？就算当时遂了心愿，过后还不是照样不满意？来吧，孩子们，收拾起戏台，藏起木偶人，咱们的戏已经演完了。"如果佛陀复生，应当会以赞许的微笑对萨克雷说："孩子，你已经悟道了。"

世界和人生只是戏台幻境，我们必须要看明白这一点，所以需要佛法的指导。苦海呀，无论其中上演着怎样的悲欢离合，还是脱离了最好。

而脱离苦海的唯一办法就是"出世"，也就是"解脱"。但是，人们大多都是把佛教当作现实世界里的心理医生来用。禅宗的发展也是这般道理，至于烧香拜佛那套，更是等而下之、离题万里。即便佛陀复生，看到这般景象也只有苦笑一下了。

第一篇

# 行历

一

慧能大师于大梵寺讲堂中，升高座，说摩诃般若波罗蜜法，授无相戒。其时，座下僧尼、道俗一万余人。韶州刺史韦据及诸官寮三十余人，儒士三十余人，同请大师说摩诃般若波罗蜜法。刺史遂令门人僧法海集记，流行后代，与学道者，承此宗旨，递相传授，有所依约，以为禀承，说此《坛经》。

## 不立文字，用什么来立《坛经》？

开篇是讲《坛经》的缘起。慧能大师在韶州大梵寺讲法授戒，韶州刺史（也就是今天的市长）韦据让慧能的学生法海整理听讲笔记，以使慧能的宗旨可以在以后代代相传的时候有个依据。

但是，事情才一开始，就难免令人起疑：许多人都知道，禅宗不是讲究"不立文字"吗？为什么韦据和法海他们还要如此大张旗鼓地搞一个会议纪要呢？这事情越想就越让人觉得矛盾：如果我要学禅，该不该去读《坛经》呢？如果读了，那么，按照"不立文字"的标准来衡量，我显然是在缘木求鱼，可如果不读《坛经》，只是找个老师来接受口传心授，我又怎么知道老师教的就是正确的呢？

确实，在慧能之后，尤其到了宋代，禅宗的文字越来越多，像著名的那些《景德传灯录》《碧岩录》《五灯会元》之类的东西真没少写。很反讽的是，如果不是借助于这些文字，我们又该从哪里来了解禅宗呢？

铃木大拙曾经做过一个很诡辩式的调和之论："不立文字"当然是对的，但是，要理解"不立文字"，就必然需要很多文字。

铃木前辈这个说法当初真把我给唬住了，后来有一天突然想到，如果按照这个逻辑，是不是还可以说，戒酒当然是应该的，但要真正理解戒酒的意义，就需要喝很多酒；或者，戒色当然是应该的，但要真正理解戒色的意义，就需要荒淫无度？！

这道理细想一想倒也不错：只有酗过酒的人才知道酒的危害，只有纵欲过度的人才更容易体会到"女人不过如此"的真理。是的，对于一个爱吃苹果的人来说，戒掉苹果瘾的一个有效方法就是狂吃苹果以至于吃伤，下半辈子只要一想起苹果就立刻呕吐。骇人的是，这个逻辑曾经真的成为某些佛门宗派的修行理论。

进一步的问题是，如果"不立文字"，那语言要不要立？假如唐朝时候就有录音、录像设备，慧能会不会拒绝呢？

如果这问题不是我问的，而是别人来问我的，我会按照禅宗历代祖师打机锋的风格这样回答"今天天气哈哈哈"；或者诗意一些地说"云在青天水在瓶"；或者什么话都不说，只是高深莫测地伸出一根食指。但既然问题是我自己问的，还是老实一些，按照普通人的逻辑好了。汤用彤曾举了四个例子来证实"禅宗史传之妄",首先就把所谓"秘密相传,不立文字"给击破了,更推测说是慧能一系的后学们给自己争正统,因为慧能是文盲,这才量身定做了这个"不立文字"的传说。

不过话说回来,就算仅仅按照慧能的一贯教导来看,所谓"不立文字"也不应该简单理解为不写文字或不留文字,而是不拘泥于文字、不执着于文字。我们现在有个常用的成语叫"一知半解",这就是从禅宗来的,原话是"一知二解",意思是说拘泥于文字的知解琐碎而肤浅,不好不好。

所以呢,韦据让法海做的会议纪要可以记,也可以不记;大家可以读,也可以不读,读的时候也犯不上死较真(像我这样)。

我自己恰好像是一个反面典型,但是,如果不是这样较真的话,恐怕又想不通这个"不该较真"的道理,也会把"不立文字"做简单的字面理解了。

这是不是很辩证呢?是不是很像《老子》所谓的"道可道,非常道"的感觉呢?《坛经》成书的过程是不是也像是传说中老子骑青牛出函谷关被关尹逼着而写下五千言呢?这些问题如果汇总起来,再追问一步,就很容易变成这样一个新问题:这到底还是佛教吗?!

的确,这样一想,禅宗的确不像佛教。麻天祥有过这样一个论断:"禅宗之禅,是中国僧人和学者,借助创造性翻译,而实现的创造性思维。它建立的基础是中国的庄、老,而不是印度的佛教和婆罗门。是借佛教之躯,而赋庄、老之魂。它不是一种信仰,而是建立在对自心体认基础上的辩证思维。"一言以蔽之,则是:"禅宗思想是大众化的老庄哲学。"

这说法有些过激，在很大程度上否定了禅宗的佛学传统，而这些佛学传统有些又可以追溯到古印度的一些流行思想，但麻先生这么说也不是全无道理。话说回来，关于"不立文字"，《坛经》明确载有慧能的观点——慧能说："有些人提倡不立文字，真要这样的话人就别说话好了，因为说话也就是在使用文字嘛。"看来"不立文字"居然是这位禅宗祖师爷明确反对的，呵呵，那我就放心大胆地写下去了。

　　对"不立文字"还有一种解释，这是慧能的徒孙马祖道一说的——慧能一系的禅宗真正宗风大振，就是在马祖道一的时候。马祖说："我们禅宗人士但凡说点儿什么，走的都是提婆老前辈的路线。"

　　提婆是谁呢？他是一位印度高僧，是大宗师龙树的高徒。这师徒俩都是学问精深、能言善辩的人，平生最大的爱好就是四处出击，寻找各种所谓"外道"去辩论，当然，这些外道也包括佛教内部的不同宗派。印度的宗教界历来都有辩难的传统，比我们中国的百家争鸣还要热闹和激烈得多。他们不但著书立说互相攻击对手，还常常短兵相接、当场较量。理越辩越明，所以印度的宗教思想和哲学思想都那么发达。当时的情形就像武侠小说里的世界一样，无数山头、无数宗派，高手行迹遍天下，半年之间连败多少派的宗师，挑了多少个山头，正邪不两立，一战定输赢……反正你把武侠小说里的练功和决斗替换成修行和辩论就行了。

　　龙树这一辈子，雪山访名师，龙宫得宝藏（这都是真的），遍阅经典，加之天资极高，出世之后打遍天下无敌手，威震当世。提婆本来也是个高手，久闻龙树大名，找上门去要和龙树单挑，结果发现龙树高出自己太多，于是便拜在了龙树门下。

这位提婆潜心学艺，进境一日千里。这一天听说某地佛教衰弱、外道盛行，他就向师父请命，要下山去荡平外道。龙树知道敌人势大，高手如云，对徒弟不大放心，但看徒弟执意要去，也不好挫了他的热情。于是，龙树先把提婆留了几天，在这几天里龙树施展各派武功与提婆过招，眼看着无论是少林金刚指还是武当太极剑都收拾提婆不下，这才放心让提婆下山。

提婆这一去，就好像张无忌现身光明顶，六大派无论多少高手都败在了他的手下。这只是提婆战斗生涯的开始，在辩论一途上，他真是青出于蓝而胜于蓝，比龙树的杀伤力更大，所过之处，十步杀一人，千里不留行。

提婆就算著书，也全是进手招数，像什么《破华山气宗》《破大理一阳指》《破全真剑法》……这就有点儿奇怪了，一般人著书都是有破有立，就算破敌无数的龙树也多有自己的立论，而提婆却只破不立，就像一位打遍天下无敌手的大侠把各门各派的武功都破了一个遍，却从来没有创立过自己的独门武功，也不开山立派。提婆一生就遵循着这样的两大原则，一是"只破不立"，二是"不立自宗"。

话说回来，马祖道一所谓的走提婆老前辈的路线，说的就是这个"只破不立"，也就是说，禅宗讲"不立文字"，这个"立"是和"破"相对而言的那个"立"。大家都知道禅宗有着多如牛毛的机锋棒喝，还有烧佛像的、骂佛祖的，这种种稀奇古怪的招式归根结底就是一个字——"破"。他们不会直接告诉弟子佛法是怎么回事，也就是不作"立"论，却常以荒谬怪诞的方式来"破"掉弟子们的错误认识——这就是"不立文字"的马祖版解释。

当然，这种教学方法都是慧能的徒子徒孙们搞出来的，慧能讲话还是规规矩矩、有破有立，说的大多是能让普通人听懂的话。


## 举一反三，旁敲侧击

禅宗"不立文字"的渊源究竟何在呢？前边汤用彤前辈讲到，这是慧能徒子徒孙的伪造。伪造归伪造，这种思想在印度就早有渊源的。

还是龙树和提婆师徒两个。佛教早有所谓"二谛"的说法，龙树在他著名的《中论》里以新的眼光审查旧说，说佛陀讲的话分为两类，一类是"俗谛"，另一类是"真谛"（"真谛"这个常用词就是从这儿来的）。这一对概念各宗各派都有很复杂的解释，挂一漏万而言，所谓俗谛，就是可以用语言表达的知识，是普通人可以靠着常识来理解的，是世俗真理；所谓真谛，是终极真理，更多地要依靠"现观"才能获得——龙树说的"现观"，大体上就是神秘的直觉和般若智慧。俗谛并不是终极真理，真谛才是，我们要追求的就是佛法的真谛。

那佛陀为什么还要讲俗谛呢？龙树解释说：俗谛是达到真谛的一个必要途径。按照逻辑语言来说，俗谛是达到真谛的必要而不充分的条件。所以龙树强调所谓"中道"，既不能偏重俗谛，也不能放弃俗谛直达真谛。我们中国人可以用不偏不倚的"中庸"来理解"中道"，北宋的智圆和尚就说："儒家说的中庸就是龙树说的中道，名词不同，意思差不多。"智圆甚至还以和尚的身份给自己起了个"中庸子"的别号（顺便一说，龙树这种中道观对慧能的禅法是很有影响的，但这应该是通过龙树的著作被译成中文，在中国流行而间接地影响到慧能的；龙树的著作对中国佛教影响很大，中国的三论宗、天台宗、华严宗、净土宗、密宗都奉龙树做自家的印度祖师爷；唐代中国佛教八大宗派里龙树一脉就占了一多半。流波所及，慧能自然也感受得到。八宗当中，又以天台宗、法相宗、华严宗、禅宗为最盛，时称禅宗为"教外别传"，便是相对于被称为"教下三家"的天台宗、法相宗和华严宗。在这四大宗里，龙树一脉仍然占到一半。后来禅宗编造自家的西天谱系，也把龙树编进去了）。

在真、俗二谛的问题上，提婆比老师更进了一步，说俗谛是"假有"，真谛是"真有"，意思是，判断佛法的真假有一个好办法，凡是用语言文字表达得出来的都是假的，反之则是真的——这简直和"道可道，非常道"是从一个锅里烙出来的。

好了，真谛既然是语言文字表达不出来的，怎么才能让别人理解呢？这就需要通过俗谛来做个中介，这个中介并不是真谛本身，所以是"假有"，等你通过这个中介到达真谛之后，就应该抛弃这个中介，不可把假有当作真有，这就像你通过中介公司租房子一样。

再来打个比方吧，你想认识一个美女，对这个美女你只是听说过，却没见过。现在，这个美女就是你的终极目标，就是你的真谛、真有。你想知道这个美女到底长什么样，张三说她是卧蚕眉、丹凤眼，李四说她是大耳垂肩、双手过膝，但任何描述都不可能把那位美女的形象逼真地再现出来，这就是所谓的"凡是用语言文字表达得出来的都是假的"，或者"道可道，非常道"。

你现在的难题是，只有先准确知道了这个美女的长相才能见到她。于是，你的导师给了你一套这个美女的写真集，这就比语言描述要靠谱多了——这套写真集就是所谓俗谛、假有，它并非美女本身，却可以让你借助它来认识美女。于是，你通过写真集清楚了解了这个美女的长相，觉得正是自己喜欢的类型，于是见到了她，用你的体温去接触她，用你的真心去感受她（这个"接触"和"感受"就是龙树说的"现观"），最后你和她结了婚——你这就是到达真谛了。但结婚以后就不能再天天对着那套写真集过日子了，而要天天陪着太太——这就是提婆所谓的借助俗谛到达真谛之后就要抛开俗谛、忘记俗谛。

所以，写真集只是权宜之计，是属于俗谛的，美女太太才是真谛。

这么说来呢，我写的这些东西也是俗谛，试图描摹写真集而已，不可太当真的，不过，谁要是想反驳我，他说的话一样也是俗谛，当不得真。


真谛与俗谛、假有与真有、现观与中道，好多的专业名词和弯弯绕的复杂说理，后来发展下来，又演变出了种种复杂的说法。其实这套说法的核心观念换成我们中国话说大略就是"只可意会，不可言传"，再加上一个"得意忘言"、理学版的"中庸之道"，大体也就差不多了。这也正体现着中印思想的一处重要差别，印度人毕竟是在枪林弹雨里冲杀出来的（"枪林弹雨"不只是在比喻的意义上用，龙树是被逼死的，提婆则死于外道的暗杀），所以非常重视思辨、逻辑，喜欢搞些复杂的理论体系，中国人在这方面就差些了。龙树和提婆这套道理到了中国这儿，虽然也被烦琐发展过一阵（比如，三论宗、法相宗等都有论说），但真正流行的还是禅宗"不立文字，直指人心"的两句口号和慧能用手指来指月亮的一个小故事。

# 说法·摩诃般若波罗蜜法

慧能在大梵寺说法，盛况空前。听众的身份五花八门，有和尚，有尼姑，有官员，有儒士，共计一万多人。

评书里常说什么"人上一万，无边无沿"，一万多人啊，唐代天宝盛世的广东总人口大约九十多万，在慧能说法的时代人口应该还少于这个数字，而此刻在韶州一地，在韶州的大梵寺这座寺院里，竟然自发地聚集起了一万多人！

慧能就在这个容纳了一万多人的大梵寺里开坛说法，在没有电子扩音设备的原始条件下完成了一个不可能完成的任务。在其他一些记载里，"一万"写作"一千"，看似更加现实一些，虽然一千多人也不是一个靠充沛的中气可以对之演讲的小数目。

如果留心原文的话，会发现听众当中有"道俗"两种人，"道"

很容易被误认为道士，和尚讲经，道士学习，感觉不大搭调。事实上，这里的"道"就是在说和尚，意思是"修道之人"，所修的道自然就是佛家之道。

佛教在东汉时期初传中土，而东汉正是一个谶纬盛行、鬼神遍地的朝代，时人是把佛教归入道术的，这个道术的意思不是道家之术，而近乎方术，学佛叫作学道，就连《四十二章经》里佛门都自称"释道"。及至魏晋，人们也常把佛与道一同列为道家，以和儒家相区别。

话本小说和评书里，和尚经常自称"贫僧"，其实和尚原本是自称"贫道"的，意思是不成器的修道之人，是个自谦之词，后来发现这个称谓实在容易和道士搞混，这才改称贫僧——僧这个字本来是表示四人以上的僧侣团体，是个集合名词，用来用去也就约定俗成了。如果说世上有什么东西可以见佛杀佛、见神杀神，无往而不利，"约定俗成"这四个字也许会排名第一。


慧能给大家讲的法，有个名目，叫"摩诃般若波罗蜜法"，这几个字不用讲，仅仅看上去就玄而又玄，足以唬住很多人了，其实这都是梵文的音译。摩诃的意思是"大"，般若的意思是"智慧"，波罗蜜的意思是"到彼岸"，连起来就是"大智慧到彼岸"。

大智慧还好理解，到彼岸究竟是到哪里呢？这就涉及佛教的一个核心理念了。

我们先来想一想：学佛也好，参禅也罢，我们的目的是什么？

这问题应该是最简单、最基本的，但真要回答起来却很不容易。

大家学佛到底都是为了什么呢?

有人心里会说:"求佛祖保佑我升官发财呗!"

也有人会说:"刚刚陷害了同事,又贪污了公款,心里不踏实,念念佛求个心安。"

也有人会说:"求佛祖保佑我全家老小无病无灾、顺顺利利。"

也有人会说:"生活上受了打击,被同事陷害,被女友抛弃,万念俱灰,所以皈依我佛。"

也有人会说:"为了寻找一个精神家园,提高自己的心理素质。"

也有人会说:"这辈子太苦了,我想下辈子投胎到一个好人家,吃香的、喝辣的,享不尽的荣华富贵……"

大家的需求各不相同,佛门也为不同的市场定位开发出了相应的不同法门。我甚至见过当代某位高僧写了一个公然求财的偈子教人时常念诵,其理论依据是,这世界没钱实在不好过,佛祖也能体谅的。

世人修佛、拜佛,主因多是对现实人生的不满,如斯威夫特所言:"怨言是上天得自我们的最大贡物,也是我们祷告中最真诚的部分。"

但是,从佛教原本的核心理念来看,如果抱着上述这些目的去修佛,就好比想去理发而跨进了某些"发廊"——看似找对了地方,其实根本不是那么回事。

那么,佛教原本的这个核心理念是什么呢?就是慧能现在讲的"摩诃般若波罗蜜法"的这个"波罗蜜",也就是"到彼岸"。"到彼岸"换一种说法就是解脱、涅槃。佛法的很多论证都在证明此间世界都是苦，那些所谓的快乐其实也是苦，总而言之两句话：世界是苦的，人生是苦的。从"苦"再往前推进一步，结论就是，人生和世界都是不值得留恋的。

这道理虽然很直接，却不大容易令人接受。毕竟，世间有那么多美好的东西，总不会都是苦吧？嗯，持有这种看法的人就是被幻象迷惑住了。佛法于是不惜篇幅地教育大家怎么剥去美好事物的外衣，看出它们丑陋的本质。

举例来说，许多人喜欢拍照留影，尤其是那些自恋的人，没事的时候可以翻翻相册，看看自己有多美。佛法针对这种人有一种专门的办法，就是禅观里的"不净观"，大略而言，是要人仔细观想自己的身体，看明白这副臭皮囊无非是一些白骨、血液、内脏、毛发的合成物而已，想想就让人恶心，即便是绝代美女，大肠也绝不好看。如果你仅靠观想还达不到这种程度的话，那就去乱葬岗子好好观察尸体，直到你真正培养出对人类身体的强烈厌憎感觉为止——不净观里边有一种白骨观，《西游记》里的白骨精形象大约就是从这里获得创作灵感的。

等你在佛法的开导下，终于明白世界、人生、人身都如此可厌之后，你离罗汉的境界就已经不远了。这时候你就会像《黑客帝国》的主人公一样，突然觉悟到我们生活于其中的美丽世界原来只是个假象，而这个假象的世界又如此可厌，于是，你接下来自然而然的想法就会是赶紧"解脱"。

当然，所谓解脱，到底是怎么一回事，用普通人的思维和逻辑实在是不容易搞明白的。比如，大家公认佛陀已经获得解脱了，但他老人家解脱之后又如何，恐怕谁也说不清楚。这问题暂且不管，总而言之，佛教的根本主旨就是厌世的——赵朴初就曾经坦言过这个会令许多人不快的说法。其实佛陀时代和佛陀之前的时代，印度五花八门的宗教派别基本上都是厌世主义的，都说世界是幻象，人生是苦海，这是大时代的风气使然。现在人们讲佛谈禅又一变而成为人生励志了，书店里卖一些现代版的佛经禅话常常会和《世界上最伟大的推销员》《快乐人生》这类书摆在一起，这是时代大风气使然。在宗教的种种要素之中，教义往往是最不重要的。

如果我们怀着历史精神来看问题，就得承认佛教当初确实是厌世主义的，但佛家的厌世和普通人的厌世毕竟有些不同。我们看看哈姆雷特的那个著名问题："生或死，这就是问题所在。什么更高贵？是在心里承受恶劣命运的矢石投枪，还是拿起武器面对难题的大海，用斗争去消灭它们？"佛陀的选择似乎是对哈姆雷特问题的折中——既是"拿起武器面对难题的大海，用斗争去消灭它们"，但又不是在现实的意义上去斗争，而是把坚韧的毅力和力量用在了出世和解脱之上。

因厌世而求解脱，解脱也就是"到彼岸"，即波罗蜜。无论彼岸究竟如何，至少可以肯定的是，此岸的世界是不值得留恋的，是需要尽快摆脱的。所以佛教也被称为"出世间法"，评书里常说僧人们"跳出三界外，不在五行中"，说的大约就是这个意思。

话说回来，慧能前辈现在要给大家开讲"摩诃般若波罗蜜法"，也就是大智慧到彼岸的办法。他老人家到底真是关注"到彼岸"，还是另有什么想法，这就要到后文慢慢来看了。无论如何，佛教的宗派无数，歧义无数，普通人关心此间生活的人更是无数，这些都会深刻影响到教义的逼真度。甚至，人们所信奉的其实却是教主所否定的，这样的事情实在太多了。近代名人太虚大师就曾经发起过一场佛教革命运动，宣扬"人生佛教"，关注点似乎已不在解脱，而在人生。

## 授戒·无相戒

慧能大师这次除了讲法，还要授戒。

佛门的戒律是很多的，复杂无比，因其复杂，自然便产生了诸家的争议，甚至专门产生了律宗这样一个宗派，唐代东渡日本的鉴真和尚就是一位律学大师，是日本律宗的创始人。

戒律不像教理。教理可以讲得云山雾罩、玄而又玄，大家唇枪舌剑辩不出输赢胜负，而戒律往往是些简单明确的硬指标。如果我问你："达摩来中国到底为什么呀？"你回答说："可口可乐真好喝。"我很难说你的答案是对是错。但如果戒律明文规定不许杀人，而我亲眼看到你杀了一个人，那即便你说出大天来终归也是犯戒。

佛门戒律无数，最基本的是所谓五戒，也就是不杀生、不偷盗、不邪淫、不妄语、不饮酒。比五戒再高级一层的是十戒，也就是在五戒之外再加上：不许涂脂抹粉戴首饰，不许搞歌舞创作和听歌看舞，坐卧都不许用高床大椅，一过午时就不许吃饭，不许积蓄金银财宝。

还有一种不大正式的情况：这十戒当中，除掉"不许积蓄金银财宝"那条，再把"一过午时就不许吃饭"这条算作吃斋，于是，戒律就还剩下八条，这就叫"八关斋戒"，简称"八戒"。这种戒律是针对那些想临时体验一下出家生活的善男信女特别准备的，持戒的最短期限只要一昼夜就够，哪天要想再过出家瘾还可以接着持戒，次数不限。所以《西游记》里用"八戒"来做老猪的法号，暗喻讥讽，真是恰如其分。

授戒是有仪式的。泛言之，宗教的教义经常会变来换去，信众所信奉的也许正是教主所否定的，于是仪式比教义更像是宗教的核心灵魂。从某种意义上说，宗教可以没有教义，却不可以没有仪式。求神拜佛的人也许根本搞不清自己究竟信的是什么，但他们确实需要一种求神拜佛的仪式。

在授戒的仪式过程中，师父要拿着戒律一条一条地来问弟子，比如，师父说："一生一世都不许抽烟，你能做到吗？"弟子回答："做得到。"师父接着问："一生一世都不许说脏话，你能做到吗？"弟子回答："做得到。"……

条条戒律就是对人的种种限制，种种限制也就是受戒者愿意付出的若干项自我牺牲。从一些人类学研究来看，野蛮人就已经有了付出与回报成正比的观念，修行方式中的苦行似乎正是这种观念的极端例证：苦行者往往是以残害身体作为付出，也许对身体残害得越严重，将来所会获得的东西也就越丰厚。这是一种朴素的信念，再者，人类社会进入文明之后的"种下的是龙种，收获的是跳蚤"之类的感慨毕竟是令人不快的，而人们又总是容易相信那些自己愿意去相信的东西。

慧能大师给人授戒，既不是五戒、八戒、十戒，也不是具足戒的二百五十戒（如果是女子受具足戒，比男子还要多九十八条），而是他老人家独有的无相戒。无相是慧能禅法的一个核心概念，当初达摩推崇的唯一经典《楞伽经》就力图阐明什么才是"无相"，慧能首推的《金刚经》也大讲"无相"，比如，大家熟悉的"无人相、无我相、无众生相、无寿者相"。修行者要以无相来破除妄念、显示实相，也就是说，要使劲去搞清楚眼看的、耳听的、手摸的……一切一切都是不真实的，然后才有破有立，破除了所有虚幻之后，去体悟那个真实。简单说，就是《黑客帝国》里的主人公在做的事——"尼奥，你曾经做过这样的梦吗？你坚信不疑的东西都是真的吗？你能从那样的梦中醒来吗？你能分清梦境和现实世界的区别吗？"寻找真相的路途总是困难重重，幻象是不好辨别的，史密斯特工更不好对付。

据《景德传灯录》讲，有一则发生在禅宗初祖达摩和二祖慧可之间的关于"无相"思想的传说：

慧可问："我心不宁，求老师您让我心安吧。"

达摩回答得很爽快："把你的心拿来吧，我给你安。"

慧可大约是愣住了："哦，把我的心拿出来，可怎么拿出来呢，我找不到我的心呀？！"

达摩说："我已经给你安了心啦。"

无相，是慧能禅法的精义之一，后文还会提到的。这里，慧能在大梵寺给大家授无相戒，顾名思义，这个无相戒应该就是以无相思想为核心的戒律，让持戒者时刻牢记要心无执着。但是，只要我们仔细一想，"时刻牢记要心无执着"这句话本身就是自相矛盾的，因为"时刻牢记"本身就是一种执着。可是，如果不执着于持戒，戒律岂不是没有了存在的意义，又何必搞这个授戒仪式呢？唉，禅法高深，往往不是靠日常的逻辑思维可以领会的。

# 二

能大师言：善知识，净心，念摩诃般若波罗蜜法。

大师不语，自净心神，良久乃言：善知识！净心听！慧能慈父，本官范阳，左降迁流岭南，作新州百姓。慧能幼小，父又早亡，老母孤遗，移来南海。艰辛贫乏，于市卖柴。忽有一客买柴，遂领慧能至于客店。客将柴去，慧能得钱，却向门前。

忽见一客读《金刚经》，慧能一闻，心迷便悟，乃问客曰：从何处来持此经典？客答曰：我于蕲州黄梅县东冯墓山，礼拜五祖弘忍和尚，见今在彼门人有千余众。我于彼听，见大师劝道俗，但持《金刚经》一卷，即得见性，直了成佛。

慧能闻说，宿业有缘，便即辞亲，往黄梅冯墓山，礼拜五祖弘忍和尚。

## 灵魂不灭是不是歪门邪道？

慧能要说法了，正式开讲之前先做了一项准备工作，说："善知识，净心，念摩诃般若波罗蜜法。"

"善知识"是指品学兼优的人，这里慧能称呼听众为善知识，就是一种客气话。慧能让听众们在听讲之前先"净心"，这既有简单的解释，也有复杂的解释。

简单地讲，听众们的所谓净心，就像葬礼主持人在讲话之前先让大家默哀三分钟，或者相当于"女士们，先生们，请大家注意了，领导要发表重要讲话了"。佛陀当初给人授戒的时候也说"自净其意"，所以这也许只是家法传承、路径依赖而已。

如果往复杂了说，净心可比默哀或唤起听众的注意要复杂得多。

净心，也就是下文慧能自己的"自净心神"，现在大家都会说"心神不宁"这个词，不觉得有什么深奥，而"心神"原本是个佛教概念，是指心中的所谓识神。识神的讲法非常玄妙，大略来说，所谓识神，在有些佛门宗派那里被当作是轮回的主体。后来佛教传到中国，心神大约就等同于灵魂，心神不灭也就是灵魂不灭。

现代人已经习惯了佛教的六道轮回、善恶报应、投胎转世之类的说法，殊不知大家信仰的这些东西里的不少内容正是佛陀当年所反对的。在古代印度，推本溯源的话，轮回思想在佛陀之前早已经有了，大约是由刹帝利所创立，又为婆罗门所采信，更由此而发展出了业报理论。轮回理论在印度各个宗派当中都很流行，而佛陀所做的则是半接受、半否定，这个"半否定"就是否定了轮回的主体——简单说，一切事物都是因缘聚散，并不存在什么恒久远、永流传的东西，所以，一个恒常之"我"自然也是不存在的。

佛门有一种比喻，说人就好比一座森林，森林并不是"一个"东西，而是一个集合名词，它是由许许多多的树木一起构成的，这些树木有的生、有的死、有的繁茂、有的凋谢，虽然看上去森林还是这片森林，但一个恒常不变的森林根本就不存在。同理，像军队、公司这种事物也是"不存在"的。人，也是一样。

森林是许多树木的集合，这种"集合"按佛家的话说就是"蕴"。这种概念辨析玄妙复杂，确实很难搞清楚，所以佛教后来不同的派别对这个"蕴"是真还是幻的问题辩论过很长的一段时间，印度的一位大宗师世亲在他很著名的《俱舍论》里辨析"无我"，就论证森林（蕴）是一种"假有"。

"假有"在佛教里是一个很复杂的概念，说法众多，《大智度论》分析假有，说有一种假有是"因缘会故有，因缘散故无"。如果我们把因缘替换成姻缘，可以用家庭来做比方：一男一女情投意合，结婚了，组成了一个家庭，家庭就是因为一段姻缘的出现而出现的，这就是"因缘会故有"；这一男一女结婚之后不久，缘分尽了，感情破裂，离婚了，这一离婚，家庭也就不存在了，是为"因缘散故无"。森林和军队也都是类似的情况，但这个假有和真有很快又会扯到一个唯心和唯物的问题。

现在，如果我们多想一下：就算森林是假有，那树是不是真有呢？《俱舍论》的反对派《顺正理论》也拿森林和军队做例子论证过假有和实有，说树也是假有。好吧，就算树也是假有，但是，按我们现代的知识，所有物质实体无论是人还是狗，是石头还是沙子，都可以被分解为基本粒子，那么，这些基本粒子是不是作为物质实体而真实存在呢？

这问题在佛经里还真有答案。说一切有部（这是一个派别的名字，简称"有部"）提出过一个"极微"的概念，近乎原子论，是说一切物质都可以被分为最基本的、不可再分的东西，这种东西就是"极微"。世亲在《俱舍论》里就说极微是实有而非假有，甚至告诉了我们极微有多大：是人的食指中节的二亿八千万分之一。（我们也许可以从此论证佛经里早就出现过纳米技术的理论源头了。）

这就是标准答案吗？当然不是，大乘中观和瑜伽行派就说极微也是假有。这个分歧，近似于唯物和唯心的分歧。那我们听谁的话才对呢？这就要靠大家自己判断了。顺便一提，"唯心"这个词也是佛教带给我们的，佛教有个基本命题叫作"三界唯心，万法唯识"，简而言之就是，客观世界的万事万物都不是真实存在的，而是由意识产生出来的，直到近代大家熊十力讲"新唯识论"，理论源头也还是这一套。当然，如果你想去搞唯识学的人家里偷一些"并不真实存在"的钱，我也不敢保证他不会跟你认真，也许他会拨打一部"并不真实存在"的电话，叫来一些"并不真实存在"的警察抓你。不过你也不必害怕，因为连你自己也是"并不真实存在"的。

先不想那么复杂好了，总之，话说回来，唯物一些来讲，世间的一切都是无常生灭，如果有轮回的话，就好比一个人死了，尸体分解成若干基本元素，有些变成了河里的水，有些变成土里的铁，有些又被虫子吃了，再随着食物链的踪迹辗转到了其他动物的身上。

印度的龙军大师是阐述这个问题比较有名的人物，他在《弥兰陀王问经》里做过一个比喻，说轮回是怎么回事呢，就像有一支燃烧的蜡烛，你拿着这支燃烧的蜡烛去点燃一支新蜡烛，你会看到火从这支蜡烛传到了那支蜡烛上去，轮回的主体就像这个火一样，你既不能说新蜡烛上的火就是原来那支蜡烛上的火，也不能说这两支蜡烛上的火是毫无关系的。

再说报应。所谓报应，如果结合"因缘"和"无我"观念来看的话，明显是和善恶无关的。比如，我这人很不讲公德，吃西瓜随手乱丢西瓜皮，你正好路过，一脚踩在西瓜皮上，摔了一个大屁墩儿，这就是一个简单的因果报应，我种了恶因，你吃了恶果。换句话说，我扔西瓜皮这个行为是我造的一个业，这个业将来发生作用，被你吃到苦头了。（早期佛教的因缘、无我观念和轮回、业报观念实在有些内在的冲突，信徒们为了弥合这个冲突，在几百年间发展出来了各种各样的新奇理论。）

道理虽然如此，但这实在让人难以接受——人的认知心理通常都会整合地看问题，比如，我们会把不很紧密地搭在一起的四条线段粗略地看作一个四方形而不是看作四条线段，这正是格式塔心理学告诉我们的，同理，谁会把人看成是一堆胳膊、腿、血管和骨骼等的组合呢？人的天性就是通过"蕴"来看待事物的。另外，善恶报应无论是真是假，至少是人心所向，是充满挫折感的人寻找心理平衡的一种手段，所以从这方面讲，每个人都是自己的心理医师。

于是，佛教发展来发展去，终于磕磕绊绊地走向了原始教义的反面。在中国南朝，相关的争论非常激烈，到底是精神不灭、人可成佛，还是人死如灯灭，双方唇枪舌剑，打得不可开交。中学历史课本里那位伟大的古代唯物主义者范缜就是这一系列论战中的一位风云人物——在范缜所处的时代，大家都相信佛家所谓灵魂不灭、因果轮回、灵魂累世转生、勤修佛法而终于修炼成佛；范缜却说人死如灯灭，形神俱消，结果遭到上到皇帝、下到官方知识分子的全面围攻。当时的种种激辩有些是很有趣的，比如，王琰讥笑范缜说："呜呼，范家小子！竟不知道自家先祖神灵之所在！"王琰其实很没道理，他是在用"应该什么样"来论证"事实什么样"，用道德伦理来攻击事实求证，这是人们很容易走进的一个思辨误区，在论坛上我们就能够看到大量的例子。

王琰既然不按论据和逻辑来辩论问题，范缜也以子之矛攻子之盾，反唇相讥道："呜呼，王家小子！明明知道自家祖先神灵之所在，却不能自杀去追随他们！"这要是换在欧洲的教权社会，范缜早就上火刑柱了。

即便是在中国，范缜也是性命堪忧，好在他和梁武帝有些交情，而据金克木说，梁武帝之所以会放过范缜，范缜的异端邪说还得以结集传世，是因为范缜以佛教方法来反对印度外教。无论如何，在这种局面之下，就算佛陀再生恐怕也要被打入异端了。

毋庸置疑，这问题确实争得太久了，"人，认识你自己"既是人们永恒的关注话题，又是很难搞清楚的。现代世界里满怀科学精神的人也许不会对这些古代先贤们锲而不舍的执着报以丝毫的轻视，如果他们知道即便是笛卡儿这样世界级的精英人物也曾把灵魂剥离出了人类的大脑、以"二元论"影响西方世界百年之久的话——而笛卡儿是十七世纪的人。

这里，慧能大师的自净心神，隐约也透出一些神不灭论的影子，虽然这更容易满足大众口味，但也会被某些佛教原教旨主义者批评为外道邪说，也就是说，慧能的禅法还够不上所谓正信的佛教。

现在你可以质疑我一下：我这个复杂版的解释是否牵强附会？我会扯虎皮做大旗，法相庄严地回答说：我的解释风格是古代印度大众部佛教"毗勒"的正宗传统，多方探求，不拘泥于字面，举一反三，揣摩佛心。

思辨的力量敌不过世俗的心愿，这既是大势所趋，似乎也是无可厚非的。如果仅仅在生活当中，当信仰的世俗化成为一种约定俗成的新风俗之后，是否一定要纠缠着原始教义不放呢？（宋代的知识分子们就常常拿"出世间法"的早期教义来开那些大有入世精神的和尚们的玩笑。）我想，如果是我，陪朋友旅游去个什么佛教名山，我也会跟着烧香磕头走走过场，这虽然对佛祖很不尊敬（按照原始教义来讲），但入乡随俗、客从主人，这起码是对"人"的尊重。至于和尚们给法物开光收钱这类再常见不过的事情，虽然我知道开光原本不过是中国传统的开工仪式，类似于剪彩，根本和佛教无关，但双方一个愿打、一个愿挨，愿打的人借此改善生活质量，愿挨的人买了一个心里踏实，这不是皆大欢喜的事吗？

# 自道家世·樵夫的前世因缘

净心完毕，慧能开始讲法，从自道家世开始。

慧能说："我爸爸本来在范阳为官，后来犯了事，被流放到岭南，成了新州的一名普通百姓。当时我还很小，爸爸死得又早，我们孤儿寡母又搬到了南海去住。因为家境贫寒，我只好上山打柴到集市去卖，艰难地维持生计。

"有一天，一个买柴的客人把我带到了他的店铺，收下柴，付了钱，我正要走的时候，忽然听到有人在读《金刚经》。我一听到经文，心有所悟，便问那人：'你是哪里来的？怎么得到这部经的？'那人说：'我是在蕲州冯墓山礼拜弘忍和尚，听他老人家告诫信众们说，只要掌握了一卷《金刚经》，就可以直觉自己的本性，马上觉悟成佛。'

"我一听之下，知道这是前世之业结下的缘分，这便回家和妈妈告别，动身往冯墓山去了。"

慧能的生平，很多地方都很难考实。主要原因是，作为一位宗教领袖，他的生平和形象往往既不是爹妈生出来的，也不是自己活出来的，而是被信徒们塑造出来的。所以，宗教领袖的形象往往在更大程度上反映的是信徒们的观念，一部领袖的生活史就如同一部信徒们的观念史。好比佛陀有所谓三十二大人相，也就是三十二种体貌特征，这在各地的一些佛像里还经常能看到，其中最著名的可能就是"大耳垂肩"和"双手过膝"，《三国演义》里塑造刘备的形象时就照搬了这两个佛陀的特征，体现着作者"尊刘"的努力。当然，"双手过膝"一般不会被佛陀塑像实际采用，因为如果真按这个指标来塑像，大家看到的就不是佛陀而是妖怪了。再看看西方天主教国家的耶稣像，一般也都是白人而不是中东人的形象。

宗教领袖的生平事迹当然更要神异。慧能在大梵寺说法时的自道家世倒也还算朴素，可看看其他记载，那就玄得没边了。比如，同是编辑这部《坛经》的法海编的另一部《六祖大师缘起外记》，就说了一大堆灵异现象，其中，慧能的妈妈怀孕足足六年才生下了慧能。当然，这比起老子的妈妈怀孕八十一年才生下老子的传说已经低调多了。

慧能随妈妈搬到南海，也就是现在的广东番禺。穷人的孩子早当家，慧能没接受过读书识字的教育，像现在的很多山区苦孩子一样，小小年纪便担负起了养家糊口的重任，做了一名樵夫。

樵夫这个职业，长久以来被站着说话不腰疼的知识分子们渲染为充满隐逸情怀的渔樵之乐，可要真靠打柴、卖柴来养家糊口显然是另一回事。现在，慧能一听《金刚经》，感受到前世夙缘，用比较朴素的话说，这就是一个偶然的契机改变了一个人的一生。接下来，慧能便毅然决然地扔掉了工作，离开了老母，踏上了漫漫的求法之路，就好像现在的某个山区少年要到大城市改变命运去了。

但是，我们在感慨之余，也会面临一个很现实的问题：家里唯一的壮劳力走了，慧能的妈妈孤单一个妇道人家可怎么过日子呢？这个问题如果不解决，慧能将来哪怕佛法再高，也难为中国传统伦理所容。

这首先就有一个善与恶的环境标准问题。遥想佛陀当年，在路上求法之路时也是抛家弃业、抛妻弃子，尽管佛陀的家境很好，不指望佛陀这个壮劳力来劳动养家。这在当时的印度似乎不是一个不可饶恕的伦理问题，而且，佛教徒出家为僧，总是要离家出走、远离人群的，而且也被禁止娶妻生子、传宗接代。于是，佛教一传入中国，伦理问题的语境差异就是一个首当其冲的难题，许多排斥佛教的人都在伦理问题上大做文章，说佛教有违天理人伦。

这还带出了另外一个疑问：很显然，善恶标准往往是因时而异、因地而异的，你自己以为的行善也许在别人眼里却是作恶，那么，如果真有善恶报应的话，你到底会得善报还是会得恶报呢？

回到慧能的问题，妈妈到底怎么安置呢？是学佛祖那样，还是要照顾一下中国传统？这个问题慧能没讲，只说了向妈妈辞行之后就出发求法去了。但这个容易让一些心地纯良之士暗中生疑的缺漏，总该有人填补才好。

在其他较晚出的《坛经》版本里，说有一人给了慧能十两银子以供慧能妈妈日后的生活；而在南唐时期编纂的禅宗史书《祖堂集》里更明确地写，慧能虽然很想立刻动身，但放心不下妈妈，这时，就是那位买柴的客人给了慧能银子。这些银子不是十两而是一百两，这位客人也变得有名有姓了，叫作安道诚——怀着让慧能"安"心求"道"的"诚"意。

《坛经》的版本，一般是时代越晚，字数越多，佛门事迹的记载一般也是时代越晚，记载越丰富。当然不只佛教这样，这实在是人类社会的一条铁律。

# 三

弘忍和尚问慧能曰：汝何方人，来此山礼拜吾？汝今向吾边，复求何物？慧能答曰：弟子是岭南人，新州百姓。今故远来礼拜和尚，不求余物，但求法作佛。大师遂责慧能曰：汝是岭南人，又是獦獠，若为堪作佛！慧能答曰：人即有南北，佛性即无南北；獦獠身与和尚不同，佛性有何差别？

大师欲更共议，见左右在旁边，大师更不言。遂发遣慧能，令随众作务。时有一行者，遂差慧能于碓坊，踏碓八个余月。

## 慧能说：我想成佛！

慧能跋山涉水，从广东到了湖北，如愿见到了弘忍。

弘忍在禅宗谱系上被称为五祖，七岁时就出家到四祖道信的门下，道信是在湖北黄梅的双峰山，弘忍后来住于双峰山东边的冯墓山，所以弘忍的禅法被称作"东山法门"，在当时也算是很有影响力的。

慧能初见弘忍，两人之间所发生的一段对话被后来的禅师们广为传诵。

弘忍问慧能："你是哪里人呀？来这里找我想做什么呀？"

慧能回答说："我是岭南人，来找您老人家不为别的，只求您能教我佛法，让我成佛。"

以现代人眼光看，慧能好像不知天高地厚，居然直言不讳想要成佛！弘忍大概也觉得这年轻人不会说话，就斥责道："你是岭南人！一个靠渔猎为生的蛮人难道也想成佛？！"

弘忍的话至少在表面上饱含地域歧视。在当时，岭南属于不大开化的地方，原住民多是少数民族，而弘忍所在的湖北已经算是文化重镇了，以湖北来看岭南，大约相当于以华夏来看蛮夷，虽然追溯起来湖北本也算是蛮夷之地。

我们很难想象弘忍作为一代佛学大师竟然也会有这样露骨的地域歧视和民族歧视，眼界之狭隘比现在网上的一些愤青还有不如。但禅师讲话，也许别有妙处，我们还是尽量往好处想吧。

话说慧能受了弘忍这番轻蔑，丝毫也不畏缩，勇敢地说道："人虽然分南北，佛性却不分南北；我这个蛮人和您这位佛门大师虽然差距很大，但我们各自的佛性却是没有差异的。"

这句话掷地有声，让弘忍对慧能刮目相看。弘忍欲待多谈几句，却见众多弟子在旁，便不再说话，只是打发慧能去做寺庙里的杂役。于是，慧能就落脚在冯墓山上，没做成学生，却做了校工，天天舂米，一连干了八个月。

这段记载给我们留下了两个疑问：为什么慧能的话会打动弘忍？为什么弘忍看见众多弟子在旁边就不再继续和慧能谈话？

# 有些人有佛性，人人都有佛性，石头也有佛性

先说说第一个疑问，第二个疑问稍微往后放放。

慧能所说的，人人都有佛性，也就是人人都有成佛的可能，虽然在结果上并不见人人都成了佛，但至少在机会上大家是平等的。这个观点放在现在，纯属老生常谈，一点儿都不新鲜，但在慧能之前不久的时间，这却堪称佛门当中辩论最烈的激进思想之一。

现在的常识，也许正是当年的异端。

佛性，这在印度佛教里是个小问题，但在中国佛教里是个大问题。这是大乘佛教的一个概念，细说起来无比复杂，简略来说就是成佛的慧根。那么，是不是每个人都有成佛的慧根呢？这很难说。传统理论认为有所谓"一阐提"，说这种人是断了慧根的，没可能成佛——这大约就相当于佛教里的血统论。

但是，晋代的竺道生精研《涅槃经》，从经中"众生都可以成佛"的道理而推论说：一阐提也有佛性，也可以成佛。竺道生这个异端邪说激怒了佛教界，大家一合计，就把竺道生赶出了僧团，赶出了京城。后来竺道生辗转落脚在苏州虎丘，仍然固执己见，拒不低头。传说他向虎丘的石头说法，说到一阐提可以成佛的时候，石头都点头称赞，这便留下了一个"顽石点头"的掌故。后来，《涅槃经》出了更为完整的译本，经文里明明写着一阐提可以成佛，竺道生也就从异端分子变回一位正信的佛教徒了。

竺道生是研究《涅槃经》的大师，而《涅槃经》正是禅宗的重要思想源泉之一，另外，这位竺道生后来还写过《善不受报义》《佛无净土

论》《顿悟成佛义》。我们只从题目来看，似乎既有佛教的原教旨主义（其实内容有些差别），也有后来让慧能成就大名的"顿悟成佛"理论的影子。胡适和汤用彤就曾认为，禅宗的顿悟理论是开始于竺道生的。

一阐提可以成佛，据吕澂考证这个说法的原委，《涅槃经》的前后两部分并不是同时出现的。在印度，先出了前一部分，里边既然明明说众生都有佛性，又为什么还专门提出一个一阐提不能成佛呢？吕澂说，大乘佛教提出这个一阐提其实是有针对性的：小乘信徒们既不接受大乘的教义，更不会按照大乘教义去实践，甚至还常常攻击、诽谤大乘，这些人真是厕所里的石头——又臭又硬，朽木不可雕也，摆明了是成不了佛的，那怎么办呢？于是大乘就专门打造了一阐提这个概念，这是为小乘信众量身定做的。

再者，吕澂说，梵文里"佛性"的"性"字正是种姓、种族的意思，一阐提的说法也为日后的"五种姓"开了端，这也反映了印度当时的种姓制度给佛教带来的影响。

而当《涅槃经》的后半部分推出的时候，对佛性的描述就和以前不同了，一阐提也可以成佛了，这是因为社会环境改变了，统治者开始重视大乘，不少小乘信徒也改宗大乘了，这时候再揪着人家小辫子不放就不合适了。

这段原委，竺道生当时的中国佛教界应该并不知情，结果又燃起了多年的烽烟战火。

一阐提可以成佛，这个争议虽然告一段落，但余波久久未息。既然一阐提都可以成佛，那么，能不能由此更进一步，狗有没有佛性？如果再进一步：花花草草有没有佛性？如果再进一步：细菌有没有佛性？《金刚经》里，佛陀明确地告诉过须菩提："不论是胎生的、卵生的、湿生的、化生的，只要是有生命的，我全让它们成佛。"

那么，还能不能再进一步：石头瓦块之类的东西也有佛性，也能成佛？

现在如果有谁问这种问题，肯定会被当作钻牛角尖、存心不良，如果你带着一脸的庄严宝相拿这个问题去问佛教徒，说不定会被人家以降魔卫道的姿态给打出来，说你戏弄佛门，妄造口业，必遭报应。但是，古人们对追求信仰的真知却是非常认真的，正儿八经地把这个问题当作一个理论疑难来详加阐释。往西方看，亚里士多德就认为植物存在灵魂；往近处看，汤用彤论述植物也有心理知觉，只是比动物简单罢了，他说以后说不定也能证实植物也是有思想、有感情的。

俗人眼中的扯淡却是许多大学者通力思考的疑难命题。我们现在回到唐朝，盛世里的佛教精英们正就这些问题论辩得不亦乐乎。植物有佛性已经不足为奇了，而石头瓦块有佛性的说法后来竟然也成了唐宋佛教的一个流行观念。有个著名的话头叫"青青翠竹，尽是法身；郁郁黄花，无非般若"，说的就是植物的佛性；苏轼有一个名句是很多人都熟悉的——"溪声便是广长舌，山色岂非清净身"，说的是高山流水的佛性——"清净身"和"广长舌"都是佛家言，前边讲过佛陀有三十二相，"广长舌"也是其中之一，特点是舌头特别长，可以舔到脑门儿，据说长这种舌头的人说出来的每句话都是真实可信的。这个"据说"可不是道听途说哦，是《大智度论》说的，作者是龙树菩萨，译者是鸠摩罗什，是一部响当当的经典。

话说回来，慧能这里回答弘忍的话，说人虽分南北，佛性却不分南北，就是这样一个由竺道生而来的人人都有佛性的观念，后来也成为慧能禅法的一个理论基础。但这就给我们带来了一个问题：慧能不是从小就做卖柴的营生没受过教育吗，他怎么会有这种前卫的佛性论认识呢？要么慧能确有前世慧根，所以才和竺道生的说法不谋而合，要么慧能在离家远赴冯墓山求法之前或多或少总也学过一点儿什么，而且，学的应该还就是竺道生精研的《涅槃经》。

从《坛经》来看，慧能是从一个文盲突然展现了对佛法的高超见解，而成书时间相近的《曹溪大师别传》却记载了一段慧能见到弘忍以前的学佛经历：有一年，慧能到了曹溪，和村里一个叫刘志略的人结为兄弟。刘志略有个姑姑，是个出家人，法号叫作无尽藏，经常念诵《涅槃经》。慧能和刘志略白天在寺院里打杂，晚上就听尼姑诵经，到了天明，慧能就给无尽藏讲解佛经的意思。

无尽藏把经书递给慧能，慧能一摆手："我不识字。"无尽藏吃了一惊："原来给我讲解佛经的人却是个文盲！"

慧能倒很坦然："佛性的道理非关文字，文盲又怎么啦？"

此言一出，把大家全镇住了，纷纷感叹说："这般见地，这般天资，这可不是普通人呀！实在是个出家的好坯子，你就住到宝林寺去吧！"

就这样，慧能住进了宝林寺，一住就是三年，后来又投奔智远禅师处学习坐禅。坐着坐着又觉得坐禅不是个正经修行，空坐而已，这时候慧能才在一位禅师的指点下前往冯墓山求见弘忍。

这段经过，和《坛经》里的慧能自述全然不同，到底哪种说法更为可信，恐怕谁也说不清楚。但是，只从普通人的常理推断，如果说慧能在见弘忍之前全然没有接触过佛法，这实在是很让人吃惊的。尤其从《坛经》的后文来看，弘忍也没腾出工夫教给慧能多少东西，慧能甚至就连从舂米的工作中抽身去听讲的机会都没有。那么，慧能的许多佛学见解是从哪儿来的，这还真不容易让人想通。

慧能在曹溪的这段逸事，后来也被采进了其他一些书里，只是把事情的发生时间挪到了慧能在弘忍那里得到真传之后，这样一来，就把《曹溪大师别传》和《坛经》的矛盾记载给抹平了。至于这样的抹平有什么事实依据，嗯，善意的猜测是，一定有，只是我们还不知道罢了。

# 四

五祖忽于一日，唤门人尽来。门人集讫，五祖曰：吾向汝说世人生死事大，汝等门人终日供养，只求福田，不求出离生死苦海。汝等自性迷，福田何可救汝！汝总且归房，自看有智慧者，自取般若本性之智，各作一偈呈吾。吾看汝偈，若悟大意者，付汝衣法，禀为六代。火急急！

门人得处分，却来各至自房，递相谓言：我等不须呈心，用意作偈，将呈和尚。神秀上座是教授师，秀上座得法后，自可依止，请不用作。诸人息心，尽不敢呈偈。

时大师堂前有三间房廊，于此廊下，供奉欲画楞伽变相，并画五祖大师传授衣法，流行后代为记。画人卢珍看壁了，明日下手。

上座神秀思惟：诸人不呈心偈，缘我为教授师。我若不呈心偈，五祖如何得见我心中见解深浅。吾将心偈上呈五祖，求法意即善，觅祖不善，却同凡心夺其圣位。若不呈心，终不得法。良久思惟，甚难甚难！甚难甚难！夜至三更，不令人见，遂向南廊下中间壁上，题作呈心偈，欲求于法。若五祖见偈，言此偈悟，若访觅我。我宿业障重，不合得法。圣意难测，我心自息。秀上座三更于南廊下中间壁上，秉烛题作偈，人尽不知。偈曰：

身是菩提树，心如明镜台。时时勤拂拭，莫使有尘埃。

神秀上座题此偈毕，归房卧，并无人见。

五祖平旦遂唤卢供奉来，南廊下画楞伽变。五祖忽见此偈语已，乃谓供奉曰：弘忍与供奉钱三十千，深劳远来，不画变相也。《金刚经》云：凡所有相，皆是虚妄。不如留此偈，令迷人诵。依此修行，不堕三恶；依此修行人，有大利益。

大师遂唤门人尽来，焚香偈前。人众入见，皆生敬心。汝等尽诵此偈者，方得见性；依此修行，即不堕落。门人尽诵，皆生敬心，唤言：善哉！

五祖遂唤秀上座于堂内，问：是汝作偈否？若是汝作，应得我法。

秀上座言：罪过！实是神秀作。不敢求祖，愿和尚慈悲，看弟子有小智慧识大意否？五祖曰：汝作此偈，见即来到，只到门前，尚未得入。凡夫依此偈修行，即不堕落。作此见解，若觅无上菩提，即未可得；须入得门，见自本性。汝且去，一两日来思惟，更作一偈来呈吾。若入得门，见自本性，当付汝衣法。秀上座去，数日作不得。

有一童子于碓坊边过，唱诵此偈。慧能一闻，知未见性，即识大意。能问童子：适来诵者，是何言偈？童子答能曰：你不知！大师言生死事大，欲传衣法，令门人等各作一偈来呈看，悟大意即传衣法，禀为六代祖。有一上座名神秀，忽于南廊下书无相偈一首，五祖令诸门人尽诵。悟此偈者，即见自性；依此修行，即得出离。

慧能曰：我此踏碓八个余月，未至堂前。望上人引慧能至南廊下，见此偈礼拜；亦愿诵取结来生缘，愿生佛地。童子引能至南廊下，能即礼拜此偈。为不识字，请一人读。慧能闻已，即识大意。慧能亦作一偈，又请得一解书人，于西间壁上题着，呈自本心。不识本心，学法无益；识心见性，即悟大意。慧能偈曰：

菩提本无树，明镜亦无台。佛性常清净，何处有尘埃。

又偈曰：

心是菩提树，身为明镜台，明镜本清净，何处染尘埃。

院内徒众，见能作此偈，尽怪。慧能却入碓房。

五祖忽见慧能偈，即知识大意。恐众人知，五祖乃谓众人曰：此亦未得了。五祖夜至三更，唤慧能于堂内，说《金刚经》。慧能一闻，言下便悟。其夜受法，人尽不知，便传顿法及衣。汝为六代祖，衣将为信。禀代代相传法，以心传心，当令自悟。

五祖言：慧能！自古传法，气如悬丝。若住此间，有人害汝，汝即须速去！

能得衣法，三更发去。五祖自送能于九江驿。登船时，便五祖处分：汝去努力！将法向南，三年勿弘此法。难去，在后弘化，善诱迷人，若得心开，汝悟无别。辞违已了，便发向南。

## 佛法拗不过人心·求解脱还是求福报？

慧能回顾自己在冯墓山的那段日子。

有一天，弘忍把门人弟子全部召集了来，对大家发表重要讲话："佛法佛法，生死事大，可看看你们这些人，整天只惦记着求取福田，把修佛以解脱生死这个根本目的都给忘记了！你们迷失了自性，福田难道能救得了你们吗？"

生死事大，这是禅宗和尚常常挂在嘴边的话。前边讲过，世界是苦，人生是苦，生死轮回是苦，快乐全是虚幻，只有痛苦才是永恒的真实，所以修佛，求的是一个解脱。可是，教义的天敌往往就是它自己的信众。

仪式化的偶像崇拜自有深层的心理根源，一厢情愿的消灾祈福至少也算是寻求有效的人生慰藉的一种手段。正是靠着这些不自觉的"愚昧"和"非理性"，人们才在这个艰难的世界里还不算那么艰难地存续了下来。所以，为什么用科学、理性来反对所谓封建迷信的行为往往事倍功半甚至过大于功，是因为千百万年来根深蒂固而又错综复杂的自发秩序大大超越了我们理性的能力，而且，虽然这种自发秩序往往得不到理性的正面评价，而它对于人类生活的诸多益处也常常是理性在短时间内所无法察觉的——把道理放在自己身上：反正如果我看到信徒们烧香拜佛、求取福田，我是不会去给他们宣传"真实的教义"的。

是呀，别看我写的这篇东西会被人说成"剥去了佛教华美的外衣"，但这只是在理性知识的层面而言，如果在生活层面，我更愿意揣着明白装糊涂，因为我不仅是个活佛，还是一个尊重自发秩序的保守主义者。

但是，冯墓山的掌门人弘忍前辈无疑是另外的一种人，比我可要真诚多了。他老人家看着学员们越来越俗，实在看不过眼了。

别看是在佛门圣地，用这个"俗"字其实一点不错。世人修佛，大多现实得很，烧香呀、磕头呀、捐款呀、给佛像重塑金身呀，乃至放生行善呀，大多抱着这样一个目的：我现在付出去的，总有一天要十倍、百倍地收回来！

暴露在水面之上的是种种现实主义的心理，潜藏在水面之下的还有种种对群体仪式的天然渴求。如果我们剥离了这一切，真的可以还原出一个"纯洁"的佛教吗？缪勒在研究宗教问题的时候说过："康德认为那种靠没有道德价值的行为，靠仪式即外在的崇拜来取悦神灵的，不是宗教而是迷信。我看不需要再引用站在相反立场上的观点了，即认为内心默祷的宗教，哪怕它在公众生活中是积极活动的宗教，如果没有外在的崇拜、没有僧侣、没有仪式，那就什么都不是。"

其实康德认为是迷信的恰恰才是宗教，而大家靠仪式所取悦的神灵实质上并不是什么神灵，而只是集体意识的投射而已——这个道理是由涂尔干揭示给我们的，我在《春秋大义》里曾经详细讲过。

那么，"纯洁"的佛教首先是不可能的，即便一时可能，也不可能延续下去。哈耶克虽然不是宗教领域的专家，却在这个问题上给出过一个非常精辟的见解："在过去两千年的宗教创始人中，有许多是反对财产和家庭的。但是，只有那些赞成财产和家庭的宗教延续了下来。"

纯洁的信念可以维系一时，却绝不具有延续长久的力量。信徒们需要仪式化的生活，渴求福田，这实在是人性的大势所趋。另外，看看现在这位一肚子不满的弘忍大师，批评归批评，不过话说回来，佛门平日里可也没少宣传这些呀——你只要虔诚礼佛就可以获得福田，相反，你如果说了一些对和尚与佛法不敬的话就会遭到严厉的报应，等等。佛教发展下来，早已经改头换面了，就算佛陀复生，恐怕也认不出这就是自己当初创立的那个教派了。

从弘忍这段话来看，追求福田已经成为佛门中的时尚，所以必须要以振聋发聩的声音来让大家有个清醒的认识了。弘忍所谓的"迷失了自性"，这是禅宗的一个根本理念，自性是指一切事物的真实本性，对于人类来说，自性就是每个人先天具有的本性，也就是前边讲过的佛性，佛教的全部真理都在每个人的自性当中，只不过人已经在现实世界中迷失了自性，离佛越来越远了。

越是深邃的思想越难抵御现实主义的狂潮。追求真理还是迎合大众，这两者之间很难取得一个妥善的平衡。我们就看同在盛唐时代的两位高僧。唐僧的佛学修养堪称举世无双，从小就下过苦功，成年以后又有一段丰富的留学经历，精通梵文，主持译经无数，而唐僧的唯识宗玄理精妙，充满着复杂的逻辑思辨和概念辨析，就算用最通俗的语言介绍出来，也足以让本科以上的读者大呼头痛，结果，唯识宗很快就无声无息了。而慧能处处和唐僧相反：唐僧是第一流的高知，慧能却是第一流的文盲；唐僧精通梵文，慧能却连汉语也没多高的水平；唐僧是海龟，慧能是土鳖；唐僧精通当时一切宗派的经典与教义，慧能只听人念过很少的几部经书而已；唐僧搞的是最复杂的东西，慧能提供了最简捷的成佛法门；唐僧的佛学研究一丝不苟、精益求精，慧能走的是大众路线，把佛学的概念与理论任意解释。结果，慧能禅宗发扬光大，以致后来禅几乎成了佛教的代名词。

学术和大众永远是一对天敌。大众需要斩钉截铁的结论，不需要审慎的论证过程；需要那些自己愿意相信的东西，不需要那些虽然真实却不为人所喜的东西；渴望速成的捷径，不喜欢下功夫、花力气；喜欢简单接受，不喜欢深入思考。

人民群众的眼睛是"雪亮"的，市场是无情的，唐僧失败了，慧能成功了。

当然，还有比慧能更成功的——弘忍这次讲话里所批评的求取福田的行为始终都没有断绝过，时至今日，烧香拜佛、求神上供，只见得愈演愈烈。个中道理，深刻的解释如上述的涂尔干的论著，浅白的解释如美剧《天赐》里的一个高中女生的话："宗教信仰很有意思，几乎所有的东西都有庇护它们的圣人——胃痛、鹅，甚至秃头也有自己的保护神。有时我不禁怀疑：既然天下万物都受到众神的庇护，为什么人类还要遭受那么多的不幸呢？接着我才明白，每个人都需要一种力量渡过难关。"

这话很中肯呀！辩论什么教义、正信那些，都属于"追求真理"的范畴，而对大多数人来讲，宗教只是一个实用的工具，信什么并不重要，哪怕是信仰猪八戒也无所谓，只要有个信仰就好。

我们应该有个信仰吗？如果应该，那么信什么才好？这实在是一个亘古的问题了。和慧能时代相近的地球那边，几个日耳曼部落从欧洲大陆渡海而占据英格兰，建立了几个国家，某国的一次会议上，国王和大臣们讨论着要不要放弃原来的宗教而接受由一个传教士从罗马带来的基督教，一个贵族说道："呵，国王，我们在世的一生如果同它以前或以后的神秘莫测的时间对比一下，我看就像是冬天夜晚您和大臣、贵族们围坐欢宴的时刻一样。大厅里生着火，很温暖，而外面雨雪交加，还刮着大风。这时候有一只燕子从一道门飞进屋内，又很快地从另一道门飞了出去。当它还在屋内的时候，它受不到冬天风暴的袭击，可是这只是极短促的一瞬间，接着，这来自黑夜的燕子又飞回黑夜去了。人生在世也是短短一会儿，以前怎样，以后怎样，我们全无所知。因此，如果这新的宗教能带来一点使我们安定或满足的东西，它就值得我们信奉。"

人生短促，就像那只倏忽之间飞进又飞出的燕子，因短促且无意义，所以更使人们思考永恒的意义，现实的考量也更使人们易于接受宗教的慰藉。把握当下还是追求永恒，或者由把握当下进而追求永恒，这是禅宗与原始佛教、与其他一些佛教宗派的一个根本分歧之所在，也是慧能今后将要大展拳脚的一片思想领域。

## 禅宗传法·竞争上岗

弘忍大师发表完重要批评之后，接下来发布了一个重要通知："你们各回各屋吧，自己掂量掂量，觉得有两下子的，就用自己的般若智慧写个偈子交上来。谁的偈子领悟了佛法大义，我就把法衣传授给他，让他做禅宗第六代领导人。快去快去！"

五祖弘忍公开选拔第六代领导人，一个偈子就等于是一份答卷，但耐人寻味的是，弘忍说谁的偈子领悟了佛法大义就传谁衣钵。但是，按照一般的考试情况，及格的人总不会只有一个，如果有十个人的偈子都领悟了佛法大义，难道让他们共同来做第六代领导人不成？况且，弘忍的东山法门难道难到了这般程度，以致在那么多求学参禅的人里边只可能有一个人悟到佛法？这种概率简直要逼近彩票大奖了。

弘忍这番话里是有内在矛盾的，这就更加佐证了近现代学者的一些考证：禅宗的所谓代代单传并非本来如此，而是被禅宗的后代人物捏造出来的。

按照常理来理解，事情一般会是这样：武当派开山祖师张三丰一共招收了很多学员，教授大家武功，这些学员当中有七个人成绩最突出，被誉为"武当七侠"。张三丰搞的任何武术考试里，那批群众演员能及格的不多，但武当七侠一般都会及格的，等张三丰要选接班人的时候，就从这七大弟子中选一个，比如，大师兄宋远桥。但是，选宋远桥做武当派第二代领导人，并不意味着除宋远桥之外的所有武当弟子在武当功夫的修炼上都是不及格的。而如果按照弘忍那番话，武当众弟子当中只可能有一个在武当武功上达到及格标准。

按照《楞伽师资记》的说法，事情却是另外一个样子的。弘忍在去世之前，亲口说过有资格传承他的禅法的一共有十大弟子，这十大弟子各擅胜场，其中虽然也有慧能，却绝不是技压众人的顶尖高手。也就是说，弘忍的冯墓山相当于一所师范大学，培养的学生当中有十个人都通过了资格认证，可以到天南海北各立山头、各自讲学。

弘忍所谓的传授法衣，也是一件疑事。这疑事影响深远，我们现在还在用的"传授衣钵"这个说法，就是从禅宗而来的。

所谓法衣，是一件特殊的袈裟，据说是从达摩老祖以后代代相传，成为一件信物，其意义相当于一些武侠小说里的掌门令牌，只有拿着这个令牌的才是货真价实的掌门人。按照《坛经》的说法，达摩老祖的这件法衣后来可惹出过不小的麻烦，但是，这件法衣到底是真实存在的，还是被慧能弟子给捏造出来的，这事可就很难说了。慧能死后，慧能的弟子神会在滑台大云寺召开无遮大会，大力攻击慧能的师兄神秀所传的那一系禅门，浩然说起法衣之事，说慧能一系才是禅门正宗，神秀一系显然属于旁门左道。而在当时，几乎所有当事人都已作古，死无对证，和尚们又普遍缺乏历史学家的考据训练，加之后来一连串的因缘际会，这个可疑的说法也就渐渐成为公论了。此是后话，稍后再说。另外值得一提的是，禅宗这个谱系的说法无论是真是假，影响力确是远达佛门之外的——儒家本来不讲什么谱系，后来也学起禅宗这一套了，带头人正是原本反佛最有力的韩愈，于是儒家也有了所谓道统，儒家人物也有了道学家这个称呼。道学家之"道"是道统之道，而不是许多人认为的道德之道。

## 默默无闻的慧能和众望所归的神秀

弟子们听了弘忍的这番话，各自回房去了。如果以世俗的眼光来看，十年磨一剑，霜刃未曾试，如今机会可算来了，咬咬牙，努努力，说不定就能鲤鱼跳龙门，由一个普普通通的小和尚一跃而成为君临冯墓山的堂堂掌门人。所以最近几天，寺院里正应该弥漫着磨刀霍霍的紧张气氛才对。

然而，事实恰好相反，大家一点儿也不紧张、不着急，也一点儿都没有动笔的意思。这是怎么回事呢？其实大家都在议论着：就凭我们这些三脚猫，写了也是白写，神秀上座德高望重，又是我们的教授师，第六代领导人舍神秀其谁！将来他老人家接了班，我们还得靠着他呢，现在又何必不自量力地和他去争呢！（我们还得从世俗角度知道一点：继承人继承的不仅是佛法，还有寺院的财产和权力。）

从大家的这些议论里，我们可以以小人之心读出好几层意思。一是神秀众望所归，简直就是华山派的大师兄令狐冲，师弟们都清楚，就算真想和大师兄伸伸手，过去也是白给；二是反正第六代领导人的位子铁定是神秀的，现在别撕破脸，日后免得穿小鞋；三是现在抬高神秀是为后文里抬高慧能作铺垫——就好比描写关羽厉害，先得把颜良、文丑的厉害铺垫足了，再让关羽去一招制敌，关羽杀匪兵乙可显不出什么厉害来。禅宗后来南北之争非常激烈，对于慧能一系来说，"神秀不厉害，慧能很厉害"自然不如"神秀很厉害，慧能更厉害"来得更加激荡人心。

先说说这个众望所归。神秀的情况和令狐冲还是有些不同的，令狐冲可以技压同门，但并不掌握华山派的实权，而神秀"上座"这个身份如果不是泛泛的尊称的话，在寺院里应该是大有实权的。唐代寺院的管理结构一般是由所谓"三纲"掌握寺院的全部权力和财产，这"三纲"不是"三纲五常"的"三纲"，而是寺院三巨头，上座就是这三巨头之一。这三巨头有多牛呢，按照唐朝的法律，他们如果杀了寺院的佃农或奴婢，并不用以命抵命，只判徒刑两年；而奴婢们要是打了（而不是杀了）三巨头，那是要判绞刑的，如果骂了三巨头，要判两年徒刑。所以，从现实考虑，谁敢得罪神秀呢？

再说说神秀在佛学上的功力。神秀是不是很厉害？确实很厉害。神秀的身世恰好和慧能构成一个对比——神秀是河南人，在少年时代就已经博览群书了，文化水平很高，后来到洛阳出家，五十多岁的时候才到冯墓山向弘忍求法。如果按照我们普通人的想法，神秀无疑是底子很好的，知识分子学习那些深奥的佛学理论确实比文盲更具有先天优势。弘忍也很器重神秀，让神秀为上座教授师，几乎就等于冯墓山的二把手了。弘忍自己也说过，和神秀讨论佛法是一种享受，痛快得很。所以，无论是从神秀的功底看，还是从弘忍对神秀的器重程度看、从神秀当时在冯墓山的地位看，如果弘忍确实只选定唯一的接班人的话，神秀确实是个非常合适的人选。

可是，众望所归的神秀自己又是怎么想的呢？

## 神秀思前想后、顾虑重重

弘忍的讲堂前有个走廊，弘忍正在请画师来，想在走廊的墙壁上画上《楞伽经》的宣传画，再画上自己即将传授衣钵交班的事，作为历史存照流传后世。画师卢珍已经来过了，准备第二天就开始动工。

过了这一夜就是第二天了。对于神秀来说，这是一个难眠之夜。神秀正为了偈子的事思前想后、顾虑重重：大家都不敢向弘忍交卷，就是因为我是他们的教授师，他们都等着我呢，可是，我到底是交卷还是不交卷呢？不交吧，老师怎么知道我对佛法的理解是深是浅？交吧，好像显得我垂涎第六代领导人的位子，动机不纯，其心可鄙。唉，到底是交还是不交，实在是个头疼的问题。

转眼间就到了三更时分，漆黑死寂的寺院里突然有个影子晃了一下。只见一个夜行人蹑足潜踪，施展绝世轻功摸到了讲堂之前。冯墓山上没有武僧，所以也没人出来拦截，却见这个夜行人既不溜门，也不撬锁，只是望着走廊的墙壁发呆。这个人，却是神秀。

神秀偷偷摸摸溜到了走廊，虽然有了初步行动，但思想斗争还在继续："我还是神不知鬼不觉地把偈子写在墙上好了，也不署名，等天亮之后，师父看到这偈子，如果觉得不错，寻访作者，我就站出来承认；如果师父说这偈子写得不好，那就说明我本性痴迷、宿业太重，今生今世无缘得悟佛法，我就啥也不说，以后也就绝了求法的念头好了。"

神秀的这一番夜行，《坛经》明确交代他是避人耳目，应该没有旁观者，这一番心理活动应该也是天知、地知、神秀自己知，至于慧能怎么知道得这么清楚，或者说《坛经》的编撰者怎么知道得这么清楚，也许是神秀后来如实交代了吧。

就这样，神秀举着蜡烛，在无人发觉的情况下，在南廊中间的墙上写下了一个偈子：

　　　身是菩提树，心如明镜台。
　　　时时勤拂拭，莫使有尘埃。

写完了偈子，神秀忐忑地回了自己的房间。《坛经》再次明确交代：整个过程没有任何人看见。如果按照现代史家的写法，《坛经》必须要交代清楚资料来源，比如，神秀在某时某地说起当初这件事，是怎么怎么讲的，或者某人转述神秀曾在何时何地对自己讲过这些。毕竟以作者的口吻直接来叙述这种密室勾当和心理活动显然是不严谨的，这分明属于小说写法，所以终究逃不出这样一个追问：你是怎么知道的？

但是，《坛经》毕竟受限于它的时代和环境，即便是许多古代正史也有不少在今天看来属于小说家言的笔法，好像史官就是无处不在、无所不知的上帝，把那些最隐秘的宫闱密谋和人物心理揣摩得一清二楚，简直比当事人自己知道得还多，尽管那些故事早已经转了好几手、经过了一颗又一颗头脑有意无意的加工裁剪。这，正是我们读古书不可不慎之处。

# 神秀法门

神秀能在冯墓山拥有那么高的声望和地位，并非浪得虚名，确实是功力不凡的。这个偈子，是神秀毕生修炼的精髓，不可小看，翻译过来大约是这样的意思：身如大树，心如明镜，经常打扫，别沾灰尘。

乍看上去好像也看不出有多高明，这和"革命战士意志坚，泰山压顶腰不弯""时刻保持革命情操，坚决抵制资产阶级腐朽思想的腐蚀"之类的口号差相近之。

其实仔细辨析一下，神秀这个偈子确实也没有多深奥，真要深奥了恐怕也就不会像现在这样尽人皆知了。就像唐诗远比宋、元、明、清的诗流行一样，并不是后者水平低，而是唐诗普遍都很通俗易懂。

神秀这个偈子，看上去仍是《楞伽经》的一脉传承。我们一般人所谓的学习，是做加法：人一降生，什么都不懂，先要上幼儿园，然后接受九年制义务教育，成绩好的还可以继续上大学，读硕士、读博士，越到后来学问越高；神秀所讲的修佛参禅，是做减法：佛性是与生俱来的，人人都有，只是人生在世，被这个五花八门的世界层层污染，那一点佛性早就被灰尘遮住看不见了。就像一面镜子，本来就是明晃晃、亮堂堂的，但在污泥里滚得久了，连镜子自己都相信自己只是一块泥巴，所以要使劲用水冲、用布擦，还原镜子明晃晃、亮堂堂的本来面目。还原之后还不算大功告成，因为在世界这个烂泥塘里，镜子一不小心就又会被弄脏，所以需要谨慎小心，时时勤拂拭，莫使有尘埃。

这个偈子，如果说得朴素一些、世俗一些，再披上一件外国哲人的外衣，那就完全变成卢梭的理论了：一切自然的欲望都自然是美德欲望，人只是因为生活在腐化的社会里，心里才被种下了不自然的欲望，亦即邪恶的欲望。

这个偈子也很像是古代儒家的性善说，不过比性善说要费解一些，因为洗镜子的比喻虽然容易理解，但镜子在洗干净了之后到底是什么样子，这还真不容易说得清楚。如果朴素一些来理解神秀的说法，似乎刚刚出生的小婴儿离成佛的阶段最近，或者干脆一个婴儿就是一尊佛，婴儿展现给我们的绝对是婴儿本色、赤子之心，一点儿外界的影响都还没有。但是，人类与生俱来的先天因素到底是些什么呢？按照现代心理学基本定论的说法，有食欲、性欲、逻辑能力、利己本能和利他本能等，难道这些就是佛性？如果我们看到两个婴儿抢奶吃的激烈斗争面面，难道也能从中看出佛性不成？

我们可以想象一个男婴忽然获得了成年人的体格，他又会怎么样呢？如果在商店里看到美食，如果在大街上看见美女，他会有什么反应呢？如果一个人要抢他的奶瓶，他会不会毫不犹豫地打死这个人呢？我们照神秀的方法参禅，成佛的理想状态难道就是这样一个大人体格、婴儿心态的人吗？而这种修行方法显然不具有可操作性，毕竟，世间的很多所谓"污染"就像我们的母语一样，我们要花多少时间、用什么方法，才可以彻底忘记母语呢？

神秀的"心"是本心，是佛性，是佛学当中一个专有的心，"食色性也"大概是不被包含在内的。这颗心的性质也许近似于儒家所谓的天理与良知——比如，我们看一代儒宗程颢的话："人心莫不有知，惟蔽于人欲，则忘天理也"，完全就是禅师口吻。一般认为宋代理学和明代的阳明心学都是受到禅宗的极大影响而形成的，与其说近于儒，不如说近于禅。近于儒的话，还可以用常理和逻辑来衡量与思考，一旦近于禅，那就只能用心去"体悟"了。而这种内心"体悟"的结果，自然很难具有可重复性和可检验性，只能归之于后来的禅师们最爱说的一句话："如人饮水，冷暖自知。"

这种情形，或许可以用一则蜻蜓的故事来形容。蜻蜓的卵是产在水里的，所谓蜻蜓点水其实就是蜻蜓在产卵。卵孵化出了幼虫，幼虫也是生活在水里的，大家都不知道水以外的世界是什么样子，都很好奇。幼虫的成长有快有慢，有的先生出了翅膀，就离开水面飞了出去，但飞走之后就再也没有回来。剩下的幼虫们于是互相约定：如果有谁出了水面，到达了"彼岸世界"，一定回来把情况向大家通报一下。大家都约定好了，但是，飞出去的蜻蜓依然没有一个回来。其实不是它们不想把外边世界的样子通报给水里的同伴，只是一旦可以飞出水面，就意味着身体已经发生了本质的变化，再也回不到水里了，而也只有飞出去的蜻蜓才能懂得飞出去的蜻蜓。

以凡夫俗子的逻辑而论，禅法的局面比较尴尬，如果禅师告诉你一个结论，你问他："你是怎么知道的？"他是很难回答你的。这不像科学家告诉你在一个大气压下纯净水的沸点是一百摄氏度，他可以把他是怎么知道的告诉你，也可以告诉任何人，这个知识和经验是有客观标准的，是可检验、可重复的；这也不像游泳运动员教你游泳，他给你讲了半天游泳的技巧之后，你问他："你是怎么知道的？你这些东西管用吗？"他会二话不说，当即跳到游泳池里游给你看。这和神通的作用是一个道理，大乘高僧志在普度众生，普度众生最便捷的方法显然就是把一些能够立竿见影的东西展现给大家看，比如，某高僧一纵身飞上云端，安然端坐半空中口吐莲花，这时候别说你我，就连司马南都得皈依了。

只要一个神通，就能万众皈依，但遗憾的是，关于神通，我们只听到无数的传闻，一个比一个活灵活现，但这世上还是有那么多人不信佛。没有神通的佛法可就不一样了，没有客观标准，无法检验，不可重复，高僧们也没法把自己的高深境界明明白白地展示给你看。比如，我已经成佛了，但你死活不信，非让我证明给你看，我能怎么证明呢？退一步说，我说我不是佛，只是一位高僧，但你还是死活不信，我把佛法的道理给你讲了，以为你会信，但你觉得我讲的东西和你以前听别的某位高僧讲的不一样，所以更是不信。所以信仰领域里常说"信则灵"，这也是无可奈何的事，你只有先来"信"我，才会相信我是真的高僧、真的活佛。

那么，无凭无据的你就会信我吗？一般人怎么才能首先跨出"信"的这一步呢？这还得靠一些外部因素。比如，我经营一家寺庙，每天派人偷偷去租一些高级轿车，一定要黑色的那种，隔三岔五地开到庙门前停下，车牌还特意拿布蒙上。这么一来二去，大家就会知道这家寺院真了不得，好熊住持更了不得。这时候再一见面，看我宝相庄严，出语不凡，十个人里得有九个"信"了。等我临死前吞一把翡翠玛瑙，火化的时候烧出一些发光的舍利，那剩下的一个不信的恐怕也该信了。

但如果同样还是我，在论坛上以一个普通网友的身份发帖讲解佛法，那些外在的依凭一概没有了，大家也就不容易拿我当回事了。这也是人之常情、佛之常情，就连禅宗传法也要有个资格认证的证书，就是一件据说由达摩老祖传下来的袈裟。刘禹锡曾经这样解释过这件袈裟的意义："民不知官，望车而畏；俗不知佛，得衣为贵。"人饰衣服马饰鞍，佛也一样。

没办法，如果抛开全部的外在依凭，禅的境界没法由别人证明，而只能经由个人体验。如人饮水，冷暖自知。


回过头再来说说渊源。"身是菩提树，心如明镜台"，这个偈子真的就是神秀的原创思想吗？其实一点都不是。染和净这一对概念是很多人都讲的，比如，《大乘起信论》就是。"染"也可以被解释为"无明"（我们的常用词"无明火"就是从这儿来的），这是佛教的一个核心概念，简单翻译过来就是"愚昧"，但这并不是普通的愚昧，而是因为不明白终极真理而造成的愚昧，人的一言一行之所以会产生业报，就是因为人处在这种愚昧的状态之中。有的高僧就说，只要你摆脱了这种愚昧，你的一言一行就不会再"造业"了。

和神秀的偈子更近一步的是安世高和康僧会。当初安世高译介

《安般守意经》，就是在讲坐禅的技术。安世高的后学康僧会参与注解《安般守意经》，在序言里曾经也用到过一个镜子的比方，说清净之心被外物污染，就像明镜蒙尘一样，需要仔细打扫才能重获光明——这就是所谓"明心"，明心之后人就会获得智慧和神通，而明心的方法就是禅定。我们看神秀这个偈子，意思和康僧会的比喻简直就是一模一样，只是没提神通罢了。

如今在人民群众中间，没几个人还记得安世高和康僧会了，神秀的偈子却以原创的姿态流传了一千多年。

这事其实还能继续向前追溯，当年印度佛教就曾经有过这方面的争论，这一点等稍后讲到慧能的偈子的时候再说。

## 凡所有相，皆是虚妄

第二天天刚亮，弘忍就把画师卢珍请到了讲堂前的走廊，准备让他开始作画了。就在这个时候，弘忍看到了墙壁上凭空多了几行墨迹，却是一首偈子。弘忍叫人把偈子抄了下来，突然对画师说："给你三十千钱，感谢你远道而来，但画我已经不想画了。《金刚经》说：'凡所有相，皆是虚妄。'一切有形的东西都是虚幻不实的，倒不如把这偈子留下，让那些痴迷愚昧的人经常念诵。若能依照这个偈子去修行，就不会堕入三恶道了。依法修行，有大利益。"

看来神秀这个偈子甫出手，功效立见，第一个受益者就是画师卢珍，活儿免了，钱照拿。三十千钱，这个用法很像英文，其实是中国古人常用的，至于三十千钱到底是多少，这可就很难说清了，但大约可以参照一下时代相近的开元某年的政府官员工资表，三十千正好就是一品大员一个月的薪水。毕竟佛门也是离不开钱财的，还得说《旧约》里边所罗门王的一则箴言道出了一个更容易为大家接受的朴素的真理："酒能使人欢愉，钱能使万事遂心。"

弘忍大师这次出尔反尔，画有理由，不画也有理由。从上下文来推断，似乎是神秀的偈子突然启发了弘忍，让他想到修佛之人是不该徒劳地追求形象的。不错，世间一切都是虚幻，而般若智慧、涅槃境界、最高真理都是无以名状、不可言说的，这道理在早期的基督教和佛教都是一样。上帝是无形的，佛也是无形的，任何试图把上帝或佛的形象描绘出来的努力都是徒劳的，甚至是一种严重的亵渎行为。罗马教会早年曾经为了禁止造像发动过战争，杀过不少人的，他们的敌人并不是所谓异教徒，而是具有同样信仰却大搞造像的人。这些历史在现在看来已经很难理解了，因为世俗人心再一次做了赢家，老百姓就是需要偶像崇拜，怎么禁止都禁止不了的，这实在是人类的天性，就连无神论的土地上也泛滥着一样狂热的偶像崇拜。

世界既然是虚幻的，偶像自然也是虚幻的，弘忍搬出了《金刚经》里的名言："凡所有相，皆是虚妄。"《金刚经》和《楞伽经》《涅槃经》一样，也是禅宗的一个重要理论源头，主题是论证世间一切为空。佛家常常说空，这是我们耳熟能详的，既然是空幻不实，我们就该破除这些幻象。但这问题如果细想一下就会遇到麻烦：如果世间一切都是空幻不实，那么，眼前身边的这芸芸众生是否也是幻象呢？

　　这就好比说现实世界只不过是一场梦幻，做梦的人很难自觉，佛教就是要帮助人们从梦中醒过来。但是，梦里的人肯定也是虚幻的了，如果我在梦里杀人，只不过是杀了一个幻象而已，并不是真的杀人。这番推理下来，竟然可以合乎逻辑地论证出杀人是无所谓的？！

　　为了避免这个尴尬，我们需要把梦幻理论修正一下：现实世界的这个梦并不是只属于我自己的，而是所有人都在做梦，这些梦境结合在一起而成了一个大梦。也就是说，现实世界只是所有人共同在做的一场大梦。这虽然还是无法彻底解决梦里杀人的问题，但至少看上去要好一些。那么，在梦里杀狗总该可以吧？狗总该是彻彻底底的幻象了吧？

　　这也不大好说，有的宗派就认为狗也是有佛性的，而且，如果承认有一个不灭的灵魂在六道轮回的话，狗说不定哪一天也会变成人的。

　　好吧，再退一步，山河大地、石头瓦块这些东西总可以是幻象吧？其实也不好说，有的宗派就认为山河大地、石头瓦块也有佛性。

　　这就麻烦了，如果佛性是一种真实不虚的东西，那么，现实世界里从人到狗到石头瓦块岂不是都存在着真实不虚的属性了，这样一来，现实世界又如何是空幻不实的呢？


　　话说张三去寺院烧香礼佛，看见一尊小金佛很是惹眼，顿生喜爱，趁人不注意就揣在怀里了，正待要溜，却被僧人一把拿下，带到了住持面前。

　　住持苦口婆心地说："这位施主，偷东西可不好啊。"

张三理直气壮地说道:"《金刚经》说:'凡所有相,皆是虚妄。'这尊小金佛不过是一个幻象罢了,大师又何必执着?"

住持沉吟半晌,终于点头道:"施主此言,甚是有理。"

张三一喜,正待要走,住持忽又说道:"施主你也不过只是一个幻象而已呀。来人,把这个幻象拖出去喂狗!"

由此也可以想见佛教理论的论证、辨析会那么复杂,因为要把这个看得见、摸得着的现实世界证明为空幻不实,要把道理说圆,实在是太难了。而且,就算你真正"觉悟"了这世界的虚幻,你又能怎么样呢?

# 入门太难

弘忍对墙上的匿名偈子大加赞赏,接着又把全寺的人通通叫来,让他们在这偈子前烧香礼敬。弟子们念诵着这个偈子,无不崇敬叹服。弘忍又说:"这偈子你们要翻来覆去地念,才能发现自己的佛性。按这个偈子去修行,就不会堕入恶道。"

接着,弘忍把神秀叫到了内室,进行了一番天知、地知、你知、我知的密室私语。弘忍问道:"这偈子是你作的吧?如果真的是你,你就够资格做我的传人了。"

神秀诚惶诚恐:"罪过罪过,确实是我作的。我可不敢奢望做一派领袖,只是想请您老人家鉴定一下我的修行水平。"

弘忍于是下评语说:"看你这个偈子,见解也算不错。凡夫俗子照你这个偈子修行,应该就不会堕入恶道,可是,距离真正的大彻大悟还差得远呀。你的偈子呀,只能算是站在了佛法的门前,却还没有真正入门。要想真正入门,就必须认识到自己本身具备的佛性才行。这样吧,你再回去考虑两天,重新写一首偈子来,那时候我再决定要不要把衣钵传给你。"

神秀得了这么一个评语,不知什么心情地回去了,思来想去地过了好几天,新的偈子就是憋不出来。


弘忍门下那么多的弟子,苦修苦学了那么多年,可是,就连神秀这位既受弘忍盛赞又是众望所归的人物都没能入门,这佛法也太难了吧!

佛法确实很难。我早年读佛经的时候,越读越觉得难,首先是量的苦难:书实在太多了,而且真要通透的话就还得去学梵文和巴利文,以避免翻译的误导;再有就是质的方面:理论实在太精深了,而且很多内容都远非常理可以揣度,往往越想就越想不通。后来有一天我突然想到,佛陀当年的那些弟子,也就是后来被称为菩萨和罗汉的那些人,许多都是两千六百年前的文盲,而我们现在积两千六百年人类经验之精华都很难看懂的东西,难道他们就能懂?后来才明白本来很简单的道理被一代代的高僧越搞越复杂、越搞越混乱。回过头来再看原始佛教,如果我们能坐着时间机器回到两千六百年前,和佛陀的亲传弟子们搞搞论辩,恐怕胜面是很大的。

从心理而言,人们需要的精神食粮往往既不是深刻的,也不是浅薄的——深刻了就容易曲高和寡，浅薄了就容易遭人鄙夷，最合适的东西是貌似深刻而实则浅薄的，坐在地铁里看不会怕被周围的人笑话，拿回家里也不会被束之高阁。弘忍对神秀的这番话正突出了禅法之高，等慧能真讲修行法门的时候又可以得见禅法之浅。禅宗后来风起云涌的大量机锋公案大多也属于这种情形。

现在，禅法是不是真的高到连神秀这样的第一高才生都领悟不了的程度，其实这很难说。有人就觉得《坛经》这段记载前后矛盾：前边明明说了弘忍对神秀的偈子评价极高，让所有弟子烧香礼敬，后边怎么又说神秀连门都没入呢？而神秀的禅法本来就深得弘忍真传，证据确凿，弘忍哪可能说出后来那些话呢？于是推论说：这里边大概有后来慧能一系弟子的作伪，意在贬低神秀、抬高慧能。

后来的历史上，继承弘忍宗风并发扬光大的确实就是神秀，神秀做了"两京法主，三帝国师"，显赫一时，慧能只是在南方边远地区小打小闹而已。现在我们说起禅宗，很多人只知慧能而不知神秀，而在当时的主流社会，大家却多是只知神秀而不知慧能的。再者，当时大家认为神秀传承的是弘忍的东山法门，这也是没有异议的。

## 天才出语惊四座

别看神秀折腾了半天，全是铺垫。等铺垫足了，真正的主角就该出场了。

有一天，一名童子从慧能舂米的工作间走过，一边走一边背诵着神秀的偈子。慧能一听之下，立时便对这个偈子有了一个清晰的判断：偈子的作者还没有触及佛性的根本。于是问童子道："你背的这是什么呀？"童子回答说："弘忍大师说'生死事大'，你还不知道吗？最近他老人家在找接班人，让大家各作一篇偈子，我背的这个就是神秀上座写在讲堂走廊上的《无相偈》呀，弘忍大师让我们背的，说是按这个偈子去修行，就能见到本性，脱离生死苦海。"

看来全寺这么大的动静，慧能竟然全不知情，毕竟他还只是一个工友，算不上弘忍的弟子。但这显然又和前边说的《楞伽师资记》里慧能作为弘忍十大弟子之一的记载不符，两个说法无法并存，只可能全错，却不可能全对。

按照《坛经》的说法，慧能接着对童子说："我到这里都有八个月了，整天舂米，还从没走进过讲堂呢，拜托带我去看看吧，让我也礼拜礼拜，背上几回。"

童子领着慧能来到讲堂前的走廊，对着偈子礼拜之后，又请人给自己念了一遍。慧能大概越琢磨心里就越有底，自己也作了两首，请一个会写字的人把自己的偈子写在了走廊的另一端：

菩提本无树，明镜亦无台。

佛性常清净，何处有尘埃。


心是菩提树，身为明镜台。

明镜本清净，何处染尘埃。

慧能要表达的意思是，佛性本来就是清净的，从来都是清净的，哪有一丁点的尘埃呢？

大家一见墙上突然多出这两首偈子，都觉得奇怪，慧能也不说什么，接着回去舂米去了。神秀和慧能的对比是一个极高明的文学手法，第一高手绞尽脑汁、谨小慎微、忐忑不安，结果被一个无名低手随便一招就给打败了，以致有学者推测，这都是慧能的徒子徒孙们贬低神秀、抬高慧能的手段，恐怕当不得真。（旁证还有：这种以偈子争锋的事情在当时绝无仅有。）

按照较原始的敦煌本《坛经》，慧能写的就是这样的两个偈子，但一般流传的版本只有一首，内容就是大家很熟悉的："菩提本非树，明镜亦非台。本来无一物，何处惹尘埃。"流传最广的这一首也许正是对早期两首偈子的凝练和修订，但是，佛性常清净、明镜本清净和本来无一物却出现了一点矛盾：既然本来无一物，那么佛性有没有呢？

佛性肯定是有，因为这毕竟是慧能的核心理论支柱，讲空是不错的，但也不能空大发了，所以我们还是以敦煌本的两个偈子来入手吧。

慧能的偈子在历史上鼎鼎大名，人人叫好，直到陈寅恪读得仔细了，才发现了一些问题。

陈老师说，古往今来这么多人诵读神秀和慧能这两人的偈子，好像谁都没注意到这里面有两个问题。第一个问题是比喻不恰当；第二个问题是意义不完备。

完了，就这么四句话二十个字的小东西，被陈老师这么一说，又是比喻不恰当，又是意义不完备，真有这么严重吗？

第二点就先不说了，见仁见智，只说说第一点。陈寅恪说，印度禅学里有不少内容都是讲观身之法的。什么叫观身之法？大体来说，就是你用什么方法来看待人的肉身子。印度人通常怎么看呢？他们有一个很好的比喻，把人的身体比作芭蕉之类的植物。

为什么比作芭蕉而不是比作土豆呢？因为芭蕉这东西有个特点，是一层一层的，剥完一层还有一层，剥完一层又有一层。嗯，大概有不少人没见过芭蕉，那就不妨想想洋葱，还有卷心菜，反正就是这种剥完一层又有一层的东西。要是有谁连洋葱和卷心菜都没见过，那我可就真没辙了。

芭蕉，或者洋葱，或者卷心菜，剥呀剥，一层又一层，里面到底藏着什么呢？剥到最后，咦，什么也没有了？！——好好体会一下这种感觉，再来想想我们的身体，哦，原来是空的，什么也没有啊！

易卜生的诗剧《培尔·金特》的结尾处，主人公历尽了传奇动荡的一生，坐在门口剥洋葱，剥完一瓣又一瓣，最后发现没有芯。主人公把碎片一抛，感慨地说："老天爷真会跟人开玩笑。"如果旁边有个高僧在，就该说他悟道了。

要比喻肉身之空幻不实，印度和尚们早就用芭蕉之类的东西打过无数次比方了，可如今神秀和慧能也要表达这层意思，看来也没什么新意，但是，他们不是用芭蕉树而是用菩提树来作比。嗯，陈老师问了：这合适吗？

菩提树是什么树？

这种树原本不叫菩提树，叫毕钵罗树，因为佛陀当年坐在一棵毕钵罗树下悟了道，所以树的身份也不一样了，改叫菩提树了。唐僧当年去西天取经，亲眼见过菩提树，他在笔记里对菩提树还有过描写，说这树又粗又高，冬夏不凋，漂亮极了。

陈老师起疑了：这样看来，菩提树应该是"一树恒久远，青翠永流传"，用它来比喻变灭无常的肉身恐怕不太合适吧？这让人想起了一个经典比喻："队员在平时的训练中一定要加强体能和对抗性训练，这样才能适应比赛中的激烈程度，否则的话，就会像不倒翁一样一撞就倒。"


当然，如果按照慧能的标准，陈寅恪这算是执着于文字，落了下乘，肯定一辈子也不能见性成佛。禅师们的很多话都该以这种方式来理解：他就那么一说，你就那么一听，千万别较真。况且在较真这种事上，陈寅恪是大学者，慧能是文盲，不用比也知道胜负，实在是不公平的。

自慧能以后，禅宗越发讲所谓"不立文字""不落言筌"，用老百姓的话说就是"锣鼓听音儿，说话听声儿"，还有就是"没必要鸡同鸭讲"。细分起来，这里边有三重境界。

第一重境界的不较真是非常正常的，不仅禅师们这样，普通人也这样。比如，我曾经讲过自己写东西的态度，是既不弘扬什么，也不反对什么，只是尽量下功夫把一些问题搞清楚，然后打了一个比方说：就像小孩子拆闹钟，满足好奇心而已。对我这个比喻，有人就较真了，带着责难的口气质疑说："拆闹钟容易，拆了之后还能不能装得回去？"这种较真就好像有人质疑小猫钓鱼的故事："猫不会制造和使用工具，根本就不可能拿着鱼竿去钓鱼。你尽瞎说！"

第二重境界也很常见，容易理解。好比有人喜欢二人转，你想告诉他二人转很庸俗，还是巴赫的音乐更好，就算你能论证得再明白，人家该喜欢二人转还是喜欢二人转。艺术作品之"好"，只能靠领悟，没法靠说理。只有艺术修养到了一个层次，才能明白这个层次的好处，而这种明白也只能和同样层次的人进行交流。

第三重境界的不较真就更进了一步，也比较玄，禅宗所谓机锋就是这一类，根本就是所答非所问。好比你问老师："这篇课文的中心思想到底是什么呀？"老师回答说："我刚吃完早饭。"

总体而言，这类机锋是要以突如其来的手法打破人们惯常的逻辑思维，尤其是要破除二元对立观念——这一点慧能最后还要详细讲的，我们也留到后文再说。

在神秀和慧能这个时候，禅门的风气还比较朴素，没有那些云山雾罩的机锋公案，偈子写得虽然禁不起推敲，却也大意明朗，而且按照不落言筌的说法，禁不起推敲也无所谓，在禅门自己的语言体系之内这也是自洽的，毕竟这与陈寅恪的学术话语分属两个语言系统。


早期版本里的两个偈子变成了后来版本里的一个偈子，另一个原因可能是第二首偈子和神秀的偈子实在太像了。我们再看一下，慧能的第二首偈子开头是"心是菩提树，身为明镜台"，和神秀的没什么差别。也许是慧能一系的后学担心这个偈子的存在等于慧能是承认神秀的禅法的，这才做了手脚。但事实上，慧能和神秀的对立、南宗禅和北宗禅的对立、顿悟和渐悟的对立，基本都是后人搞出来的，在慧能和神秀在世的时候根本就不是这样，这对师兄弟的理论分歧也没有那么大。慧能的弟子们贬低神秀，这就像文学流派更迭中常见的那样：新的流派所急欲打倒的往往并不是真正的敌人，而是那些与自己稍有不同的先驱者。

现在我们再来看一下神秀和慧能这几个偈子在印度佛学里的渊源。当初上座部就主张心性应该是清净的，之所以看上去很脏，是因为受了外界的污染——"心如明镜台"，本来是一面明晃晃的镜子，为什么要"时时勤拂拭"呢，是因为"尘埃"太多，把镜子弄脏了。

镜子被弄脏了，怎么办？只有把尘土擦掉，才能恢复镜子的本来面目。怎么擦呢？上座部的办法很传统，两个步骤：先要明白道理，然后再动手擦拭。所谓明白道理，就是说要搞明白镜子是怎么回事、污染是怎么回事、擦拭的方法又是怎么回事，也就是先要明白佛理；所谓动手擦拭，就是明白佛理之后付诸行动，用禅定的功夫刻苦修行（这是一套很复杂的技术活儿），等修行的火候到了，镜子也就被擦干净了，心又恢复了明晃晃、亮堂堂的本来面目，这就是达到解脱境界了。

说到这里，这和神秀的偈子看上去是一模一样的，其实有个区别：上座部讲的是镜子"应该是"清净的，而神秀讲的是镜子"本来是"清净的，也就是说，上座部的镜子从刚一出现的时候就是一个脏镜子的形象，而清净是这面镜子在经过擦拭之后所能达到的一种可能性。换句话说，上座部是要追求未来，神秀是要返归原初。另一个区别是，上座部的镜子一旦被擦干净之后就永远是干净的了，而神秀还强调"时时勤拂拭"，就是说镜子即便被擦干净了，但外界的尘土还会不断地来污染它，所以还需要经常打扫才行。

上座部的镜子理论只是一家之言，说一切有部就不这么看，他们认为镜子本来是个脏镜子，所谓解脱是扔掉这个脏镜子，换上一面干净的镜子。

慧能的偈子，在"镜子本来就干净"这一点上和神秀的理论基础是一样的，不同之处是，神秀是说达到解脱境界需要按部就班（渐悟），解脱之后还要小心谨慎（镜子擦干净之后还要时时拂拭，免得再被弄脏），而慧能说的是解脱只在一瞬间（顿悟），一朝解脱，即时成佛（你一直以为镜子是脏的，直到有一天你突然发现它是干净的，而且从来都是干净的）。所以在这点上，慧能是在一定程度上回归了上座部传统，虽然这也许只是一种暗合。


谁的偈子更高明呢？这绝对不是一个问题，我们现在随便一个人都知道慧能的偈子高明。但我们如果拿出"实践是检验真理的唯一标准"这句话来，事情可就不好说了。

我们一般人都是孙悟空型的，如果没人管着、不受制约，早晚有一天得去大闹天宫。于是，孙悟空背上背着五行山，头上勒着紧箍咒，头顶上有如来佛压着，身边有唐僧督着，就这样历经九九八十一难，终于修成正果，成为斗战胜佛。既然成佛了，当然意味着解脱了，于是，紧箍咒也自动消失了。现在问问大家：没了紧箍咒的孙悟空还会去大闹天宫吗？答案很简单：不会了。因为紧箍咒已经通过这漫长的西天路内化在孙悟空的思想意识里了。

　　大闹天宫的孙猴子变成真心诚意的卫道士，这需要一个漫长的过程，而在这个过程里，少不了许多像紧箍咒这样的外在的强制手段。对于佛门修行，戒律就是一种紧箍咒，神秀的"时时勤拂拭"也是一种紧箍咒，而慧能的偈子虽然看上去很高明，但实践起来有极大的难度。让正在蟠桃园里偷桃子的孙悟空突然领悟到"呀，原来我是个卫道士哎"，马上放下桃子，变得俯首帖耳，从大闹天宫到斗战胜佛之间竟然没有一个过程，这恐怕是绝大多数孙猴子都做不到的。所以慧能后来一再强调他的顿悟法门是针对资质好的人来说的，也不是没有缘故的。

　　那么，我们是不是可以把慧能的偈子想象成孙悟空成为斗战胜佛之后的心理写照呢？斗战胜佛想："我现在是个卫道士！我本来就是个卫道士！我生来就是个卫道士！"如果这时候八戒给猴哥带来了王母娘娘再次召开蟠桃大会的消息，斗战胜佛他老人家应该丝毫不会为之所动吧？


# 佛门也似鳄鱼潭


　　慧能的偈子很快就被弘忍看到了，也很快就得到了弘忍的评价。弘忍对大家说："这偈子写得不怎么样，没有领悟到佛性呀。"

　　弘忍是心存偏见，还是有眼无珠？都不是，他马上就看出这两个偈子的高明，确实把握了佛法精义，但是怕大家知道这点会对慧能不利，这才说谎的。

前边讲过，佛门戒律多多，最基本的是所谓五戒，五戒之中就有一条"不许说谎"，那么不论弘忍说的是不是善意的谎言，他肯定是犯了戒、说了谎了。这样一位宗门领袖公然说谎，实在让人大跌眼镜。等将来真相大白，冯墓山上的弟子们知道师父说谎，不知道会怎么想呢？另外，佛门净土又不是官场、不是宫闱，大家为什么会对慧能不利呢？这实在也让人想不通呀。

到了三更半夜，弘忍悄悄把慧能叫到了讲堂，给他开小灶，讲说《金刚经》。这就带来一个问题：达摩老祖不是教人只读《楞伽经》吗，按说《楞伽经》才是他们这一系统的唯一圣典，怎么弘忍大师在这个紧要关头不传《楞伽经》却传《金刚经》呢？这是离经叛道还是别有用心？

确实，从禅宗的脉络来看，《楞伽经》渐渐淡出，《金刚经》渐渐突出，到后来慧能就直接把《金刚经》奉为第一圣典了。汤用彤说这个转变有两个原因，一是南方的风气所致，也就是说，达摩以下那几代人都在北方活动，《楞伽经》在北方很吃得开，而弘忍是在南方传法，南方正是《金刚经》流行的地区，所以入乡随俗、因地制宜；二是《楞伽经》传了好几代人，越传越走样了，修行者对经典本来应该得意忘言，却终于变成了得言忘意，从哲人之智变成了经师之学，学术气氛日浓，修行味道日少，而《金刚经》言简意深，其深处囊括了大乘空宗的精髓，其简处是解释自由而可以不拘泥于文字，正好可以扭转当时的不良风气。所以，《楞伽经》淡出，《金刚经》进驻，这也是学问演进的自然趋势。

言简意深，得意忘言，这种风格的《金刚经》大约也正合慧能的口味。弘忍以《金刚经》传授慧能，天才的慧能一听就懂，在这片刻的时间里就掌握了一部《金刚经》。接着，弘忍又向慧能传授了顿悟成佛的法门和传法的袈裟，算是指定慧能作为自己的接班人了。这件袈裟就是禅宗第六代领导人的身份凭证。至于顿悟法门的要点，就是以心传心，靠直觉与感悟而非文字来领会佛法，让人不假外求、自证自悟。

传法完毕，弘忍叮嘱慧能说："自古以来，传法之人气如悬丝，活命是件很难的事。你现在已经担负了传法重任，如果继续留在这里，恐怕会遭遇不测。赶快走吧，走得远远的！"

慧能学了佛法，接了袈裟，在三更时分悄悄下了冯墓山。弘忍亲自送行，一直送出去二百里地，离别时叮嘱道："你走之后，还要继续努力，把禅法带到南方，但在三年之内不要开法，要开法千万要等大难过后才行，那时再来引导痴迷的世人，他们若能开了窍，也就离觉悟不远了。"

慧能便向弘忍告辞，匆匆南下。


这段记载看得让人心里发凉。这可是在佛门净地呀，既不是官场，也不是宫闱，怎么看弘忍这番架势却好似在宫闱秘斗中才会常常出现的情形？！熟悉黑帮电影的人更不会感到陌生——老大被老二悄悄地架空，新旧势力疯狂暗战。唉，佛门如此险恶，真搞不清大家在里边学的到底是佛法还是权谋。

不但险恶，而且诡异。神秀写偈子的时候，气氛明明一片祥和，没人去和神秀竞争，只是因为神秀实在是众望所归，也没见他用什么阴谋诡计去威胁利诱同门师兄弟，弘忍在表达对神秀的传法期许时也没有顾忌神秀会遭遇什么不测，"传法之人气如悬丝"之类的话也一点儿没对神秀说过，怎么事情一到慧能这里就一下子风云突变了呢？或者，见到慧能的偈子之前，弘忍已经自知不敌神秀的新兴势力，表面上摆一摆掌门威风，心底里早已经听天由命，而见到慧能的偈子之后，弘忍突然看到了一线希望——最后关头的一线希望？

　　平心而论，神秀是众望所归，慧能是众望所不归；一个是上座教授师，一个只是舂米的工友；一个是树大根深，一个来冯墓山只不过八个月的时间，如果让慧能来做领导人确实难免人心不服。可是，纵然不服，应该也不至于要闹到加害慧能的地步吧？我们可以想象的最坏情况是，弘忍死后，大家不愿意遵从弘忍的遗命，联手把慧能赶下台来，继续扶植神秀；或者弟子们分化为两派，一派支持神秀，另一派支持慧能，大家只文攻而不武斗，各立山头，井水不犯河水。无论如何都不会恶劣到人身伤害的程度，毕竟都是想要修佛的善男信女呀。

　　还有一个显而易见的矛盾是，弘忍把慧能叫到讲堂传法授衣是三更时分，送慧能离开冯墓山竟然还是三更时分？！

　　这段记载，似乎是埋下了日后禅宗南北两大宗派对立斗争的伏笔，但考之当时的禅门历史，根本就不存在这样势同水火的严峻局面。而且，就算多年之后，神秀和慧能一北一南分头弘法，也远远谈不上什么"南能北秀"的并立——神秀是"两京法主,三帝国师",在当时的佛教界独领风骚一辈子,慧能只是在南方边陲小打小闹而已。并立之说,如果说"南慕容,北乔峰",这是南北双雄,谁也不会说"南慕容,北阿紫",因为差别实在悬殊。而且,慧能和神秀终其一世,两人也没有过什么水火之争,相反,神秀似乎还曾向皇帝推荐过慧能,甚至亲自发出过邀请。

另一个问题是,慧能和神秀终其一世,也没见有过所谓付衣传法的事情。从《楞伽师资记》《传法宝记》等其他资料来看,慧能如果只在那天三更天匆匆听了一下弘忍的讲经传法,这和"十大弟子"的说法似乎存在矛盾,况且弘忍并不曾指定过什么接班人,当时正统法嗣的观念也并不浓厚。其间区别就好像皇位继承之于学生毕业:前者强调正统法嗣,强调一代只能有唯一的一个真命天子,只有这个真命天子才能手持玉玺;后者就散淡多了,学生毕了业,有些人继续深造,有些人自己做了老师,有些人出去工作,不会说每一代只能有一个学生转行当老师。况且以大乘佛教的宗旨而论,弘扬佛法总是好的,那么,多多培养一些弟子,让他们四处弘法,这不是很好吗?

据胡适的考证,在慧能和神秀死后,慧能的弟子神会在滑台召开无遮大会,骤然向神秀的弟子们发难,抬出了付衣传法的正统论,质疑神秀的合法身份。

世上的派别斗争大体有两种情况:一是所谓一个巴掌拍不响,事从两来,莫怪一人;二是好比桌上放着一块蛋糕,有人切了一刀,拿起一块说"这是我的",剩下的那一块蛋糕也就自然被划为"别人的"。神会的发难就相当于在蛋糕上切的那一刀，明确划分了正统和旁门、顿教和渐教、南宗和北宗，这才引发了一段教派之间的激烈斗争，神秀门下甚至还串通官府要给神会治罪，这一段历史才正符合弘忍那句"传法之人气如悬丝"。

神会是个伟大的斗士，又加上安史之乱的一段因缘际会，这根悬丝赢得了最后的胜利。后来北宗没落，南宗挺进，主要都是神会的功劳。慧能被尊为禅宗六祖，自然也是神会的功劳——官方先是认可了神会为禅宗七祖，这么一来，神会的老师慧能就正式成为禅宗六祖了。

但是，事功归事功，事实归事实，神会的话究竟有多大的可信度，这是要画上大大的问号的。神会在滑台大会上提出达摩以来的法统传承，随后被神秀弟子问到达摩以前的谱系，神会竟然信口开河说从佛陀传到达摩一共八代，一时间竟也蒙混过关。后来神会和自己的弟子们也觉着这个说法漏洞太大了，于是修修补补，编书的时候最后改成了二十八代。但无论是八代还是二十八代，没有一点儿是靠谱的。和尚平时都有不打诳语的戒律，但要打起诳语来倒更容易取信于人。

从神会和神秀弟子们的斗争来看，公然造假、打击迫害，什么手段都用上了，当然，大家这样做也许都是为了各自的神圣的目的，既然大节无亏，小节自然可以忽略不计。这种心态既是宗教史上屡见不鲜的，也是我们很多人认为理所当然的。是的，为了一个神圣的目的，如来佛祖也好，玉皇大帝也好，做出"必要的牺牲"总是无可厚非的。但这确实容易使人对所谓信仰产生怀疑：我们到底应该信仰一些诸如如来佛祖、玉皇大帝之类的具象的东西，还是应该信仰诸如公正、诚实、互助这样一些抽象的东西？

但是，无论如何，信仰总是需要具象的目标，毕竟人性就是这样呀，让中学生们不去崇拜歌星，这是很难做到的。

慧能到底从弘忍那里学了什么，这也是一个难解的问题。从敦煌本的《坛经》来看，慧能总共听课的时间也就只有那个三更天的一小会儿而已，如果再把无尽藏尼姑的那段事情抛开的话，慧能所接受的所有佛学教育只在这弹指一挥间。我们想想看，一个文盲，只听老师讲了短短一席话，就被交付衣钵，就成为一代佛门宗师，这大概只能用奇迹来解释，也现身说法地宣传了慧能的顿悟法门。但从《坛经》后文的记载来看，慧能的佛学修养还是很不错的，经书就算从没读过，至少也听过不少，专业术语讲起来也是一套一套的，所以，如果说他没接受过较长时间的学习实在很难让人相信。

慧能在冯墓山到底学过什么没有，至少还存在着另外几种说法。一是其他版本的《坛经》里写过：弘忍到工作间来看慧能，说："我觉得你的见解不凡，之所以不和你多说话，还打发你到这儿来干苦力，我是怕有人会加害于你。"慧能回答说："我明白您的意思，所以我也一直在这里闷头干活儿，从来不往讲堂那边跑。"在这个笼罩着恐怖气氛的寺院里，弘忍和慧能达成默契，谨小慎微地生活着。也许这期间弘忍偷偷向慧能讲过课，也说不定，就像很多武侠小说里的场景一样。

这样的记载确实存在。《历代法宝记》就说弘忍在舂米的工作间里对慧能讲经说法，传了他"直了见性"的禅法，这里另外所传达的信息是，慧能后来以之成名的顿悟法门确实是得自弘忍的真传。

大诗人王维给慧能写过碑铭，其中说到弘忍讲课，学生很多，什么水平的都有，慧能也在里边听讲。如果王维说的是真话，这倒和"十大弟子"的说法相合，和《坛经》的记载却互相矛盾了。到底谁对谁错呢？到底有没有人在故意造假呢？是不是有人为了凸显顿悟的精义而故意删掉慧能的学习经历呢？当然，慧能日后还会教导我们修禅应该不落言筌，应该超越二元对立的观念，如此说来，真真假假似乎也就无所谓了，只要禅法是好的，那就够了。

另一件给已经够乱的局面更增混乱的事情是，王维的碑铭明确记载了弘忍向慧能传授袈裟的事，这段记载通常被认为是付衣传法之说的源头，而王维写这篇碑铭正是受的神会的委托。这一来，事情就越发复杂了：既然碑铭是神会委托写的，难道神会就没想到碑铭里有关慧能在冯墓山学习听课的记载会和《坛经》发生矛盾吗？可能的解释是，《坛经》的母本应该是慧能在大梵寺说法时弟子们记的笔记，法海记了，别的弟子说不定也记了一些，各自流传，互有出入；或者，这是法海一系的说法和神会的矛盾；或者，神会既然撒了这么一个弥天大谎，难免会有编不圆的地方。无论如何，真相已经无从确知，最好的办法也许就是"不落言筌"吧？

慧能就这样在夜幕之下悄悄地溜走了。在其他版本的《坛经》里，弘忍把慧能送到了江边渡口时还发生了这样的一则故事：弘忍把慧能送上了船，自己也跟着上了船，亲手摇橹。慧能赶紧说："老师您歇会儿，应该让弟子来摇橹。"

这个事情很简单，对话也很简单，任谁看了都看不出有什么深意。本来，弘忍已经老到自知将死而操心接班人的年纪了，又熬了一夜没睡，还摸黑跑路，足足跑了二百里，别说一个老头儿，就算小伙子也扛不住呀，如果再来划船摇橹，那真赶上铁人三项赛了，弘忍这条老命就得交待在这儿了。所以，慧能自然应该替老师分忧，自己又年轻，摇橹还不是再应该不过的？

但是，事情还有下文。弘忍说："我是老师，应该是我来渡你，怎么能是你来渡我呢？"慧能回答说："弟子迷惑的时候当然由师父来渡，弟子既然已经悟了，就应该自己渡自己了。"弘忍一听大喜："好小子，以后弘扬佛法就靠你了。"

这里渡河的渡被双关为渡人的渡，正是很有慧能禅意的一则故事。佛性即自性，每个人心里都有，领悟这个佛性终究还是得靠自己。其实说白了就是俗话所谓的"师父领进门，修行在个人"。


# 逃亡与追捕


慧能辞别了弘忍，一路南下，两个月之后到了中国地理上一个重要的南北分水岭——大庾岭。

大庾岭在江西大庾，是从江西入两广的必经之路。此去南方多荒蛮，不过离慧能的家倒是近了。和慧能时代相近的宋之问一度被流放广西，途经大庚岭的时候写下了一首五律，在唐诗里也算有名：

> 阳月南飞雁，传闻至此回。
> 我行殊未已，何日复归来？
> 江静潮初落，林昏瘴不开。
> 明朝望乡处，应见陇头梅。

在这个中国版图的南北地标上，宋之问感慨万千，"阳月南飞雁，传闻至此回"，人们传说北雁南归，南下到了这里就止步不前了，大庚岭的南边连大雁都不愿意去，可是人还不得不去，真惨呀。

慧能这一路南下，心里应该还惦记着老师的叮嘱——"传法之人气如悬丝"，不知道有多少人惦记着迫害自己呢。可是到了这时候，一例迫害也没发生过，哪怕是捕风捉影的迫害也没有过，如果慧能学过心理学，说不定会怀疑老师患没患"受迫害妄想狂"了。这倒不全是笑谈，遭受迫害，无论是实有其事还是仅仅存在于幻想式的担心之中，常常会赋予信徒们一个神圣的光环，使他们越发坚信自己的正确和伟大，况且血淋淋的迫害确实是时有发生的，信仰之路很多时候正像德尔图良的名言所说的："殉道者的血是教会的种子"。

慧能的血会不会成为南宗的种子？这在旁观者看来已经是个迫在眉睫的事情。慧能自己并不知道，他虽然在无灾无难的两个月里顺利抵达了大庚岭，但身后的追兵已经越来越近了，而且，追兵的人数足以吓倒任何一个孤独的逃亡者：他们足有好几百人！

追兵终于来了！

按照其他版本的说法，弘忍送别慧能后回到了冯墓山，又过了三天才向大家交代了实情。这个震雷一般的消息把大家惊得目瞪口呆，很快，几百人疯狂下山，日夜兼程追赶慧能，要把衣钵夺回来。这对冯墓山来讲几乎就是倾巢而出了。

这事透露给我们如下几个情况：第一，以弘忍的掌门之尊，德高望重，居然弹压不住；第二，众弟子很有"爱吾师，更爱真理"的精神；第三，真不知道这些人修行了这么多年都修行了些什么。

话说追兵当中，有一个慧明和尚原来是三品将军，性格粗恶，体格健壮，脚程比大家都快，就在大庾岭一带第一个追上了慧能。

这事细想起来有些蹊跷。几百人日夜兼程，按说追一个慧能应该不难。从常理看，这几百人应该分成若干个追捕小组，有负责围追的，也有负责堵截的，一方面团结就是力量，另一方面协同作战才能成功。但从慧明的行动来看，好像这几百人各自为政，无组织无纪律，就像猎场上争夺彩头一样，既要抢回慧能的袈裟，又生怕被别人抢去了。

慧能眼看着慧明追近了，做了一件谁也想不到的事情：把袈裟放在一块石头上，自己躲到草丛里去了。用普通人的眼光来看，慧能这也许是个明智之举，就好比面对强人劫道，明知打不过也跑不掉，便要钱还是要命之中选择了后者；而且慧明追来之后，肯定会拿了袈裟就走，既减少了一个面对面的机会，也免得丢了袈裟又丢了面子。

但佛门高僧总会出人意表的。慧能藏好之后，慧明很快就追到了，一眼看到石头上的袈裟，果然伸手去拿，可这一拿，袈裟却纹丝不动。

宗教人士经常会藐视一下我们这个世界的物理法则，如果追来的不是慧明而是牛顿，真不知道会怎样了局。但追上来的毕竟不是牛顿，慧明一看：这不是奇迹就是神通呀！

宣化上人在讲解《坛经》的时候对这一段有个解释，说这是天龙八部在护佑传法袈裟，慧明自然拿它不动。这也是一种或许可信的解释，至于宣化上人是怎么知道的，我就不清楚了。

总之，慧明拿不动袈裟，觉得不大对劲，想到慧能应该就在附近，于是大喊："我是为佛法来的，不是为衣钵来的！"

慧能这才从草丛里出来，盘腿坐在石头上，慧明赶紧过来施礼——形势一下子逆转了。

动手抢袈裟的慧明既然说自己是为求佛法而来的，又见了神通，这就借坡下驴，请慧能给自己讲说佛法。慧能问道："不思善，不思恶，正与么时，哪个是明上座本来面目？"

这一问，正是慧能禅法的精髓。大意是说：你不动善念，不动恶念，不思前，也不想后，就在这个当下，你的本来面目是什么？

这句简短的问话一共带出了慧能禅法的三个核心理念，"不动善念，不动恶念，不思前，也不想后，就在这个当下"，说的是"无念"和超越二元对立观念；"本来面目"说的是佛性，后文还会细讲，这里暂不展开论述。慧明和尚的反应也完全符合慧能禅法的顿悟精义，"言下大悟"——在冯墓山那么多年也没悟，让慧能三言两语就给说得悟了。

悟了之后，慧明还得说说自己的感受，是"如人饮水，冷暖自知"，依然体现着慧能禅法的核心理念。所以这件事情从开始到结束，简直就像两人串通好了拍的一个慧能禅法的宣传短片。

慧明悟道之后，做了慧能的第一个弟子。不过这情节比较古怪，因为慧明已经是个正经的和尚，而慧能还没有正式剃度出家。

慧明也没有追随新老师，而是催促新老师尽快南下，自己则留在原地等待后边的大队追兵。追兵们还不知道这世界变化如此之快，前几天还跑得最卖力的慧明和尚现在已经"变节投敌"了。慧明此刻也像弘忍一样，为了某个神圣的目的而向大家公然撒谎，说自己和其他往南追的人都没有见过慧能，又说慧能脚有病，不可能走这么快，大家肯定都追过头了，应该折返往北才对。受骗的众人向北去了，自然追不到慧能，慧明也脱离了队伍，自己到江西弘法去了。

这段出现了神通的记载就像其他许多类似记载一样有一处很让人不解的地方：慧能只是一显神通，那个性情粗恶、追赶得最积极的慧明立时就改了态度，那如果慧能不跑，在冯墓山上显露一手神通，纵然千人万人都会折服，哪会有后来的许多凶险！如果大家再像慧明一样，先震慑于神通，后体悟于慧能的讲说佛法，这不是个皆大欢喜的结局吗，而且最简单不过。

嗯，看来还是继续"不落言筌"好了。

敦煌本《坛经》对这段事情的记载比较简单，也比较朴素，说几百人蜂拥追来，但追到半路又都回去了，只有慧明追到了大庾岭，一把就抓住了慧能的手。慧能见势不妙，乖乖地交出了袈裟——但袈裟纹丝不动！

不过这回可不是神通显现，而是慧明不拿。慧明说："我大老远地追过来，不为袈裟，只为向你求学佛法！"原来慧明真是追来求法的，却不知道那几百人追捕的动机是否也和慧明一样。可如果真是这样的话，弘忍何必要劝慧能逃跑呢？

慧能于是传授佛法给慧明，敦煌本《坛经》并没有记载传法的经过，只说慧明一听之后便即觉悟，然后慧能嘱咐慧明回头向北，自己弘法。

慧能自述行历，依敦煌本《坛经》，到这里就算告一段落了，这以后又发生了什么，就要到其他材料里去找了。

一说慧能逃到南方之后，冯墓山众僧对他的追捕仍在继续，慧能不得不隐姓埋名、隐遁山林。按说慧能现在已经开悟了，已经见性成佛了，就像武侠小说里的某个年轻人因缘际会在一夜之间获得了绝世武功一样，应该无所畏惧才是，但是按照传统说法，开悟了并不算完，还得有一段"保任"功夫。也就是说，就像虚竹小和尚一下子获得了无上内功，但他还不会用这个内功，要想真正巩固武林高手的水平，还得经过一番学习和历练才行。所以，慧能的这一段逃亡和隐居的生涯也被后代禅师们描述为保任的必要过程。

慧能保任了多久，各种记载出入很大，短的有说三年的，长的有说十七年的。在这些年里，除了必要的生活之外，慧能还做了些什么呢？有些版本的《坛经》说，慧能到了韶州曹侯村，像所有隐居避难的大侠一样过着平常百姓的日子，但曹侯村有一位儒士，对慧能很是另眼相看，待他很好。这儒士有个姑姑，出家为尼，常常念诵《涅槃经》。慧能听了一耳朵，一下子就领悟了经典之真谛，就给尼姑解说。尼姑拿经书给他，他说："给我也没用，我不识字。"……后来的事情就不用说了，因为这故事在前文已经讲过了，这个尼姑叫作无尽藏，这个儒士叫作刘志略。一样的人名，一样的故事，只是刘志略的身份变成了儒士，事情发生的时间被放到了慧能开悟之后。至于哪个记载才是真实的，这又不好说了。

接着，慧能因为在无尽藏那里语惊四座，便被众人请到了宝林寺，住了九个多月，追兵又闻讯而至。这回慧能没有施展神通，也没想用一席话度化追兵，而是采取了我们普通人的应对方式：三十六计走为上，到前山藏了起来。

追兵一看，怎么又叫这个春米的小子给溜了呢！这回可怎么办呢？慧能也许逃得不远，应该就藏在这座山上吧？可是，这山这么大，可怎么搜呢？

开篇不久的时候说过慧能在大梵寺开讲"摩诃般若波罗蜜法"，"般若"一词是从梵文音译而来，如果意译的话就是智慧。这个智慧一般不是指世俗的智慧，而是超级智慧、至高无上的智慧，这种智慧是我们世俗之人很难体会得到的。此刻，在搜捕慧能的问题上，追兵们充分体现出了大和尚有大智慧，想出了一个绝招：放火烧山！

当然，如果发扬一下民族自豪感的话，可以说这种智慧古已有之：春秋时代，晋文公出于好意而搜捕介之推的时候就用过这一招，其结果是，介之推背着老母亲想逃出火海，无奈水火无情，母子两人全被烧死了。

慧能是活佛之身，当然不会被火烧死。要论跑，慧能自然跑不过山林大火，但他找了一块巨石藏在底下，这才保全了性命。山林大火与活佛之身因缘际会，给巨石那里留下了永难磨灭的印记：慧能跌坐的膝痕和布衣的纹路都被印在了石上，这块巨石也因之得名为

"避难石"。

按照常识来说，火灾当中的死者大多不是被火烧死的，而是被烟呛死的，所以在大片火势之中就算能找到一个不会被火烧到的地方也未必能够活命。超越常识来说，有传说叙述慧能在这个危急关头想起了弘忍送自己上船的时候传授过的"禅定入石"的功夫，据说这功夫还是从迦叶尊者那里传过来的。于是，慧能进入禅定，身体便隐入了大石之中，不但火烧不着，烟也呛不着。

历史经常呈现为观念的历史，而不是事实的历史，这是我在《隐公元年》里着重表达的一个内容。别说这些佛门记载，就算正史也是一样。许多作为事实的历史其实也只是经由一时一地之观念所塑造出来的，或者，或多或少地带有这种塑造的痕迹。事实史是一种真相，观念史也是一种真相，所以我们没必要对许多貌似事实的事实史过于当真，更不该忽略许多观念史中所谓的虚假成分——发生真实影响力的东西往往是假货。

这个传说里的"禅定入石"和达摩面壁结果在墙壁上留下了影子的传说大有异曲同工之妙，这里的所谓"禅定"和"坐禅"其实才是印度禅法的本来面目，"禅"本来和"定"是分不开的，是一种打坐的功夫——静默打坐，默数呼吸，和中国道家的吐纳差不太多。这也正是慧能和神秀禅法的一个重要区别之所在：神秀沿袭了禅定的修行方式，慧能则破除了禅定，认为靠禅定来修行是南辕北辙的。现在我们会看到有些修行者自称学的南禅，经常打坐，其实这是印度瑜伽禅定以至神秀北宗禅的修行功夫，也正是慧能祖师爷所反对的。所以，"禅定入石"这个故事的编者应当还继承着禅定一门的认识，把这门慧能所反对的功夫加在了慧能身上。虽然这故事是要抬举慧能，但对慧能来说，这种抬举恐怕要比批评更让他难受。

神通是这个故事着力凸显的，这也反映着人们对宗教一贯的某种需求，一些宗教人士也乐于用神通事迹来帮助传教。平心而论，神通确实是最好的传教方式，如果佛祖运用神通让所有人一夜成佛，这岂不是天大的好事？等而下之，僧侣可以在公众场合里呼风唤雨、点石成金。关于神通，虽然传说者多，亲见者少，但神通毕竟给传教带来了莫大的好处，正如托马斯定理告诉我们的，一件事情只要大家相信它为真，它就会发生真实的影响。但负面效应也不是没有，史书上可以见到这样的事例：打仗了，城里的老百姓纷纷出城逃难，守城的将军也愿意放老百姓一马，但是，和尚不能放，尤其是那些有名的和尚更不能放，因为将军们相信和尚拥有一些超现实的力量，就算不能呼风唤雨、撒豆成兵，至少也可以发挥一些常人所无法理解的作用，退一万步说，佛祖总不能眼睁睁看着自己的信徒被杀吧，佛祖亲自下手对信徒们施加保护，连带着整座城池都会受益。有些僧侣就是因此而丧命的。将军们显然忽略了这样一个事实：即便佛祖真的拥有保佑众生的能力，他老人家的心思也不是我们常人可以揣测的，他看着你死，说不定是为了你好。

如果在老百姓里做个调查，问问佛教里边最吸引人的地方是什么，大概有人会说西天净土，有人会说佛法神通。确实，佛教典籍里边关于神通的记载五花八门，寺院看上去就好像《哈利·波特》里的魔法学校。但神通也不一定都是好事——将军守城就是个例子。再讲一件事：前边讲"不立文字"的时候已经提到过印度高僧龙树，他老人家是整个佛教史上屈指可数的几位大宗师之一，他在佛教史上的地位就好像张三丰在武侠世界里的地位，他的本领也堪比传说中的张三丰。他的佛法修为有多高呢？至少从神通的角度来看，他已经可以长生不死了，不仅如此，他还可以使信仰他的国王也一样长生不死。有人会问了："龙树老前辈现在还活着吗？"答案是，早就死了。他的死因很惊人，是自杀！这是唐僧在《大唐西域记》里说的。

难道龙树真是寿星老儿上吊——活腻味了吗？当然不是。长生是件好事，但是，几家欢乐几家愁：龙树能长生，很好；信仰龙树的国王也能长生，也很好；可国王的儿子不好了，老子永远不死，自己岂不是永远也继承不了王位？这可怎么办呢？

有人给太子出主意："龙树是位菩萨，菩萨是看破红尘、肯为众生施舍一切的人。您就直接去找他，求他把人头施舍给您。"

这真是抓住了菩萨的痛脚，龙树如果拒绝，就说明修行还不到家，如果同意，那就丢了性命。如果是你，你会怎么做呢？

龙树不愧是一代高僧，接受了太子的请求，自杀了。


龙树大师是我的偶像，这位太子也是我的偶像，时过境迁，我想，我的身份比不上太子，现在那些高僧的修为怕也比不上龙树，所以我们双方可以各让一步，我到寺院里请高僧们施舍我一些人民币，高僧们则可以保留他们的项上人头。

这件事不管是真是假（另一种说法是，龙树是被小乘法师逼死的），都确实说明了一个真实的观念，即"舍"是佛教修行的一项重要指标。事实上，不只是佛教，印度几乎各个教门一致认为有四项品质可以帮助人们往生梵天乐土，这四项品质总名"四无量"，就是慈、悲、喜、舍。这个"舍"字反映了人类一种朴素的认识——舍不得孩子套不着狼。舍不得妻儿老小、名位利禄、身体发肤，也就无法解脱，成不了佛。

从龙树的著作来看，他对"舍"有更深一层的见解，这见解直与慧能的禅法相通，这一点后文再讲。龙树自杀事件另外可以告诉我们的是，大乘佛教是讲普度众生的，不同于小乘佛教的修行目的只在于个人的解脱。而我们要知道，佛教一传入中国的时候就是以大乘为主的，而普度众生又很容易被中国人理解成在现实世界里的救苦救难，再加上其他一些因素，结果印度的出世佛教到了中国以后变得越来越入世，慧能的禅风也一样是在这种大潮流里打转的。这些内容，我们在后文会慢慢看到。


话说回来，火烧慧能案还会留给我们另外的思考：追捕慧能的那些人既不是官差，也不是土匪，而是弘忍门下吃斋念佛的出家人，这些出家人怎么会杀人放火毫不手软呢？这争夺法统的场面怎么比争夺皇位的斗争还要残酷凶险？

当然，看看世界史，在宗教信仰的虔诚里展开的杀人放火屡见不鲜，中国的情况已经算是很好的了，大约是因为中国人比较现实，普遍缺乏对神圣教义的执着精神。其缺点是信仰普遍不够牢靠，猪八戒型的信徒居多，而优点则是不大容易因为教义分歧之类的原因而引发大规模经久不息的战争与屠杀。

宗教争端的残酷性很大程度上在于双方很难像世俗冲突中的双方

一样达成妥协，如果是世俗争端，既可以割地赔款，也可以上贡女人，双方往往是可以出于利益的考虑而进行理性谈判的；而宗教争端常常不同，对信仰的狂热可以遮蔽一切，正邪分明，绝不两立，出于对"正信"的捍卫可以对异端进行不择手段的清除。这在世界史上是很常见的，但眼下追捕慧能的这些人是否也属于这个类型，却不好说。

且不说中国人浓厚的现实主义精神，单说教派纷争所导致的激烈对抗，正如前文讲过的，在慧能和神秀的身上如果有过，至少也是微乎其微的。争端肇始于神会，在神会为慧能一系争法统而打击神秀一系的时候，确实遭遇了神秀一系的强大反击，神会也确实有好几次受到过生命的威胁。所以，合乎情理的推测是，神会一系以他们当时的宗派斗争的严酷场面来理解祖师爷慧能当初的南下，甚至为了抬高慧能、贬低神秀，而捏造了这些所谓史料。其实，就以神会的遭遇来看，虽然受到北宗弟子的打击迫害，虽然好几次险遭不测，但大批僧侣围追堵截乃至公然放火烧山这类的极端行为到底也不曾有过。再说当时好歹也算是盛唐时代，多少也是有一点儿王法的。

## 风动还是幡动？到底是什么意思？

慧能藏来躲去，这一天来到了广州的法性寺，赶上印宗法师正在讲解《涅槃经》，这就引发了一个著名的故事。

老师在台上讲经，忽然风吹幡动，两个和尚就为这点小事起了争执，一个说风动，另一个说幡动，谁也说不服谁。慧能在旁边插嘴了："不是风动，也不是幡动，是你们的心在动。"此言一出，震惊四座，把正在讲课的印宗老师也给惊住了。印宗早就听说弘忍有个传人南下，如今见慧能谈吐不凡，估计他就是那个传人，一问之下，慧能便也如实说了，又拿出如假包换的传法袈裟，虽然谁都应该没有辨别袈裟真伪的能力，但大家还是纷纷礼拜。接着，慧能又讲了讲佛性的道理，把印宗法师听得激动得不得了，说自己以前所学全是瓦砾，这回总算见到真金了。接着，印宗拜慧能为师，可慧能还是个俗家人，印宗又为慧能剃度授戒，慧能这才算真正当了和尚。

风动幡动的故事流传了很久，知名度很高，在当时又是语惊四座，一定有其高明之处。但到底高明在哪里，普通人的脑袋还真不容易想得明白。

首先，这两个和尚的争论就很古怪，我们现在受过九年制义务教育、上过初中物理课的人大概很难问出这样的问题，这问题作为一个禅宗掌故我们会觉得它高深莫测，但假如现实生活中有两个人发生同样的争论，我们大概只会说他们弱智。

慧能说既不是风动，也不是幡动，而是心动。如果我们把风和幡做一个替换：一个人骑着自行车要从家骑到超市，在经过我们身边的时候我们发出了这样的争论：是人动还是车动？哪个答案才对呢？慧能也许会回答说："人也没动，车也没动，是你们的心在动。"但是，一个朴素的问题是，如果人也没动，车也没动，只是我们的心在动，那么，只要我们的心能保持不动，这个骑车的人就永远也骑不到超市了吗？

再者，如果追求词语定义的话，动者，位移也。风和幡、人和车，都发生了位移，当然都在动呀。按照初中物理的讲法，运动要分绝对运动和相对运动，以前者而论，宇宙里的万事万物无不在动，我们静坐不动其实是随着地球在动，所谓"坐地日行八万里"是也；以后者而论，需要设定参照系，如果以旁观者为参照系，风和幡、人和车，当然都是在动的。那么，这样一个初中生都可以给出完美答案的问题，为什么大德高僧们却争论不清呢？又为什么慧能那样一个明显错误的答案也会语惊四座而流传日久呢？

冯友兰曾经推断，慧能这个说法应该类似于僧肇的《物不迁论》，风确实在动，幡也确实在动，但它们其实都是虽动而常静的。冯友兰说：这个道理比较深奥，所以印宗法师是"行家一伸手，便知有没有"，这才那么激动。

但是，冯老前辈的这个解释有可能是错的。

僧肇的《物不迁论》，顾名思义，是说运动并不存在，所有的物体都是静止的。这显然违反我们的常识，但我们得习惯一下，佛教理论常常是要和常识作对的。

运动为什么不存在呢？就好比我们看电影，电影里的人呀、物呀都在动，和现实生活中一样，但事实上电影是利用了我们眼睛的视觉暂留现象，每秒钟放映二十四幅静止的画面，整部电影全是由这样一幅幅静止的画面构成的。我们以为电影在动，这个动只是假象，静止才是本质。

现在我们想象一下，我们正在电影院里看一部叫作《熊霸天下》的大片，只见主人公好熊英姿飒爽，脚踏南山，口衔玫瑰，张弓搭箭，一箭射中二十公里之外的靶心。电影长镜头追拍这支箭，从离弦的那一刹那直到射中靶心，一共用了五秒钟。我们现在可以知道，五乘以二十四等于一百二十，也就是说，这支箭的全部运动其实是由一百二十幅一连串静止的画面所构成的。

这么一说就容易理解了，但是，如果我们不是在电影院里，而是在电影当初的拍摄现场，眼睁睁看着主人公好熊一箭射中靶心，这支箭的运动难道也是由一连串静止的画面构成的吗？

答案是，是的。

不必讲什么玄而又玄的虚招子，真有人可以只用我们普通人的逻辑就把这个答案严密地论证出来。这个人，就是远在僧肇之前的古希腊哲学家芝诺。

芝诺给我们留下了好几个著名的诡辩命题，其中的"飞矢不动"说的就是我们这支箭。那我就借用芝诺的话来解释僧肇的理论了。

芝诺问他的学生："好熊射的这支箭是动的还是静止的？"

学生说："这还用说，当然是动的呀。"

芝诺问："那么，这支箭在飞行的每一个瞬间里都有一个确定的位置吗？"

学生说："当然有呀。"

芝诺问："那么，在这样的一瞬间里，这支箭所占据的空间和它自己的体积是一样大的吗？"

学生说："当然一样大呀。"

芝诺问："在这样的一瞬间里，这支箭既有一个确定的位置，又占据着和自己的体积一样大小的空间，这支箭此刻是动还是静呢？"

学生想了想，说："是静止的。"

芝诺问："这支箭在这一瞬间里是静止的，那么，在其他的瞬间里也是静止的吗？"

学生说："是的，在每一个瞬间里，这支箭都是静止的。"

芝诺总结道："所以，这支射出去的箭其实是静止不动的。"


芝诺的"飞矢不动"是为老师巴门尼德的哲学做辩护的。巴门尼德的主张基本可以被我们看作僧肇《物不迁论》的一个粗糙的古希腊版。现在我们回头一看，既然连射出去的箭都是静止不动的，更何况风和幡呢？

当然，僧肇的理论更多的是佛学基础，其中一个核心根源就是所谓"因缘生灭"。在"因缘生灭"的意思上，这支箭刚射出去，在第一秒钟的时候被空气磨掉了箭尾的一根羽毛，在第二秒钟的时候，箭杆上又掉落了一片木屑，所以，一秒钟前的箭和一秒钟后的箭虽然看上去样子相似，其实已经不是同一支箭了。

箭是这样，人也一样。《物不迁论》举了一个例子，说某人离家很久了，这一天突然回来，邻居见了感觉似曾相识，问道："你不是当年街坊家的那谁谁谁吗？"这人回答说："我只是看上去像当年的那谁谁谁，其实已经不是了。"

我们可以给这个故事续上一个现实主义的尾巴：邻居一听，遗憾地摇了摇头："如果你见到那谁谁谁，请转告他，就说他当初买的彩票中了五百万大奖，人家一直等他来领奖呢。"


我们都知道一句名言："昨日种种譬如昨日死，今日种种譬如今日生。"我们一般把这句话作为励志格言来用，好比某人失恋了，痛不欲生，你开导他说："昨日种种譬如昨日死，今日种种譬如今日生。"意思是让他放下过去，重新开始，迎接崭新的明天。其实在佛理上，过去的死真的是死了，过去的你和现在的你并不是同一个人。也就是说，并没有一个具有延续状态的你从昨天延续到了今天，而是昨天一个你，今天又一个你，每时每刻都是不同的你。我们可以回顾一下前边讲"五蕴皆空"和"无我"的时候那个森林的比喻。

好啦，话说回来，万事万物全是静止不动的，所以风也没动，幡也没动，那么，心动了没有呢？

照我看呢，答题的线索也许不在《物不迁论》上，而在其他版本的相关记载和《坛经》的上下文里。

现在我们重新开始，再来看看前边的问题：这样一个初中生都可以给出完美答案的问题，为什么大德高僧们却争论不清呢？又为什么慧能那样一个明显错误的答案也会语惊四座而流传日久呢？

原因之一是，人类的知识毕竟在不断进步，拿现在一个普通初中生放到一两千年前，绝对会成为当时第一流的智者；原因之二是，范畴不一样，古典物理学和一千多年前的佛学不存在多少共同的语境；原因之三是，这个记载过于简略了，实在不容易让人看得明白。

只说原因之三。按照《历代法宝记》的说法，事情是这样的：印宗法师讲授《涅槃经》，问大家："风吹幡动是大家常见的现象，幡到底动了没有？"大家就开始说三道四了，慧能突然站起来说："动与不动，都是大家的妄想心在作祟，佛性是无所谓动与不动的。"印宗法师一听，"惊愕茫然，不知是何言"（《曹溪大师别传》也有类似的记载，细节有出入，大意差不多）。

这个记载就比上一个更容易让人看出眉目了。慧能这是在借风动与幡动来阐释自己对佛法的见解，这里体现的是慧能禅法的两处核心思想，第一是超越二元对立观念（动与不动就是一组二元对立观念）。换句话说，二元对立的观念属于妄心，也就是慧能说的妄想心，修禅是要破除妄心、体悟真心。说动，说不动，都不对，"无所谓动与不动"才是对的。这是从佛学中的"中道"观念发展而来的，有着印度中观派的思想渊源，也有佛性论的因素在，这里先不细说，后文还会讲到。

第二是所谓"无念"，这个概念后文也会细讲，大略先打个比方：大家应该都知道蜈蚣跳舞的故事，蜈蚣的踢踏舞跳得一流，乌龟很嫉妒，于是有一天乌龟对蜈蚣说："你的舞步真是跳得太好了，我真想跟你学学。你能告诉我你跳舞的时候是先抬哪只脚吗？"这一下可把蜈蚣问住了，抬抬这只脚，好像不是，抬抬那只脚，好像也不是。后来再要跳舞的时候，蜈蚣总是会想起这个问题，从此就再也不会跳舞了。

先抬这只脚，还是先抬那只脚？这样一种思维状态就和琢磨风动还是幡动是一样的，而慧能所说的"佛性无所谓动与不动"就大略相当于蜈蚣先前跳舞的时候无所谓先迈哪只脚。心念不执着于外物，自然流转，是谓"念念无住"，心里不要执着于先迈哪只脚的问题，这才能跳得起舞来。

我们学佛也是要讲方法的，很多人喜欢去看机锋公案，经常绕进去就出不来，市面上很多讲解机锋公案的书也都流于个案分析，往往是十本书给出八个答案，你也不知道谁对谁错。其实只要搞通一些核心义理，所有机锋公案都可以迎刃而解，就好像学通了几何里边的公理、定理，所有几何题你都可以解决。陷入迷宫的时候，我们要想办法站在高处往下看。现在我们再多往下看一眼：这个故事另外还有一层可能的意思，这层意思只有读通《坛经》的上下文才能明白。

联系《坛经》上下文，慧能的一个核心思想是，有情（有生命的东西）才能成佛，无情（没生命的东西）不能成佛。而有生命和无生命的一个主要区别就是会不会动：人是会动的，是生命体；石头是不会动的，是无生命体。因为不会动的没生命的东西成不了佛，所以我们不应该去效仿它们——这个理论的杀伤力是，坐禅入定就是要人一动不动，也就是效仿不能成佛的无生命体，所以靠坐禅来求解脱成佛是根本行不通的。

所以，慧能这里的动与不动说的也许不是状态，而是属性。风能动、幡能动，但从属性上说，它们都属于不会动的无生命体，正是从这层意义来讲，风和幡都是不动的，动的只有你的心。

而在当时的佛教界，"生命体和无生命体是不是都能成佛"是一个争论的焦点话题，正是在这个背景下，慧能这番话才显出了他的见解，才可以语惊四座。如果换到现在，你同样说一次"风不动，幡不动，仁者心动"的话来，大家只会把你当弱智了。

话说回来，慧能的行历至此而告一段落，《坛经》接下来就是慧能在大梵寺开讲禅法的内容了。至于这段行历在多大程度上是可靠的，有些地方确实可以辨别出大概的轮廓，另一些地方也只能是信者自信、疑者自疑了。或者，我们大可本着禅门宗旨，继续不落言筌好了。

第二篇

# 说法

一

　　慧能来依此地，与诸官寮道俗亦有累劫之因。教是先圣所传，不是慧能自知。愿闻先圣教者，各须净心闻了，愿自除迷，如先代悟。（下是法）

　　慧能大师唤言：善知识！菩提般若之智，世人本自有之。即缘心迷，不能自悟，须求大善知识示道见性；善知识！愚人智人，佛性本亦无差别，只缘迷悟：迷即为愚，悟即成智。

## 说法第一义：佛性

　　自我介绍完毕，慧能开始说法："各位听众，我能到这个地方和大家相聚，实是亿万年积累下来的因缘所致。我要开讲的佛法是前辈圣人传下来的，不是我慧能生而知之的。想听的人请自净心神。希望大家能借由我的讲授自己来破除自心的迷妄，像前辈圣人一样开悟。

　　"菩提般若的智慧是所有人先天具备的，只因为迷妄的念头遮盖了它，大家才无法自己证悟，需要有老师来领大家入门。各位请听我说，无论是愚人还是智者，他们的佛性是没有差别的，差别只在于迷妄还是觉悟：凡是处于迷妄状态的就是愚人，凡是觉悟了的就是智者。"

　　这段开场白，可以说是慧能禅法的第一义。人人都有佛性，而且大家的佛性一样多，在这一点上弱智和天才没有区别，就好像每个人天生都有手有脚一样。佛性被现实世界的种种污染遮蔽着，大家不容易看见，而只要破除这些遮蔽，每个人都可以见性成佛。

　　随着禅宗的流传和流行，这种观念大家已经不觉得有什么新奇了，好像佛教一直都这么主张似的，其实若追溯一下佛教思想演变的脉络，慧能这种说法要么得算离经叛道，要么得算旁门左道。在印度佛教里，这种佛性思想不但没占过多大的地位，被认为是一种权宜的法门而不是根本的解脱大法，甚至还屡遭批判。为什么会这样呢？因为这种思想违背了前文介绍过的所谓"四法印"中的"诸法无我"。

　　这个道理不大容易理解。人们往往把灵魂不灭、投胎转世这些说法当成佛教固有的理论，其实在印度这原本是婆罗门甚至更早的理论，六道轮回也是。而佛教是以对婆罗门的革命者的姿态出现的，在一些原则问题上明确反对婆罗门，其中反对甚力的一点就是婆罗门的灵魂不灭的观念。现在许多人认为的一些很核心的佛教思想其实都是佛教从古代印度的其他教派里"拿来主义"过来的，佛陀的原创思想并不多，在这为数不多的原创思想里，最核心的思想一个是"缘起"，一个是"无常"，另一个就是"无我"——在古代印度多如牛毛的教派里，只有两派是持"无我"观的，一个是佛教，另一个是所谓顺世外道。

在佛教的观点里，一切物质、运动，都是因缘聚合的结果，本身并不存在实在的属性，这种"空幻不实"也就是佛家常说的"空"。为什么"空"？因为"缘起性空"。这就要谈到佛家思想中一个最最根本的概念——因缘，佛法种种，大多是附着在这个"因缘"概念之上的。

何谓因缘？一切事物、一切现象都不是独立存在的，而是纠缠在因果关系的链条里，受着因果规律的制约，此生而彼生，此灭而彼灭。

于是，宇宙万物，既然"此生而彼生，此灭而彼灭"，哪里还有什么事物是恒常存在的呢？刹那之间生灭相续，是谓"无常"。万事万物，生住异灭不出此理，是谓"诸行无常"，此即"四法印"中的第一法印。那么，认识不到万事万物的无常本质而错认为有些事物是恒常不变的这类见解，佛家谓之为"常见"，因而主张人们要摒弃"常见"来认识佛法。另外，虽然万事无常，它们却无一不是按照因果规律在生生灭灭着，这是绵延无尽的，如果只看到"灭"却看不到"生"，或者只看到"生"却看不到"灭"，这都是因为没有认识清楚因果链条的绵延无尽的性质，所以，这种错误的见解佛家谓之为"断见"，也是要摒弃的。

那么，既然万事无常，"我"是不是也在"无常"之内呢？

佛家把一切生灵都叫作"有情"，一个"有情"并非一个单独的个体，而是种种物质元素和精神元素的聚合体，这些元素归纳来说就是"六大"，即地、水、火、风、空、识。"六大"之中，地为骨肉，水为血液，火为暖意，风为呼吸，空为空隙，识为精神。"有情"从另一个角度来说又是"五蕴"的聚合,"五蕴"就是色、受、想、行、识,这在中国最具普及性的经文《般若波罗蜜多心经》中讲得非常清楚:"是故空中无色,无受想行识,无眼耳鼻舌身意,无色声香味触法",这话几乎是人人熟知了。那么,既然"有情"(也可以在这里把"有情"代入为"我")并非一个独立存在,而是"六大"和"五蕴"的聚合体,这种种细小的因素刹那间相生相灭,那个"我"究竟又在哪里?对此,那句著名的偈子"昨日种种譬如昨日死,今日种种譬如今日生"大体就是这个意思,只不过世人通常把它做了心理励志式的世俗化理解了。

那么,再往下继续推论的话,所谓"六道轮回",其实并不是有一个"我"在其中轮回,不是有一个恒常不变的灵魂在其中轮回,而是"有情"的死亡导致了"六大"与"五蕴"分崩离析,而分离后的种种因素又在因果锁链的作用下发生了新的聚合,这并不是被很多人想当然地理解的那样,存在着一个不变的、恒常的灵魂,在六道之中反反复复地投胎转世——"因"只会"促成""果",而不会"变成""果"。

"诸行无常,诸法无我",一个是否定客观世界的真实性,另一个是否定主观自我的真实性。这里的"法"是说客观世界,"行"并不是行为的意思,而且早在佛陀之前就已经存在一套理论了。按汤用彤的定义:诸有情各因为过去生命中所作业而遗留于心,因有种种潜伏印象,所谓薰习是也。薰习非如习惯,习惯限于此一生,而薰习则有常住之力量,不随此生终止而毁灭。而在有情之此一生所作,均可留有下意识诸印象,随相当因缘而复起作用,此则所谓"行"。

对于这个"诸法无我"，历来还有着种种引申的理解，但绝对不像《三世因果经》之类的伪经所谓的那样：有一个恒常不变的"我"，今生积德行善，好求得来生的福报——佛陀指给人们的"因果"之说，是在阐明宇宙变化的规律，而不是庸俗的道德投机。佛陀是在给大家讲道理，而不是带领大家做买卖；佛陀所关注的是解脱之道，而不是帮助世人求平安、求富贵。

那么，再回到这个因果规律，所谓"善有善报，恶有恶报"，这句名言其实一样是在说规律（善恶是否有别容后再论），但是，这个规律却不是像很多人僵化理解的那样："我"做善事，所以"我"就得善报；"我"做恶事，所以"我"就得恶报——这是道德，而不是佛法，佛陀关注的是宇宙的终极真理和众生的解脱法门，而不是道德，当然就更不是道德投机。

所以，从这层因果规律来看，前人栽树，是种了善因；后人乘凉，是得了善果，并不是前人栽了树就一定自己能乘凉的。从另一个角度来说，前人砍了树，是种了恶因；他自己乘不了凉，后人也跟着乘不了凉，这是恶果。所以，虽然"善恶有报"没错，可种下善因的人却不一定是自己得到善报，种下恶因的人也不一定是自己得到恶报。这才是世界的真相，不过后来被赋予了太多一厢情愿的道德色彩；这才是"善有善报，恶有恶报"的本来面目，只不过这真会伤透了那些怀有美好情操和淳朴愿望的人的心。

这种"无我"观念虽然玄妙，却一来和佛教的业报轮回之说至少在表面上有些矛盾，二来实在不容易让人想通。我们不妨设想一下

"无我"观念在现实生活中的遭遇：

发薪日到了，你去财务室领工资。财务主任问："你领谁的工资？"

你说："领我的工资。"

财务主任问："'我'在哪里？"

你满怀深厚的佛学修为说："诸法无我。"

财务主任给了你一个白眼："既然你不存在，你领谁的工资？还不快出去！"

你赶紧解释："虽然无我，但我领的是那个六大五蕴聚合体的工资。"

没想到财务主任的佛学修为也不错，说："六大五蕴随缘聚合，刹那间因缘生灭，此时之我非彼时之我，上个月的你是一个你，现在的你早已经不是那个你了，你领谁的工资？"

你该怎么办呢？工资就不领了吗？家里还上有老、下有小，都在等着你这点工资过日子呢。只见你豪气顿生，气壮山河地说："任你说破大天来，反正不发工资我就赖着不走了！"


"无我"观念确实很难让人接受，而且佛陀的"无我"理论又很难说得自洽——佛陀是承认轮回的，也是承认业报的，那么，是谁在轮回，谁在承受业报呢？这问题是避不开的，就算佛陀当初可以把它归入"无记"，悬置不理，但躲得了初一，躲不了十五。大约在阿育王的华氏城结集上，佛教僧侣们就干脆把帘子挑开，对"无我"问题展开了一场公开大辩论。当然，照例是说什么的都有，但是，其中认为"我"真实存在的人已经不在少数，这就导致了佛教的第二次部派大分裂。

事情的另一面是，中国传统里一直就有善恶报应的说法，比如，这句很著名的话"积善之家必有余庆，积不善之家必有余殃"，看上去像是出自明清时代的劝善文，摆明了是和尚的口吻，其实却是《周易》里的话。而且像《左传》《尚书》里也有不少类似的观点流传。所以，当佛教传入中土之后，对于"诸法无我"大家既理解不了，也接受不了。于是，汉魏年间翻译佛经的时候，"无我"是被翻译成"非身"的——"无我"是说人的肉体和精神全都是虚幻不实的，"非身"却仅仅否定了肉体，至于灵魂，人死了灵魂还在，轮回于六道之中。

这种灵魂不灭的观念在佛学中被称为"神我"观，毫无疑问是属于异端邪说的，但很无奈的是，广大人民群众就是把这个异端邪说当作正牌的佛教理论来信仰的。许理和讲过中国和印度的一项国情差异，说中国人普遍关注今生今世的看得见、摸得着的结果，而"在印度佛教中几乎不存在这个'功利性'问题"。

这时再看：善恶报应的说法是中国本土早已有之的，六道轮回是印度传统早已有之的，灵魂不灭的神我观念既是两国传统所共有，又是佛陀所反对的。我们也学学陈寅恪在对"身是菩提树"那几个偈子的分析中介绍过的高僧剥洋葱的方法，把洋葱一瓣一瓣地剥到最后，发现里边空无一物：许多人认为的佛教最典型的观念到底是什么呢？

剥完洋葱之后，我们再来思考慧能所谓的佛性问题。想想看，所谓佛性，是符合"无我"的这一法印呢，还是更贴近"神我"的异端邪说？

# 毛孔大还是城市大?

下一个问题是，佛性到底是什么？慧能在这里应该讲得很清楚了。这个问题如果只听一家之言，确实简单明了，可如果本着兼听则明的精神，再考察一下佛性论的理论源头，事情就不那么简单了。

佛性，这个不受印度正宗佛学待见的概念在中国南北朝时期的佛教界却是一个热门话题。《涅槃经》就重点讲过佛性，前文已经说过，慧能受的佛学熏陶里这部经典是占有很大一块立足之地的。在南北朝时期，研究佛性问题的专家、专著不在少数，说什么的都有，争论之激烈甚至引发了宗派分裂，前边讲过的竺道生遭到僧团的驱逐就是因为在佛性问题上的分歧。

这个问题到了唐代也没解决，到底在"正信的佛教"里佛性应该是什么意思呢？唐僧上西天取经的一个主要动因就是解决这个佛性问题的分歧，这才寻求原典去了。

争了很多很多年，专业术语和逻辑思辨搞了一大堆，单是想想已经够让人头疼了。佛性的性质还没论清，"谁有佛性"的问题又被提上日程了。前边已经介绍过的，一阐提，也就是断了善根的人，是没有佛性的，后来"人人都有佛性"的革命性观点终于占了上风，但由此而发展下来，又不断出现与时俱进的新问题——各派高僧大德法相庄严地辩论着"猪狗牛羊有没有佛性"。

别笑，这是一个很严肃的问题。猪狗牛羊也是有情众生，也在六道轮回当中打转，有朝一日也是可以觉悟的。大乘高僧们立志普度众生，按说猪狗牛羊也在被普度的众生之列。为什么我们很少听说某位高僧如何度化一只猪的故事，大概是沟通上的技术问题始终没有得到解决。这似乎又从另一个方面反证了所谓"不立文字"在其字面意义上的荒谬性：如果佛法全靠传心而抛弃语言文字的话，那么，度化一只猪和度化一个人应该不会分别很大吧？

与时俱进是没有止境的，继猪狗问题之后，高僧们又在争论：植物有没有佛性？一枝花、一棵树，有没有佛性呢？这个问题比猪狗问题更加深奥，因为首先要解决植物在轮回当中的位置问题。但这还不算最深奥的，接下来的问题是，石头瓦片有没有佛性？

大家可以看到，佛性论问题是中国佛教史上长久以来都歧义纷纭、争论不休的。慧能在大梵寺说法，一开始就抛出"人人都有佛性"的观点，我们现在看起来好像平淡无奇，其实还原到当时的背景来看，这就要算是理论前沿了。

而且，这个观点还只是魏晋南北朝乃至隋唐以来无数种佛性观点其中之一而已，后来南宗禅大兴，慧能的观点才压倒一切，成为人们心目中佛教理论的一个常识。当然，流行只能说明符合大众口味，并不意味着流行的观念就是真知，流行的东西就是货真价实的好东西，但在宗教领域里，究竟什么才是真知却是说不清的。那么，就听听慧能自己的论证好了，看他是如何证明自己的。

这可难为慧能前辈了。天才的文盲到底也是文盲，而且慧能并没有接受过佛教那些严格的逻辑训练和学理研究，他不是唐僧那种学问僧，搞论证是不在行的。那就不让慧能搞论证，可是，他怎么就知道人人都有佛性呢？他怎么就那样笃信不疑呢？

而且，在当时佛教界烦琐的理论辨析的背景下，慧能占了文盲的优势：想问题不想那么复杂，简单明快，并不较真，专家们可以找出他一大堆漏洞，但老百姓觉得很好接受。

饱含气势的武断语言往往是成功演讲的第一要素，第二要素是，说的内容要迎合听众的口味，而无所谓是否禁得起严格的检验。人们普遍都有信仰偏见，倾向于接受自己愿意接受的结论。人们在判断一个命题的时候，往往并不是从检验前提开始做一步步的推理，而是从结论入手——如果结论是自己乐于相信的（比如，速成减肥事半功倍，速成修佛简单易行），很少人还会再去认真检验这个结论的前提。而更有甚者，在看到结论是自己不愿意接受的结论的时候，并不会因此而去检验前提，而是直接拒绝接受——论坛上就有大量的例子，对一个帖子只看了标题或只看了一个开头就迫不及待地回帖批判。

所以在这里，前提（论据和论证过程）较之结论，其重要性是很小的。一般而言，尤其是在面对低素质的听众的时候，只要你占有一种高出大家一等的地位，有自信满满的语气，有符合上述要求的结论而没有审慎的前提，最好再有一些玄而又玄、高深莫测、连你自己也似懂非懂的漂亮话，你的话就会产生相当的煽动力。以前我讲过学术和大众是一对天敌，正是这个道理。我们看看佛教，那些以学问、以严谨知名的宗派与宗师没多久就风流云散了。

慧能的这种风格在后边的演讲中不但会继续保持，而且还会愈演愈烈，现在只是开了个头而已。

一开头的这个佛性问题，如果深究起来是一个很麻烦的问题。慧能自己学过的佛经里（如果不深究的话），《涅槃经》讲佛性，《金刚经》讲空，单独看都很有理，可一旦放在一起看：既然《金刚经》把什么都说空了，那《涅槃经》里说的佛性是不是也是空呢？小乘成实师们就遇到过类似的迷惑：既然什么都是空，又哪来的善恶报应呢？

　　对这种问题要想讲得让人信服，最好的办法是只说结论而不给出论证过程，广大人民群众恰恰也只会关心结论。有些教派费力不讨好，做了很细致很细致的论证，结果呢，人民群众并不爱听，也没耐心听，专业人士则容易从论证过程中找出实实在在的破绽，而等时代演进之后，现代人以现代眼光却更容易发现其中的荒谬之处。

　　比如，有这么一个很著名的佛学道理：一个毛孔和一座大城在大小上没有区别，一万年和弹指之间在长短上也没有区别。这道理听上去很玄，如果再用上"须弥纳于芥子"这类富于异国情调的讲法，很能让人觉得高深莫测的。但这道理如果一经解释，肯定很多人都会失望。

　　这事就是天台宗干的（天台一派被陈寅恪称为佛教宗派中最有道教意义的）。《大乘止观法门》借一个沙门和一个外人的对话来阐释这个道理。沙门打了个比方："你现在闭上眼睛，认真去想身上的一个毛孔。好，你现在看见这个毛孔了没？"

　　外人回答说："我已经在心里很清楚地看见了。"

　　沙门说："你现在再在心里想一座方圆数十里的大城。"

　　外人回答说："我已经在心里很清楚地看见了。"

沙门问道："毛孔和大城大小不同，是吗？"

外人回答说："是呀，当然不一样大，差老远了。"

沙门说："方才的毛孔和大城都是你心里想的不？"

外人回答说："是我心里想的呀。"

沙门问道："你的心有大小吗？"

外人回答说："心连形状都没有，哪有大小呢？"

沙门就这么一直诱导下去，最后的结论是，既然那个毛孔是由全部心思想象出来的，那座大城也是由全部心思想象出来的，心是没有大小之别的，所以毛孔和大城当然也没有大小之别呀！

天台宗由此而要论证的是，所谓客观世界都是虚幻的，只是人心的产物。如果你认为世界是真实存在的，你这种"错误观点"在佛门里被称作"法执"，沙门和外人的这番论证所要击破的就是这个"法执"。佛教许多宗派都有两大破坏性工作，一个是"破法执"，即证明客观世界只是虚象；另一个是"破我执"，就是让人认识到主观之自我也是虚象。这两大破坏工作都是从"四法印"里的"诸行无常，诸法无我"派生出来的。

当然，这种理论也很难应用到现实生活中去。比如，一位天台宗的高僧接受委托，负责建造2008年奥运会场馆，结果只搞出一个毛孔大小的奥运会场馆微雕，至少有一部分中国人民肯定是不会答应的。

所以，这种理论上的破坏工作并不好做。《黑客帝国》里的莫里斯让尼奥相信客观世界和主观自我都是幻象的时候也费了不少工夫呢，还借助了高科技的力量。对比之下，天台宗的这番论证也算尽心尽力了。这种推理一步步、一层层，清晰明确，所以漏洞出在哪里也就一目了然——以常识来看：所有论证都暗地里基于这样一个前提，即"世界是人心的产物"这个结论已然成立。

所以，在传教工作上，文盲大有文盲的好处，文盲是不会去下这种论证功夫的，于是造成了最简单意义上的"无招胜有招"的结果。慧能劈头就告诉大家：每个人都有佛心，都能成佛，之所以很多人成不了佛，只因为心被迷住了，而只要认清这些迷妄，笨蛋也可以成佛。

这番话是很有煽动力的，对比一下天台宗的逻辑论证，更不用说向来以烦琐辨析著称的法相宗，人民群众终于会投奔到慧能这派不是没有道理的。而且慧能自己就是一个榜样：文盲，貌不惊人的山野村夫，没学过多少佛法。大家会想：连慧能这种人都行，我起码还是大学毕业呢！如果是法相宗，在唐僧面前，率先就会被唐僧的相貌震住，再一想这位人物佛学修为当世无双，还是个海归，心里越发怯了，再一听唐僧讲的佛学那么深奥，辨析与论证那么精微，怯意更重，这时候一听说南方有个佛法速成班，那还不拔脚就走。

慧能是以草根英雄的姿态走出了一条平民路线，又在深奥的佛学世界里打出了速成的旗号，确实是件激动人心的事。

一般来说，人性就是这样，不管干什么，都不愿意吃苦费力气，我们看看近年来的两大社会现象——减肥和学英语——就一目了然了。各种速效药、速成班，一天减一斤，八天学会英语，不知吸引了多少人，当然，这些年过去，越来越多的人终于知道罗马不是一天建成的。那么，成佛能不能速成呢？

不像减肥和学英语，减肥药吃完了，英语学习班上完了，到底有多大效果还是比较容易看出来的——自己看得见，别人也看得见。可成佛这种事就很难验证了，比如，我自己确实已经觉悟了、成佛了，即便退一步说，起码也是一位罗汉了，可大家如果不相信我，我是一点儿办法也没有的，早市里的小贩们就从来没有因为我的罗汉身份而给我打过折扣。所以，悟了之后感觉如何，这就只能像禅师们讲的那样"如人饮水，冷暖自知"了。

速效药和速成班一样要解决根本问题，慧能也一样要面对"破法执"和"破我执"的两大工作，到底什么空、什么不空，这一定是要分清楚的。慧能从《金刚经》里应该是抓住了那句"应无所住而生其心"（有人说他当初在老家就是听到这句话而心有所悟，这才前往冯墓山求见弘忍的），如果想明白世间的万事万物都是梦幻泡影，自己深藏的那颗佛心应该就会显现出来吧？"应无所住而生其心"，这句话应该可以作为理解慧能禅法的一把钥匙，即便慧能在老家听到这句话而心有所悟的故事不一定是真的，但这个故事的出现很有可能说明了慧能禅法和《金刚经》这句名言的牢固关系。而"生其心"的这颗心如果就是佛心，这应该就是当时的佛学时尚和《涅槃经》的影响所及了。

你如果追问慧能，问他"为什么"这样来理解佛法，那你就太缺乏信仰精神了，肯定是个小根器的人。坚实的证据和周密的论证，天台宗会作，法相宗也会作，但禅宗不会作，慧能更不会作。你只要去信，这就够了。

# 二

善知识！我此法门，以定慧为本，第一勿迷言慧定别。定慧体一不二，即定是慧体，即慧是定用；即慧之时定在慧，即定之时慧在定。

善知识！此义即是定慧等。学道之人作意，莫言先定发慧，先慧发定，定慧各别。作此见者，法有二相。口说善，心不善，慧定不等。心口俱善，内外一种，定慧即等。自悟修行，不在口诤，若诤先后，即是迷人。不断胜负，却生我法，不离四相。

## 戒、定、慧

慧能接着说："各位，我要讲的成佛法门，是以定和慧为根本的。大家千万不要以为定和慧是两码事，其实它们只是一体的两面罢了。定是慧之体，慧是定之用，定中有慧，慧中有定。

"各位，这个道理就叫作'定慧等'，也就是说，定和慧是没有差异的，是平等无二的。修习佛法的人可不能把这两者分别看待，认为先有了定然后才能有慧。持有这种见解的人等于承认存在着两种不同的佛法，就像一些人说一套、做一套那样。'定慧等'就像是为人的言行一致，言与行表现得全都一样。自证自悟的修行者如果纠缠在口舌争论上，非要搞清谁先谁后，那他就是迷妄之人，没办法觉悟解脱的。"

这段话在很多现代人看来会有些摸不着头脑，因为慧能当时这么讲是有很强的针对性的。

"定"和"慧"，再加上一个"戒"，合称"戒定慧"，是佛教的一个悠久传统，是修行的三个步骤，称为"三学"。

第一个步骤是"戒"，也就是遵守戒律，不能杀人放火，不能吃喝嫖赌，这不能、那不能，有五戒、十戒，还有具足戒的二百多戒，还有更多的，成千上万的。中国本土佛教在唐朝还专门发展出了一个律宗，讲法很多，甚至还提到过禁止寺院里蓄养妇人和买卖奴婢。

很多人都容易把守戒和苦行混为一谈，因为这两者有时候确实很像，而戒律的极致就是苦行。人一守戒，很多世俗的娱乐活动都干不了，约束太多了也确实就变成苦行了。追溯一下守戒的原委，就得说说古印度的沙门。

在公元前六世纪的印度，沙门学派兴起，大力反对婆罗门。沙门学派门派众多，大约上百种，佛教就是这沙门众派别当中的百分之一。沙门其他派别都没有流传下来，只除了佛教和耆那教。佛教走向了世界，耆那教始终没出印度国门。这倒不能说是耆那教的理论比佛教差，主要是耆那教的苦行方式只适用于热带地区——耆那教里以天衣派为甚，全身上下一丝不挂，他们认为一块布片的遮掩都会成为修行者斩断贪欲的阻碍。有好事之徒肯定会问：天衣派有女弟子没有？的确，任他们如何惊世骇俗，如果一群女弟子也一丝不挂地满世界讨饭，实在有点儿说不过去。也许是出于这个现实上的窘迫吧，反正在他们的理论里，穿衣服的人和女人都是得不到解脱的。

这些沙门学派虽然共同反对婆罗门，但内部之间不但不团结，还常常互相看不上，都说别人是外道——佛陀就是用外道这个词来形容他的这些沙门同门的。

这些互为外道的沙门派别之所以有个沙门的总名，是因为他们在一些根本问题上基本上见解一致：

首先，他们都认为欲望是一切痛苦的根源，所以摆脱痛苦的最好办法就是断绝欲望——守戒的原始意义就是这么来的。只不过在断绝欲望的程度上大家各有差别而已，比如，耆那教就很极端，佛陀就主张"中道"，简而言之就是搞折中主义。这在戒律问题上就看得出来：当时便有所谓的五戒，是婆罗门和耆那教等共同遵守的，佛陀也把五戒拿了过来，却把五戒当中的"离欲"换成了"戒酒"。

沙门派别的第二个共同点是，他们都修习禅定，都认为禅定是脱离苦海、体悟终极真理的一个重要方法。其实在禅定这点上，婆罗门和他们是在一条战线上的。

佛陀为什么不赞成苦行，因为他自己修行的时候就亲身走过苦行这条路，发现走不通，这才觉得靠苦行是达不到解脱的（当然你可以质疑一下：你走不通不见得别人也走不通，不能用个体经验推导出普遍性结论），所以佛陀连带着也不大强调戒律。但这很快就带来了一个问题，因为老百姓看修行者，他们可不管你懂得什么深刻的道理，他们只看你有没有与众不同的表现，比如，你能不能忍常人无法忍受之苦（现在的印度修行者里还常有用铁针刺穿脸颊的），能不能做常人做不到之事（达摩老祖一苇渡江），后者比较难，所以前者更流行。古代印度的一些修行法门有浑身上下涂满泥巴不洗澡的，有特意到山野险地虐待自己的，基督教也有搞这一套的，这些做法也很有道理，因为肉体上的痛苦有助于心灵的纯洁——不仅是修行者自己这样认为，这也确实有心理学上的依据，而且无处发泄的肉欲也会因此而得到一定程度的减压。

另一项针对受众的心理学依据是错觉关联中的所谓配对独特性，是说如果两个事物之间具有某些非一般的特性，人们便认为它们是有关系的。比如，人们看到奇装异服的人，往往容易认为他们与众不同，如果是宗教人士穿着奇装异服或搞出什么不寻常的举动，人们就容易相信他们有些什么不寻常的道行。我在《春秋大义》里讲过这个问题，古代统治者对奇装异服的厌恶为什么会强烈到不惜流血杀人的地步，因为这些奇装异服的人士（尤其是宗教人士）很容易吸引信众，这是犯了统治者的大忌的。


话说回来，要不要搞一些与众不同的打扮和行为呢？佛陀当年悟道之前走过六年的苦行主义，没少挨过饿、受过苦，终于觉得这一套全是胡扯，于是下河洗了个澡，又接受了一位好心的牧羊女的牛奶，这才有了一点儿体力，在钵罗树下打坐了七天，终于悟道成佛。中国的和尚们说佛陀悟道那天是农历的腊月初八，所以大家在每年的腊月初八这天煮杂米粥来做纪念，这就是一直流行到现在的腊八粥。现在的问题是，为什么不用牛奶来搞纪念呢？原因可能是汉地不大出产牛奶，所以用粥来代替。那么，为什么要用杂米粥而不用更像牛奶的白米粥呢？因为牧羊女的牛奶并不是纯牛奶，里边是加了料的，甚至还有肉糜。这又牵扯到一个问题：佛教本来是不禁止吃肉的，和尚们出家讨饭，人家给什么自己就吃什么，讨饭的职业精神就是不能挑三拣四，禁止吃肉一来是后来一些大乘僧侣的主张，二来主要是梁武帝搞的行政禁令，是一个中国本土化的政策。

所以，正经的佛教修行者虽然要遵守若干戒律，却并不是存心去自讨苦吃的，不会刻意去把日子过得多么艰辛。佛陀当初告诉弟子们说：出家人要走"中道"（我们可以把"中道"简单理解为"折中路线"），既不能穷奢极欲，也不能虐待自己。听我的话没错，虐待自己是没有好处的。

佛陀的这番道理我们可以做一个世俗一些的理解：好比苏秦应聘不成，灰溜溜地回了家，谁都不待见他，于是他开始头悬梁、锥刺股，痛定思痛，发愤读书，终于成就了一番事业。这里的悬梁刺股只是非常时期里帮助苏秦读书学习的一种手段，它们本身并不是目的，如果苏秦每天把精力全用在悬梁刺股上，书却一点儿不读，那就算把自己悬死、刺死，到头来也只是一个失业青年而已。最好还是吃好喝好精神好，好好读书。

佛陀否定苦行，一开始定的戒律也不严格，所以当时就有反对者说他宽纵，还以更加严格的戒律形式赢得了广大人民群众的欢心，吸引佛陀的弟子叛教来投。


守戒是修行的基本功，当然，基本功虽然很重要，但仅有基本功是远远不够的。就像现在的学生，要做个好学生，首先要遵守校规，男生不许留长发，不许抽烟喝酒，不许出入风化场所，女生不许穿超短裙，不许涂脂抹粉，这不许、那不许，等等。那么，如果一个学生严格遵守着所有的校规，他就是一个好学生吗？当然不是，他还得好好学习、天天向上……校规的一个重要意义是约束青少年过剩的精力，使他们能够不为外界的诱惑和体内的荷尔蒙所扰，静下心来好好学习。这个由"遵守校规"而"静下心来好好学习"的过程，用修行者的语言来说就叫作"因戒生定"。

定，是梵文的意译，音译就是三昧，《西游记》里红孩儿的必杀技三昧真火语源就在这里。定要讲起来稍微复杂一些，概念还要细分，还是简略来说好了。所谓定，其中一个最常见的意思就是指禅定，也就是禅字的原始意义，这是修行的第二个阶段。

通过一段时间的守戒，如果没有产生心理变态的话，人的精神状态应该稳定多了，看见好吃好喝的不会食指大动，看见比基尼美女也没太大反应，中了彩票头奖也高兴不起来，有人拉你去赌钱你当即就会严词拒绝，有人把你摁倒在地踩上三脚你也毫不动气……

初阶之后就该进阶了，这时候就该着重于坐禅的功夫，不读书、不看报、不看新闻联播、不关心国家大事，一天天静坐不动，泥塑木雕一般。

当然，这个"泥塑木雕一般"是从旁观者角度而言的，至于你坐禅的时候心里究竟在想些什么，谁也不知道。

如果你是一个坏学生，AV女星可能会在你的脑海里萦绕不去，然后呢，你越是有负罪感，越是想把这些肮脏念头扔出去，AV女星的形象还就出现得越频繁。天人交战，你实在忍受不住，终于精神崩溃——按佛门的话说，你这叫走火入魔。佛经里说的佛陀在菩提树下马上就要悟道的时候，魔王变成美女进行色诱，佛陀和魔王斗智斗勇、激烈交战云云，就是这个道理，只不过佛陀意志坚定，终于赢了。

坏学生有坏学生的问题，好学生也有好学生的问题。如果你是一个好学生，就应该做到心无杂念。但问题是，心无杂念到底是什么意思？

我还记得小时候看过的一本气功书让我大惑不解，书里说练某种气功，先要入静，什么都不想，这样的状态要保持四十分钟，然后再做第一个动作。我迷惑的是，如果我真的什么都不想了，进入状态了，我肯定会忘记时间的，那又怎么会记得要在四十分钟之后开始做第一个动作呢？

坐禅入定，心无杂念，并不是什么都不想，而是去除杂念。怎么能去除杂念呢？靠常识就可以知道：如果坐在咖啡厅里等人，心里会一会儿想想这个，一会儿想想那个，一会儿被旁边的美女吸引，一会儿又关注窗外的一起交通事故……这些都是杂念；如果你是和一个势均力敌的对手下棋，很容易全心投入到棋盘上去，除了棋盘上的厮杀之外，什么都忘了，忘了时间，也忘了吃饭。所以，要做到心无杂念，最好的办法就是专注于一件事情。

那么，到底专注于什么事呢？

对这个问题，达摩前辈很有发言权，传说他老人家一坐就是十年，把影子都烙在墙上了。

前边介绍过一些，达摩的禅法叫作"壁观"，所谓壁观，是说心如墙壁，中直不移，破除内心的执着。而壁观在古代印度另有一个解释，是寻找一个客体作为内心专注的对象，而这个客体就是墙壁。

那年头的墙壁不是砖墙，而是土墙，所以墙壁的颜色也就是泥土的颜色、大地的颜色，如果一门心思专注于墙壁的土色，你就会达到一种不可思议的境界，感悟到天地同体、物我合一。是的，这时候你会深切体会到自己与天地万物、宇宙大法合而为一，你会产生出无上的喜悦、无上的感动，甚至痛哭流涕。

这可不是瞎说。宗教性的专注常常会带给信徒们这样的感觉，我在《孟子他说》里讲过一些。

集中精力静坐冥想的种种方式古往今来在世界各地都很流行，这种方式容易导致一种奇妙的精神体验，使人体会到一种在现实世界中从来没有过的充实感。这是一个怎样的世界呢？是太极还是无极？就是张载和二程他们的"感悟"吗？有人把这种体验记载下来没有呢？

有，罗洪先就这样做过。如果不较真地说，罗先生是王阳明的弟子，他描述过自己的静坐体验："极静之时，但觉此心本体如长空云气，大海鱼龙，天地古今，打成一片。"用古人的话说，罗先生是"证"出了这个境界，这就等于拿到了一个学位。现在科学家用仪器测出，人在进入冥想状态的时候，大脑的某一区域会停止工作，这时候人就会消失掉外物与自我的界限，感觉自己与万事万物融为一体……如果此说可信，我们再回头想想大儒们那些"体悟天理"之说，莫非都是在冥想状态下心理、生理机制的运转使然吧？

所以宗教呀、气功呀，常常强调"信则灵"，而不像普通人的逻辑是"灵则信"，因为打坐冥想的神秘体验非要有强大的意志力作为支柱不可的，而这种意志力正是由信仰带来的。所以成功的修行者往往是这样的：信则灵，灵了以后当然更信。

这种打坐冥想的禅定的功夫古已有之，《奥义书》就没少讲——专门有一部《禅定点奥义书》，教人怎么打坐调息，"双手紧握拳，安坐莲花式，下颌按压胸，静虑心思息"，如果不说出处，很多人一看就会以为是佛门功夫。

沙门各派也没少讲禅定。从二十世纪二十年代印度考古发现了哈拉帕和摩亨佐达罗两座大城遗址来看，其中的一些黏土印章上有着人形莲花坐像，正是瑜伽打坐的姿势——这里可是四千年前的城市遗址呀。这种古老的法门后来被吸收进印度许多教派当中，当然也包括佛教，又随着佛教流传到了中国，在中国落脚之后也被许多宗派认真奉行着，所以，禅定并不是禅宗的专利——反而禅宗是最不讲究坐禅的。看一下其他宗派，像天台宗的核心修行方法"止观"其实就是坐禅，所谓"止"，就是摆好架势、滤清杂念，进入冥想状态；所谓"观"，就是在进入状态之后用超验的大智慧去体悟宇宙与人生的真相。

止观或坐禅有很多技术性的要求，比如要数呼吸，还把呼吸分成好几种，每种都有各自精细的讲究，就像是道家的吐纳或是现在还流行的气功。也就是说，其实都是同样的一类东西，如果是道士来做那就叫吐纳，如果是和尚来做那就叫禅定，如果是街坊老太太来做那就叫气功。

如果在打坐的过程中获得了神秘的心理体验，比如，感受到自己和宇宙合而为一，或者接受了外星球高级智慧生命的直接辅导，或者与某位超级精神导师做了灵魂之间的沟通，或者感悟到世界与人生都是《黑客帝国》式的虚象，这就是获得般若（大智慧）的预兆了。这种修行境界，就叫作"因定生慧"，也就是从禅定而获得了大智慧。

获得了大智慧有什么好处呢？好处很大，大智慧就像太阳升起，光照一切，以前懵懂不知的终极真理这下子全都明白通透了；大智慧也像利剑，斩断无明，让你脱离轮回之苦。

古印度各宗各派都讲轮回，只是各有各的解释。至于摆脱轮回的方法，大略有三条：一是笃力苦行，二是大搞祭祀，三是获得智慧。佛陀是反对苦行的，又是个无神论者，智慧解脱之道又是婆罗门"正统六论"（瑜伽、胜论、数论等）·共同推崇的，所以我这里就单讲"获得智慧"，这也正是戒定慧的高阶。

获得了怎样的智慧呢？获得之后又如何呢？不同宗派有不同的说法。在佛陀当时，印度流行着两大思想流派：一是婆罗门系统的"因中有果"说，认为宇宙有一个第一因，万事万物都是从这个第一因里按照因果关系衍生出来的，所以修行者应该坐禅冥想，在一种奇妙的精神状态下去体证那个第一因，从此而达到解脱境界；二是婆罗门之外的"因中无果"说，认为事物是由很多原因积累而成的。佛陀针对这两套学说另立炉灶，提出了缘起理论，认为万事万物互为因果，连绵不绝，无始无终。

但佛陀对宇宙本体论缺乏兴趣，所以对这类问题都悬置不论，也许他是觉得以当时的知识水平不足以解决这些问题吧？佛陀的这种态度在我们现在看来是一种科学态度，信者传信、疑者传疑，并不像他的一些信徒们常做的那样，在一句"科学能解释一切吗"的质问之后就用宗教来解释一切了。

禅定总和宇宙本体论有着千丝万缕的关系，所以对禅定最积极的并不是佛教，佛教里的禅定基本是延续着古印度的所谓外道传统。在这些传统之中，最能体现禅定功效也最能让我们觉得亲切的大约就是印度版的"天人合一"了。

古印度人在《奥义书》里就着力阐释过"世界与人生的终极奥秘"——有一种东西叫作"梵"，是宇宙之本、生命之本，虽然虚空却无所不在，语言无法描述，大略类似于《老子》里边的"道"。有人向某大师请教什么是梵，这位大师默然不答，被一再追问之下这才老大不乐意地说："我其实已经告诉你了，只是你不明白罢了。默然就是梵呀。"

这是"道可道，非常道"的印度版。

《奥义书》还大讲"梵我合一"，梵就是我，我就是梵，这大概就是在打坐冥想的状态下获得的神秘体验。《奥义书》里有一则故事说：爸爸让儿子往水里撒盐，然后对儿子说："你去把水里的盐拿出来。"儿子很听话，真在水里认真找盐，可盐一入水自然就化了，找不到了。

爸爸说："盐明明撒到水里了呀，怎么会找不到呢？你从水面上舀一勺尝尝看。"

儿子照做了，说："水是咸的，盐确实就在里边。"

爸爸又说："你从水的中间部分再舀一勺尝尝看。"

儿子照做了，说："也是咸的，里边有盐。"

爸爸又说："你再从水的底部舀一勺尝尝看。"

儿子照做了，说："咸的，有盐。"

爸爸说："你在水里找不到盐的实体，那你又确实从水里感受到盐的无所不在。那神秘的本原、世界的灵魂也是这样的，真实存在着，无所不在，既是我，也是你。"

爸爸这是在形象地讲解"梵我合一"的道理，如果你也能够明白并感受到这一层，你的生命层次就不一样了，你就能以大智慧斩断轮回，跳出苦海。打个比方来说，一个山村的孩子在放羊，记者问他："放羊是为了什么？"他说："为了娶媳妇。"记者问："娶媳妇为了什么？"他说："生娃。"记者问："生娃为了什么？"他说："放羊。"这就是轮回，无穷无尽，等他的娃又生了娃，也还会继续这种生娃—放羊—娶媳妇的生活方式。那么，为什么会有这种轮回呢？因为山区很闭塞，这孩子完全没有接触过外界的信息，而且，只要山区的生活一直这么闭塞下去，这孩子和他的子子孙孙也会一直这样生活下去，这种因闭塞而产生的愚昧就是所谓无明——我们的常用词"无明火"就是有这个宗教语源的。

无明是闭塞，是愚昧，只有拓宽视野才可以消除闭塞，只有接受教育才可以铲除愚昧，这个山村的孩子如果眼界拓宽了，知识丰富了，就会打破生娃—放羊—娶媳妇这种世世代代的生活方式，这就是"用大智慧斩断无明，摆脱轮回"的道理。

当然，佛教和古印度各种教派所讲的轮回是指生死轮回，我这里只是一个比喻的说法。他们是把无穷无尽的生死轮回看成无边的苦海，就像现在大城市的中产阶级看着那个山村里放羊的孩子一样。精神导师们教给我们奥义也好，佛法也好，就像大城市里的大学生志愿者到山村去当教师，帮助放羊的孩子解脱轮回之苦。还有一点值得注意：这种所谓轮回之苦，只有精神导师／大学生志愿者才这么认为，当事人／放羊的孩子可未必觉得这是苦的，所以精神导师／大学生志愿者往往要先让人家认识到生活之苦然后再加以教化。所以佛教的大量典籍都是在论证人生为什么是一片无边的苦海，为什么是不值得留恋的，如果听的人真的听懂了，那就开始教导他"解脱之道"，戒定慧就是属于这个"解脱之道"的。

　　我们再来假想一下：放羊的孩子经过大学生志愿者的一番苦口婆心的教育，终于认识到自己一直乐在其中的生娃—放羊—娶媳妇的生活方式是一片永无止境的轮回苦海，也知道了彼岸世界（大城市）的生活才是真正值得追求的，于是，放羊的孩子痛下苦功，先要持戒，比如，不许放羊、不许抠鼻孔、不许不许不许……然后修持禅定，也就是安心读书，进入专注的学习状态，然后获得了大智慧，摆脱了生娃—放羊—娶媳妇的轮回，进入彼岸世界（大城市），而且达到了梵我合一的境界——大城市不排斥他，他也不会对大城市的生活有什么不习惯，就好像他天生就是大城市里的居民一样。

　　顺便一提：放羊孩子为什么能与大城市合一，如果按慧能的佛性论观点就是"佛性"在起作用。慧能会说："别看大城市那些人西服革履、瞧不起小地方的人，其实他们祖上三代也是农民，而每个农民无论笨蛋还是机灵鬼，都有农转非的可能。"无论根器高的还是根器低的，人人都有佛性，都能觉悟成佛。

以上这些就是戒定慧理论的传统，因戒生定，因定生慧，就好比一个学生因为遵守校规而收了心，安安静静地好好读书，在这种安静读书的状态里终于学有所成。戒定慧的这种进阶式的结构长久以来都没有什么大变，在佛陀以前的古印度人就这么讲，被纳入佛教之后还是这么讲，在中国流传了那么久也依然这么讲，可是，这个时候，广东大梵寺里，慧能却一棒子把旧世界砸烂了。

我现在写的这篇东西，肯定会惹一些人不快，会说我对传统文化缺乏敬畏，解构传统价值观，其心可诛，等等。其实我一直都很小心谨慎，推论不超过论据所能允许的极限，而我们看看慧能前辈，他自己就是一位大无畏的革命者，藐视传统，对沿用千年之久的佛学理论随意曲解和篡改，充满了无知者无畏的精神。他这就要在没有任何论据的情况下彻底颠覆戒定慧的传统观念，这可是唐僧那种学问型的高僧绝对做不出来的。

我们现在看慧能的这些话，也许不会觉得有什么激烈的因子，那是因为我们隔的时代太远，不知道当时当地的实际情况。如果了解了历史背景之后，我们会知道，慧能的很多话都不是凭空而来的，而是有着很强的针对性的，既有对当时流行的佛学问题的论断，也有大张旗鼓地造传统佛教的反。很多宗派、宗师的讲话其实都是这样，就说佛陀吧，佛经里记录的他的很多话也都是针对他那个时候的主流信仰、风俗传统、无数所谓外道而有的放矢的，是论战中的投枪和盾牌。我们只有知道他们说自己"不是什么",才能更明确地懂得他们讲的都"是什么"。

慧能离经叛道地说："定慧等！"

定就是慧，慧就是定，定和慧是没有差异的，是平等无二的。修习佛法的人可不能把这两者分别看待，认为先有了定然后才能有慧。持有这种见解的人等于承认存在着两种不同的佛法，就像一些人说一套、做一套那样。"定慧等"就像是为人的言行一致，言与行表现得全都一样。

这是慧能同志革命大无畏精神之所在，彻底颠覆了具有悠久传统的戒定慧理论，别出心裁。而他的师兄神秀在北方弘法，还在走着和尚们的修行老路，讲授禅定的技术与程式，希望人们可以因定生慧，解脱轮回。而慧能的新理论不但否定了神秀，也否定了老师弘忍，更否定了古往今来绝大多数修行者。那斩钉截铁的口气分明在说："别听他们那套。他们全是错的，只有我是对的！"

有些佛学基础的人会对慧能的新说大感不解，是呀，禅定是禅定，智慧是智慧，差得也太远了，怎么能够混为一谈呢？

慧能是有说法的：定不是禅定！我们修佛参禅之人根本就不应该搞那套打坐入定的假功夫，那都没用！

革命观点层出不穷，慧能接下来要把传统概念赋予崭新的解释了。坚守正信传统的高僧大德们一定会怒不可遏的。

# 三

一行三昧者，于一切时中，行、住、坐、卧，常直心是。《净名经》云：直心是道场；直心是净土。莫心行谄曲，口说法直。口说一行三昧，不行直心，非佛弟子。但行直心，于一切法上无有执着，名一行三昧。

## 一行三昧·大款的成佛之路

慧能在做名词解释，把一个老名词赋予了新内容。

这个专业名词叫作"一行三昧"，不同佛经的解释有些出入，大体来说就是坐禅入定体悟终极真理，弘忍就是这么教的，神秀在北方也是这么讲的，可慧能完全否定了这个意思，自己给做了一个崭新的解释："所谓一行三昧，就是说在任何时候，无论是行、住、坐、卧，始终按照自己的本心行事。"

看，慧能给的新定义和佛教传统的标准定义截然不同，他总不能全是信口开河吧？多少也该有点依据吧？确实有点依据，慧能接着引经据典给自己的新说找靠山："《净名经》上说：直心是道场，直心是净土。不要嘴上念佛，心里藏奸。那些把一行三昧挂在嘴边却不按直心而行事的人不是真正的佛门弟子。只有以直心行事，对一切事物都没有执着，这才是真正的一行三昧。"

慧能拿来作为依据的《净名经》还有一个响亮的别名：《维摩经》

或《维摩诘经》，唐朝大诗人王维王摩诘的名字就是取自这里，梁代昭明太子萧统也自号维摩诘。《维摩经》是一部很流行的佛经，尽管在前文的慧能行历里边没看到《维摩经》的影子，但它确实也是慧能禅法的重要理论源泉之一。

《维摩经》是大乘经典，主角叫作维摩诘，这个名字也许对很多人来说比较陌生，但他的卧室却是人人都知道的。维摩诘有一间神奇的卧室，虽然只有一丈见方，却无论多少人都坐得下——"一丈见方"就是"方丈"，后来禅宗寺院里住持的卧室就从《维摩经》取意，叫作方丈，再后来大家又用方丈一词来称呼住持（也就是住在方丈里的人）。

维摩诘是佛陀时代的一位印度大款，而且结交权贵，手眼通天，经常流连在娱乐场所，吃香的、喝辣的，享不尽的荣华富贵。这么一个人，怎么看怎么像一个反派，至少也要像贾宝玉一样风流顿散，落了个茫茫大地真干净，然后遁入空门，觉今是而昨非，成为佛门故事里的一个改造样本。

但是，事情不是这样的。据说他老人家也是一尊佛，化身在繁华世界里普度众生，非正式地给佛陀打个帮手。所以他精通佛法，能言善辩，行事往往出人意料。有一次大家去佛陀那里听讲座，维摩诘请了病假，问他生了什么病吧，他却说"因为众生都病了，所以我也病了"。大家听着不对头，觉得这家伙是不是装疯卖傻泡病号呀？佛陀心地好，派了文殊菩萨到维摩诘那里探望病情，维摩诘心里偷笑："等的就是这个！"

文殊菩萨这一来，就进了那间神奇的卧室，维摩诘便借机引着话头谈论佛法，把一些流行的修行方式好好批评了一顿，文殊菩萨越听越惊，越觉得这维摩诘好生厉害。

维摩诘都批评了些什么呢？大略而言，一是批评"修行必须出家"的观念。古代印度的修行者是很流行出家的，无论是婆罗门还是各个沙门派别都讲究出家修行，这也很有道理。试想你正在修行佛法，成就斐然，已经看破红尘，证到涅槃的至高境界了，突然老婆哭着来找你，说因为家里穷，交不起住院押金，儿子被医院给扔到大街上了。你会怎么做呢？就算是佛陀，他老人家会怎么做呢？

所以世俗生活很容易成为修行的阻碍，所以不结婚，不生子，没有财产，没有住处，如果什么都没有了，你还会失去什么呢？你还会"担心"失去什么呢？摆脱了一切世俗牵挂，一个人才更容易潜心修行。

有人一定会问："出家了难道就什么都没有了吗？寺院生活一样是很社会化的呀。"是的，在很多时代里寺院都拥有大量的产业，甚至有许多至少在名义上属于寺院公共财产的东西也已经变成了僧侣们的私有财产，一些有权有势的僧侣甚至连奴婢都有，南山律宗的祖师爷道宣和尚专门规定过富有僧侣之私有财产的继承法则。那么，一个很现实的问题是，这算出家吗？或者这样来问：这样的出家还有多少出家的意义呢？

在古代印度，出家不是指进入寺院过一种新形式的社会生活，而是孤身一人抛弃一切，到森林里或者石头缝里找个地方进行苦修，所谓持戒也只是个人的事，没有外界约束，全凭各人毅力。寺院是后来才出现的，佛陀就把弟子们组织成一个团体，在每年的雨季就待在一个地方不出门，称作"雨安居"，一个很美丽的名词。有了组织，就不再是单纯的修行，而渐渐变为宗教了，宗教是一定需要社团组织的，也因为社团组织的集体生活这一新形式的需要而有了一些规章制度。从这个意义上说，出家受戒仪式就相当于新生的入学典礼，进了寺院以后要遵守的一些戒律就相当于学校的校规，寺院里也会有专门管纪律的和尚，就相当于学校里的教务主任。

好了，话说回来，无论以早期的个体修行的形式看，还是以后来的寺院生活看，维摩诘先生都算不上一个修行者。可他却告诉我们：出家不出家不是看那些外在形式，而是看你的心。虽有万贯家财却无贪念，虽有妻妾成群却无淫欲，这才是真正的菩萨行，真正的成佛之道。

《维摩经》这里反映了印度佛教中大乘与小乘的一个区别：小乘佛教是强烈主张出家修行的，而大乘佛教则反其道而行，尤其在大乘初期，信徒们主要都是在家的居士。所以大乘信徒可以用钱财布施，而标准的小乘信徒却是一分钱也没有的。

大家可以想见《维摩经》的流行不是没有道理的，那些有家有业的人既想加入修行者的行列又抛不下亲人和家产，这下可看到一个光辉榜样了，原来坐拥金山银海、整天醇酒美人的大款也能成佛呀！大家要是多读些佛经大概就会产生这样一种感觉：佛教什么都是，又什么都不是，只要你从一部经书里找出一条理论，别人就能从另一部经书里找出相反的理论。如果你们去找一位高僧来做仲裁，这位高僧很可能会说你们俩全是错的，然后给出他自己的"唯一正确"的答案。如果你们三个都是各持己见、信仰坚定的高僧，那么这种争执就很可能引发一场教派分裂——事实上许多教派分裂就正是这样形成的。一说佛陀死后的第一次教团大分裂的契机就是大家就"僧侣在化缘过程中讨钱算不算犯戒"

这个问题争论不清，从此佛教就有了上座部和大众部之分。所以对信徒来讲，最好一辈子只读一部经（许多前辈高僧也正是这么建议的），或者只读一部经里边的一部分（因为一部经里边也会有自相矛盾的说法，古代印度的佛教大众部就曾经重视论而不重视经和律，原因正在于此）。我们经常看到有些念过几天佛的人在看见别人念佛的时候开口就说人家不对，主要缘由就在这里。况且，学问上的分歧大家还会平等商榷，信仰上的分歧是很容易固执己见的。越是信仰深、修为浅、眼界窄，就越是如此。但眼界宽了也是麻烦，一部经可以受益终生，多读几部就会烦恼无穷，这就必须用信念来弥合教义了。

话说回来，《维摩经》在它所处的时代里给出了一个革命性的见解：出家能成佛，居家也能成佛，涅槃境界就在世俗生活当中。这是慧能禅法的一个理论源头。由此而来的是，慧能前边引述《维摩经》的"直心是道场，直心是净土"，哪怕你是一个正在金山银海、醇酒美人当中打滚的大款，只要你是依据直心行事，那这就是在家修行的佛道，就是在净土世界里生活。

这里有一个小小的文字问题：敦煌本《坛经》是把《维摩经》里的"直心"写作"真心"的，那两句话也就变成了大家比较熟悉的"真心是道场"和"真心是净土"，只是有些版本在校勘的时候依据《维摩经》把"真心"改回了"直心"。

这个文字错误到底是怎么回事，或者这是不是一个文字错误，不大好说。也许是抄写的人把"直"抄成了"真"；也许给慧能读《维摩经》的人看花了眼，把"直"读成了"真"，慧能也不识字，就这么记下来了，等他成了老师之后学生们也不敢纠正；也许慧能是故意把"直心"改成"真心"，因为这更能强调出本心的真实无邪、无作伪、无遮掩、无执着，是佛性的直接表露——从他的一贯主张来看，最后这个解释是很合情合理的，况且"直心"与"真心"本来也没有多大的差别。

文字问题之后是个义理问题。从这里来看，慧能似乎是相信中国古代的性善论的，相信"人之初，性本善"，但现代心理学家已经不会再把这个说法当真。试想一下，一颗没有造作、没有遮掩的心都会干出什么来呢？大概就要依据本能行事了。如果这个"心"不是指人类本能的话，那就是每个人都有一粒如来的种子深深地藏在心底最深处，只有在他抛弃了所有伪饰之后，这粒种子才能发芽、生长、显露。这粒种子，就是佛家所谓的"如来藏"，虽然各派解释各异，但大体上和佛性是一回事。慧能在讲《维摩经》"直心是道场，直心是净土"的时候，仍然守着前文介绍过的佛性论的观念，而更进一步的是，要想发现这粒种子并不一定需要出家；再进一步的是，完全听凭这粒种子的指引，怎么想的就怎么做，这才是一行三昧，坐禅的那种活儿不叫一行三昧。

这才叫真正的唯心主义。"直心是道场"还容易理解，但"直心是净土"却有些惊人。

净土信念是佛教当中极有影响的一种，当初，东晋高僧庐山慧远组织了一个白莲社，社员们共同发愿念佛，期望往生西天净土，后来便形成了一个专门的净土宗。

净土宗的修行法门越变越简单，简单到只有一条：没完没了地念佛的名字。这位被念的佛就是我们最熟悉的阿弥陀佛。据说阿弥陀佛发过大愿，要接引众生到极乐世界去，所以净土宗的信徒们天天成千上万遍地念诵六个字——"南无阿弥陀佛"，期望以自己的愿力和阿弥陀佛发生感应，两下一合力，自己就到西天净土去了。

净土不只西方才有，东方也有净土，天上也有净土，还有许许多多其他宇宙里的净土，只是老百姓就是一门心思向往西方，大概是因为佛陀是西方人吧。

民族主义者大可不必义愤填膺，因为印度还有一部《阿閦佛经》，说东方有个阿閦佛的妙喜世界，这般好、那般好，凡是现实生活没有的好处那里全有。中国人有向往西方的，印度人也有向往东方的，月亮总是外国的圆。

这些净土呀、接引呀，是不是真的？不知道。就像那个蜻蜓的故事一样，已经到达西天净土或其他什么净土的人没有一个回来告诉我们。

我们看净土宗的说法，很有唯物主义精神：按照一般信徒的理解，在我们这个物质世界里当真存在一个西天净土，那里就是天堂，生活很幸福，住得起房、看得起病、上得起学、退得起休，天天念佛号就相当于天天去西天净土的大使馆磨嘴皮子，阿弥陀佛就相当于移民中介。

但是，《维摩经》颠覆了这个说法，把唯物的西天净土变成唯心净土了，说只要你内心清净，就能见到佛国净土。也就是说，净土并不是一个客观存在的世界，而是主观意识的产物。这也有理，想想第欧根尼整天就在一只木桶里生活，当亚历山大大帝提出可以满足他的任何愿望的时候，第欧根尼只是淡淡地说："那就请你让开些，别挡住我的阳光。"如果你的心能像第欧根尼一样"净"，又哪会在意是不是住得起房、看得起病、上得起学、退得起休这些无关痛痒的俗务呢？第欧根尼的住房条件、医疗和社会保障远比我们任何一个人都差，可他还不是活得比我们每个人都幸福？

慧能接着《维摩经》来阐释这个简单的道理，如果你也能把握到和第欧根尼一样的直心，那么当下就是佛国净土。

# 坐禅无用论

《维摩经》还给慧能的佛学革命提供了另一个理论武器——慧能不是说"定慧等"吗，完全脱离了几千年的禅定传统，他这个标新立异其实在《维摩经》里也是有依据的。

维摩诘锦衣玉食，流连于风化场所，再看看佛陀十大弟子之一的舍利弗，把别人花在娱乐上的时间全都拿来打坐了。两人的对比很是鲜明，照常理说，维摩诘应该感到害臊才是，可人家维摩诘不但没有一丁点儿害臊，反倒批评起舍利弗来："舍利弗，嘿嘿嘿，说你的，醒醒，醒醒，打坐有用吗？别白费力气了！"

舍利弗身为佛陀亲授的十大弟子之一，学习很用功，成绩很好，素来享有"智慧第一"的美誉，还做了佛陀亲生儿子的老师，这回却在《维摩经》里当了反面教员。维摩诘的意思是：靠打坐、禅定来修行路太窄了，只要心里想得开，在红尘世界的纸醉金迷里也一样可以成佛，这才是更高的境界。

维摩诘的这个意思很合中国传统的"小隐隐于野，中隐隐于市，大隐隐于朝"的说法，好处是把修证从形式主义流弊引向了内心的主观解脱，坏处是让不少在名利熏心的权力场上打转的家伙也能公然摆出一副禅意人生的嘴脸，太过恶心。

《维摩经》是把入世的行为往出世的一面解释，而流风所及，也有人便因此把佛教的出世往入世的一面解释。特立独行的思想家李贽在《焚书》里说：人们都说佛是戒除贪念的，照我看，佛比谁都贪。正因为他所贪者大，所以世人那点儿凡俗之乐根本就没放在他眼里。不但释迦牟尼这样，就连孔子也是这种人，不受妻儿老小的牵绊，也不受名位利禄的牵绊，视富贵如浮云，所以孔子名为在家，实为出家。所以我说释迦牟尼是离家而出家的人，孔子则是在家而出家的人。

按李贽的说法，佛陀出世是为了救世，孔子入世也是为了救世，因为所贪者大，所以可以轻易斩断凡俗的那些小小贪欲。这里表现出来的正是中印思想的一个很大的区别，中国人更现实一些，儒家传统又重，所以无论是在文化圈还是在老百姓那里，佛教的世俗化在中国总是势不可挡；印度人则更加超脱，修行就是修行。

慧能就是给佛教世俗化的进程添砖加瓦的一员大将。有了流行一时的《维摩经》的理论铺垫，慧能越发大胆地挑战传统——他不是贬低禅定，而是根本否定了禅定；认为平日里直心而行的行、住、坐、卧都是修行，坐禅入定反而不是修行。

慧能继续发挥说：

迷人着法相，执一行三昧：直心坐不动，除妄不起心，即是一行三昧。若如是，此法同无情，却是障道因缘。道须通流，何以却滞？心不住即通流，住即被缚。若坐不动是，维摩诘不合呵舍利弗宴坐林中！

这段是说，迷妄的人执着于现实世界里眼见耳闻的事物，对一行三昧的理解也偏执得很，他们以为一动不动地专心打坐，消除一切妄念，这就是一行三昧。如果真是这样，一行三昧岂不成了石头瓦片这类没有生命的东西？这样的坐禅只能越坐越糟。佛法的性质是流畅而无窒碍的，如果心里有了执着，执着就会变成窒碍，这个人也就像是被绳子捆住了一样。如果一动不动打坐也能算正确的修行方式的话，维摩诘又为什么会批评舍利弗呢？

《景德传灯录》里有一段记载，说神秀的弟子志诚被派来听慧能说法，慧能问他："你老师都教你们什么呀？"

志诚说："他老人家时常教导我们稳定心神，入静打坐，一坐就坐好久，不许躺下。"

慧能说："这是病，不是禅。长时间坐着只能憋屈着身体，这对悟道能有什么好处？"

志诚多年来的精神支柱一下子被动摇，忙问："那你说该咋办？"

慧能说："如果我说自己有佛法可以传授别人，那我一定是在说谎，不过我会因材施教、因地制宜地给人解除束缚。"

慧能最后这句话很容易被理解为谦辞，其实不是，慧能的佛学思想是"佛在自心，不假外求"，老师可以帮你找出你自己内心的佛性，但老师没办法把你本心之外的什么佛法传授给你。而老师的帮助就是"解除束缚"。

那么，坐禅是否也是对人的一种束缚呢？

现在，我们把《坛经》和《景德传灯录》这两段结合起来看，慧能的逻辑是，人如果长坐不动，除了容易得腰椎病、颈椎病之外不会对人有什么好处，生物的本性就是会动，一动不动那是石头，而石头是不能悟道、不能成佛的，人要是模仿石头的样子希望能由此悟道成佛岂不是缘木求鱼？

看，打坐不但没用，而且有害。这可是慧能大师说的。但我们一般对僧侣们的印象，比如，电影、电视里拍到的寺院场景，和尚们总是要打坐的，如果有一点动态的话，那就是敲着木鱼念经了。如果和尚不打坐，好像还真难想象他们每天都会做些什么。

"禅"的繁体字应该是"禪"，上边是两个口，但我们会看到很多禅宗寺院招牌上的禅字都把两个口换成了像简体字一样的两个点，古来如此。这是为什么呢？因为坐禅需要闭口，所以禅师们冒天下之大不韪，把祖国文字给擅自简化了。

坐禅需要闭口，况且，那么多大德高僧教人坐禅，从古代一直教到现在，难道他们统统都错了不成？难道他们统统都是在误人子弟吗？

慧能很肯定地说："是的……"

> 善知识！又见有人教人坐，看心、看净、不动不起，从此置功。迷人不悟，便执成颠，即有数百般，如此教道者，故知大错。

慧能说："有这么一些人，指导别人坐禅，要人们在坐禅的时候专注于佛心，专注于清净，一坐就是很久，一动也不动，以为这样就能修行成功。那些糊涂人还就相信这套东西，拿粪土当宝石，比比皆是。这实在是大错特错了！"

## 欺师灭祖，天理也容

如果说达摩真是东土禅宗的始祖的话，那么慧能的这番话真当得起"欺师灭祖"四个字了。

达摩的生平事迹迷雾很多，但他的修行法门大略可以确定为一个中心、两个基本点、四项基本原则。一个中心是壁观，两个基本点是理入和行入，行入又为四项，即报冤行、随缘行、无所求行和称法行。

壁观在前文已经介绍过了，就是传统瑜伽的禅定功夫，一动不动地打坐，据说达摩一坐就是十年不起，把影子都烙在墙壁里了。那么按照慧能方才的说法，达摩老祖这是大错特错、误人子弟。随着慧能禅风的流行，越来越多的人不做面壁的辛苦功夫了，但弟子们也不是一刀切的，有一位慧能的徒孙（百丈怀海的弟子）去了越南，在一所寺院里面壁数年，始终静坐不动、一言不发，由此开创了越南禅宗的面壁派，这一派也从他的法号叫作无言通禅派。不知道达摩老祖知道这个消息之后会不会感到一点欣慰？

达摩法门，在面壁之外就是理入和行入。理入是从理论方面来说，指通过对佛法的理解来帮助坐禅，体悟真如佛性，解脱成佛；行入是从实践角度来讲，分为四项：

第一，报冤行，是要人做到"逢苦不忧"。一般人遇到苦难了、遇到烦恼了，总会忧愁，但是达摩告诉你：人生本来就是苦海，你过去造了业，现在就要遭受报应，这是躲不开的，坦然地承受报应就相当于对过去的行为负责，一个负责任的人是不应该有所抱怨的。

第二，随缘行，意思和报冤行差不太多，是说人生的苦乐得失都是因缘聚合，买彩票中了大奖并不值得高兴，吃豆腐崩了牙齿也并不值得懊恼。用《菜根谭》的话说，就是"宠辱不惊，闲看庭前花开花落；去留无意，漫随天外云卷云舒"。

第三，无所求行，就是教人无欲无求。达摩在这里秉持着印度古代传统，认为人之所以在轮回里承受无尽之苦，都是欲望惹的祸。只有断绝了欲望才有望获得解脱。古代印度讲欲望偏重于性欲，前文介绍过的"不净观"主要就是针对断绝性欲而设的。当然也有更极端的做法，日本密宗的铁门海就曾经"欲练神功，挥刀自宫"。顺便一提，他心目中的神功就是在死后可以肉身不腐——这是一项很艰难、很精致的技术活儿，他确实做到了，尸身披着红色袈裟、戴着金冠被供在寺院里供人膜拜，虽然模样有点儿吓人。慧能据说也是死后肉身不腐。"Discovery"有一部纪录片，介绍日本四位肉身不腐的高僧，同时还介绍了技术手法，有毅力的朋友可以找来这部片子好好学一学。只要有坚强的毅力，有按部就班的科学方法，再有一点点运气，你或许也可以做到。

第四，称法行，就是时时处处都要遵循佛法的要求，以实践与义理相契合。这一项是带有总结性质的。

比照之下我们会发现，行入当中的随缘行是明显和慧能禅法两相契合的，而壁观却变成慧能极力反对的东西。我们往北方看，神秀却是壁观法门的继承者，而慧能这里所反对的"坐看心净，不动不起"的禅定修行正是神秀所传授、所倡导的。现在我们说禅宗分南北，南宗慧能讲顿悟，北宗神秀讲渐修，这顿渐之别是南北禅法的根本分歧，其实我们会在后文发现：第一，顿渐之争早在慧能和神秀之前就有了；第二，顿渐之别在慧能和神秀这时候并不那么严重，甚至是不大明确的，两人的根本分歧就是这里讲到的坐禅和反对坐禅的分歧。在这个分歧当中，神秀是延续传统的一方，慧能是起而发难的一方。再者，严格来说，这也不能算是南禅、北禅的分歧，而是慧能一系和绝大多数佛教宗派的分歧，因为坐禅不只禅宗才有，前文讲过，天台宗的止观就是坐禅，其他宗派也讲坐禅，甚至在佛陀之前的印度诸多宗派都讲坐禅。所以慧能这番话看似针对神秀，其实打击面要远远大得多。

　　慧能批判坐禅，看上去是要彰显"直心是净土"，并且注重"当下"。天真烂漫、率性随心，摆脱一切执着之念，才可以当下解脱，得见佛国净土，这样一看，坐禅显然太过人为、太过执着了——腰椎病、颈椎病这些危险不说，要静坐不动地待上几个小时这得多大的毅力呀。慧能反对坐禅，是反对这种"刻意"和"着力"。就好像老师教大家写作文，别的老师都说：大家要多背漂亮词、多读范文，要知道记叙文六要素，要熟悉议论文的论证格式，天天都要写日记，有事没事都要写，写不出来也要硬写；慧能老师却说：没什么规矩，什么也不要背，有感而发就写一段，写不出来就不要硬写。现在问大家：哪种方法更能训练出好作文呢？

这可能各人有各人的答案，但我想多数人会倾向于慧能的教学方式，毕竟我们都觉得有感而发、真情流露、不加雕琢的文章才有可能是好文章。但事实上，这两种方法各有优劣：第一种方法虽然很难培养出文章大家，甚至反而会起到制约文学天才的作用，但大多数人受过这样的写作训练之后都能写出虽然谈不上多好，却也中规中矩的文章，而慧能的教学方法虽然能让天才冒头，能培养出文章大家，但对大多数人来说却意义不大，一年级只会写流水账的到五年级还是照样写流水账。

所以慧能说，他的方法是针对上等根器之人的，这话真是一点不错。但这不意味着第一种方法就造不出大师来——老舍说自己练习写作的方法就是天天练笔，写不出来也要硬憋。

# 磨砖做镜，坐禅成佛

慧能批判坐禅的形式主义，其实对我们普通人来说，形式主义意义重大。比如，我在《春秋大义》里讲过儒家的一个核心内容就是搞仪式，仪式的意义甚至比义理还大。大家往往把义理放在第一位，说儒家讲仁呀，讲忠恕之道呀，乃至讲以牙还牙、九世复仇，却容易忽略儒家搞形式主义的礼仪在历史上发生过多大的作用。

即便在日常生活里，形式主义发挥重要性的例子也比比皆是。比如，你的性格比较内向，你想让自己更活泼、更合群一些，怎么办呢？你可以找心理医生咨询，可以买一些励志书好好学习，但最简单的办法是，你天天都穿运动装就可以了。如果你是个活泼的女孩子，刚刚找了份办公室工作，你想让自己的举止显得老成一些，同样，最简单的办法就是你天天穿西装套裙上班。至于在宗教活动当中，形式主义的意义更加重大，甚至远远大于教义。好比说佛教吧，如果全世界所有的佛经全都失传了，对寺庙里香火恐怕不会有一点儿影响，但如果修庙造像和各种开光呀、超度呀之类的仪式全不搞了，会有什么后果可想而知。老百姓不会关心什么深刻的教义，只要有个神来拜就好了。就算你宣扬的是无神论，老百姓一样把你当神来拜。所以我们看佛教的历史，教义永远在变，高僧大德们永远在争论不休，只有烧香磕头是永恒的。

对坐禅的批判后来产生了一桩著名的公案。南岳怀让是慧能的学生，看来是个上等根器的人，把老师那套法门学得不错。这一天，怀让去找一个姓马的和尚。这位马和尚正在勤学坐禅，很下功夫，不管有谁来找全不搭理，怀让自然也吃了闭门羹。

怀让不死心，问道："你一门心思地坐禅，到底为了什么呀？"

马和尚说："当然为了成佛！"说完又接着坐禅去了。

怀让一看：好小子，竟然不理我！好，我倒要看你理不理！

怀让没走，在马和尚眼前拿了一块砖在石头上磨。马和尚继续专心坐禅，怀让也一直专心磨砖。

看来人的好奇心实在是修行的祸害，马和尚终于忍不住了，问怀让道："你磨砖到底要干吗呀？"

怀让一看，这小子上钩了，便悠然道："我要磨一面镜子。"

马和尚更奇怪了："搞笑吧你！砖头也能磨成镜子？！"

怀让说："砖头不能磨成镜子，难道坐禅就能成佛？"

马和尚一听，觉得不大对头，禅也不坐了，过来向怀让请教。怀让便说了一番非常著名的话："汝学坐禅，为学坐佛？若学坐禅，禅非坐卧。若学坐佛，佛非定相。于无住法，不应取舍。汝若坐佛，即是杀佛。若执坐相，非达其理。"

怀让这番话就是直承慧能的观点而来的，佛也好，禅也罢，都不是坐出来的。坐禅易生执着之心，而体悟佛性最忌心有执着，所以坐禅修佛正是南辕北辙。怀让还很振聋发聩地说："坐佛就是杀佛！"

马和尚被怀让给说愣了，当即改弦更张，做了怀让的学生。这位马和尚就是后来禅宗赫赫有名的马祖道一，慧能的南宗禅就是到马祖道一这时候才声势大震的。现在心灵鸡汤类的励志书常说的一个词"平常心"就是从马祖道一这儿来的。马祖道一说的是"平常心是道"，这就是对慧能禅观一个非常妥帖的归纳。

慧能禅法关注的是"当下"，再具体说，就是"当下这一刻"，吃喝拉撒、行住坐卧，以率真的直心度过每一个"当下"，这就是禅，这就是修行，这就是佛心，这就是佛国净土。对这一点慧能在后文还有说明，不过这里既然讲到马祖，就提一桩马祖的著名公案，这桩公案或许是对上述慧能禅观一个有益、有趣的注解，大家也顺便看看自己能不能由公案而开悟。

这桩公案至少存在两个版本，说法不一。先看《碧岩录》版：

马祖道一和百丈走在一起，看见有野鸭子飞过，马祖问："是什么？"

百丈回答说："野鸭子。"

马祖道一问："哪儿呢？"

百丈说："飞过去了。"

马祖道一突然一把扭住百丈的鼻子，百丈猝不及防，疼得要死。

马祖说："何曾飞去？"

再看《五灯会元》版：

百丈陪着马祖道一，突然有野鸭子飞过。马祖问："是什么？"

百丈说："野鸭子。"

马祖道一说："怎么去也？"

百丈说："飞过去也。"

马祖道一突然一把扭住百丈的鼻子，百丈猝不及防，疼得要死。

马祖说："你怎么又说'飞过去也'？！"

百丈这才有些省悟。

这两段看上去不像是同一件事的两个版本，倒像是先后发生的具有连贯性的两件事，讲禅宗公案的书里一般都只选其一，这就很难看得明白。两段结合起来看，似乎是第一次闹野鸭子的时候马祖道一就借机以非常手段启发过百丈一回，但也不知道百丈到底明白了没有；第二次又闹野鸭子，马祖故技重演，但百丈的回答还是老路，马祖这才急了，问："你怎么又说'飞过去也'？！"百丈这才"似乎"明白了一点儿什么。

你明白了什么吗？


# 四


善知识！定慧犹如何等？如灯光，有灯即有光，无灯即无光。灯是光之体，光是灯之用，名即有二，体无两般。此定慧法，亦复如是。


## 灯和光


一提禅宗，大家很容易一下子就想起那些莫名其妙、眼花缭乱的机锋公案，其实那些都是马祖道一他们禅门后学搞出来的，越发展就越古怪，慧能这位祖师爷可从来不这么说话，就算要打个比方，也都是连老婆婆都能明白的比方，现在这个灯和光的比方就是一例。

慧能说："各位，定和慧为什么是一回事呢？这就好像灯光一样，有了灯就有了光，没有灯就没有光。灯是光的本体，光是灯的效用，名字虽然有两样，其实都是一体的。定与慧的关系也是这样。"

慧能所说的灯是体、光是用，对应前边的定是体、慧是用，这就把传统理论中定与慧之间的进阶关系颠覆掉了，这就隐隐透出了一些顿悟的意思。接下来，慧能就该讲到顿悟和渐悟之别了。

善知识！法无顿渐，人有利钝。迷即渐劝，悟人顿修。识自本心，见自本性。悟即元无差别，不悟即长劫轮回。

慧能说："各位，佛法从来就没有过顿、渐之分，之所以有顿悟和渐悟的说法，是因为人的资质有优有劣，佛法因材施教罢了。资质差的就得慢慢来，资质好的就适合顿修之法。等到修行者发现了本心，也发现了佛性。觉悟的人就会明白自己和佛原来是没有差别的，觉悟不了的人就会永远处在生死轮回之中解脱不出。"

佛家教人觉悟，在用词上有时候单用"觉"字，有时候单用"悟"字，有时候两字连用，都是差不多的意思，这又是有佛教根源的常用词。我们现在用"觉悟"这个词已经很世俗化了，实际这本是指"无上正等正觉"，如果按梵文的音译，就是大家熟悉的《心经》里的"阿耨多罗三藐三菩提"，是最高智慧、终极真理。

那么，要获得这种大智慧，要觉悟，难不难呢？按照慧能的说法，这因人而异：资质差的人就得走渐修之路，慢慢来；资质好的人就可以借着顿悟而一步登天。各位，想不想知道你们自己属于哪种人呢，是碌碌之辈还是百年不遇的武学奇才？这很好检验，现在我就能告诉你们：对不起，很不幸，我写到这里已经快十万字了，凡是一直读到现在还没能明心见性、顿悟成佛的人，当然不可能是百年不遇的武学奇才了！

不过不要紧，如来神掌也是可以慢慢来学的，而且慧能还告诉我们：如来神掌的秘籍其实就在每个人的心中，觉悟的人就会明白自己和佛原来是没有差别的。这就是所谓"佛在自心，莫向外寻"。

慧能的徒孙百丈怀海（也就是前边讲的那个野鸭子的故事里被马祖道一险些把鼻子拧下来的那位）对这层意思有过一个很著名的比喻。当时有人问他："我想成佛，该怎么做呢？"百丈回答说："就像骑牛觅牛。"牛一直就被你骑在胯下，你却向外边去找，自然找不到，只有向内反观，才会恍然大悟："哦，原来我要找的牛从来就没有离开过我呀！"

人们流传这个比喻，有时候也把牛变成了驴，《志公和尚大乘赞》说："不解即心即佛，真似骑驴觅驴。"所以呢，人要想悟道，说难也难，说易也易，你去找那头牛，踏破铁鞋无觅处，某天突然被人点醒，低头往胯下一看，得来全不费功夫——刹那之间就这么悟了，是谓顿悟（"刹那"这个词也是从佛经来的，是梵文的音译，和沙发、吉普这类词的性质相同）。

刹那觉悟，慧能这是指出了一条成佛的捷径，但按他的说法，顿修与渐修并不是说佛法有不同的两种，而是针对不同人的两种教学方式。慧能看上去并不像他的徒子徒孙那样把顿悟与渐悟截然对立起来——神会在洛阳无遮大会上就公然向神秀一系挑衅："顿悟才是禅门正宗，渐悟乃是旁门左道。"

但另外，慧能虽然并不否定渐修，却明确反对坐禅，认为顿修和渐修虽然是两套功夫，却并非佛法有不同，只是针对不同资质的因材施教的不同方法而已，而坐禅根本就不是佛法——不但不是佛法，还是一条显而易见的歪门邪道。然而，所谓渐修，不就是坐禅吗？或者说，渐修当中最最核心的修行方法不就是坐禅吗？慧能如果只反对坐禅，却赞成渐修，那他赞成的到底是什么呢？

比较费解哦。再者，说到人们的资质，我们照常理来看，庸人肯定远比天才要多，但慧能禅法后来大行天下，不但完全压倒了神秀系，甚至几乎使禅宗变成了佛教的同义词，难道在我们祖国大地上真有那么多天资聪颖之士吗？

从心理学角度来看，渴望捷径是人类永恒而普遍的追求，另一个原因是人们大多都会自视过高——当红娘的人就常会遇到这样的问题，你觉得焦大和周瑞家的非常般配，但两人很可能互相看不上。极端的例子就是这样的一些人：眼高于顶，手低于脚，耻为人后，好为人师，所以天才学习班很适合他们。

成佛原本不是这么容易的。现在我们好像觉得佛教一直在讲人人都有佛性、人人都能成佛，其实原本不是这样。佛教早期只承认唯一的一尊佛，就是释迦牟尼，其他人无论再怎么修行也不会修行成佛的。从唯一的佛到人人都能成佛，这中间是有着很漫长的革命历程的；接下来，从历尽千难万险才能成佛到一念之间便可顿悟成佛，这中间也一样有着漫长的革命历程。

佛的唯一性在印度渐渐被动摇，部派佛学开始提出在释迦牟尼之前还有六尊佛，在释迦牟尼之后还有一位弥勒佛，这就构成了过去、现在、未来的三世佛的系统。但即便这样，另外那七尊佛分属过去和未来，各有各的时间段，在"现在"依然只有一位释迦牟尼佛。这就像我们现在的国家总理一样，在同一个任期内只能有一位总理，虽然过去有过去的总理，未来有未来的总理，但不可能有好多总理同时并存。

后来出了一部大具革命性的《兜沙经》，这部经虽然并没有打破时间段的概念，却提出在空间上存在着无数的世界，所以无论有多少佛都住得下。这就好像告诉我们说：中国并不是全世界，这世上还有无数的国家，每个国家都有总理的位子，即便每个国家在一届任期内只能有一位总理，但国家的数目是很多的。

这就给后来打开了一个方便法门，但话虽如此，总理的位子确是有了，但绝对不是稀缺资源，无论是谁，只要够格就都可以当上总理，然而，从平民百姓爬升为国家总理的路程依然是充满艰难险阻的。

按照小乘佛教原本的说法，释迦牟尼从凡人到成佛一共经历了十个阶段。这就好像一个平民百姓先在一座工厂里经受基层锻炼，表现不错，被提拔为班组长，然后一步步往上升，经过无数次的挫折打击，但遇挫每强，历经十大升迁，终于成功地做了国家总理。

这十个阶段已经很不易了，但《兜沙经》说：这十个阶段其实只是第一关里的十个小关卡而已，过十关斩十将连续打到关底，消灭了关底Boss，这只是打完了第一关而已，远不是最后的通关。要想通关，前边还有五关要过，这五关的每一关也一样各有十个小关卡。《兜沙经》堪称现代电子游戏的理论先驱。

顺便一提，《兜沙经》的先驱地位还不仅是对电子游戏而言。吕澂说，印度本来的数字进位法并没有一定之规，一般是七进制，而《兜沙经》一连串的十阶段则反映了十进制的产生，而且表示数字十的末位的符号也由原来的一点变成了"○"，后来通过贸易，从波斯、阿拉伯传到西欧，发展成为世界通用的阿拉伯数字。


《兜沙经》给出的这样一条艰险而漫长的成佛之路足以把绝大多数人吓回高老庄去。成佛既然太难，那么，退而求其次，能修成个菩萨也不错呀，这总不会很难吧？

说不难确实也不难，看看菩萨的数量就能知道个大概，而且，印度当初是有很多活菩萨的，不是手持净瓶的观音菩萨那种，而是，很多确确实实有史可考的佛门活人都是菩萨，老百姓走在大街上经常就能遇到一两位菩萨。就算是我，如果乘坐时间机器飞到古代印度，我也很容易就能混上一个菩萨头衔。

考究菩萨的原义，是说释迦牟尼即将成佛而尚未成佛的那个阶段，后来这个概念不断演变，直到大乘佛教把它拓展成凡是"发心向佛""行佛之行"的人都可以被称为菩萨。这一来菩萨可就多了。从这层意义来说，要做菩萨确实不难，至少比《兜沙经》给出的成佛历程要容易太多了。

但是，说难也难。小乘佛教对这满街菩萨的盛况看不顺眼，据小乘经典《大毗婆沙论》说，从人变成菩萨的过程要经过无穷无尽的时间，要感得所谓"三十二大人相"——这在前文讲过一些，是说佛陀与生俱来的三十二种体貌特征，《三国演义》说刘备"大耳垂肩，双手过膝"就是这三十二相的其中之二。总之，这个从人到菩萨的过程绝对不比从猴子到人更快捷、更容易。

如果把大乘、小乘的这一分歧比作军事集团的招兵买马，大乘军团的招兵政策是，有腿的就收，轻度残疾也行；小乘军团则是，轻功考核要胜过楚留香，剑法考核要胜过西门吹雪，意志考核要胜过郭靖，五官相貌要胜过小龙女。但教派发展绝不同于行军打仗，从来是贵多不贵精的，象牙塔里的东西永远会被人民群众抛弃，而越是乌合之众就越有滚雪球效应。所以，大乘在声势上终于大大压过小乘也是情理之中的。

小乘愈严，大乘愈宽，已经把菩萨的标准定得那么低了，人人都可以成菩萨，等而上之，人人都可以成佛也就是顺理成章的事了。再往下发展发展，从人人可以比较苦难地成佛到人人可以刹那之间成佛，慧能就是这样处在了这个脉络的终点——再没有更快捷、更简单的了，总不能说每个人干脆就是佛、什么都不用修了吧？那样的话，"人类"这个词就该成为历史了，我们现在的地球上一共有七十亿的"佛类"。

# 顿悟和渐悟，相容还是不容？

慧能说了，顿修与渐修并不是指佛法有不同的两种，而是针对不同人的两种教学方式。是的，后辈们把顿渐大防搞得很厉害，好像这是南能北秀的第一大区别，但慧能显然是承认渐修的。

但话分两头，在这个问题上，慧能的老前辈却和慧能的后辈们一样，力主顿渐不两立，佛法不偏安。

顿悟说并不是慧能的原创，在南北朝的时候就有了，原创大宗师当推竺道生（前边讲过的）；而顿渐之争也不是慧能之后才有的，在竺道生的时候就打得厉害了。

竺道生是唐僧那种学者型的高僧，天资高，用力勤，际遇好，所以成就也大，声名也盛。据汤用彤说，竺道生的声名在很大程度上来自于他常有独到之论，而所有独到之论中最出名的并不是那个一阐提能成佛，而是顿悟理论。

我们来对比一下。按照慧能的说法，见性成佛，我们需要寻找自己心中的那点佛性。这个寻找的过程大约就像寻宝游戏，渐修的方法是，从第一个线索出发，历尽艰险有了突破，找到了第二个线索，又历尽了一番艰险找到了第三个线索，线索可能突然中断，寻宝者不得不另外发现蛛丝马迹，最后凭着用力勤，终于找到了宝物。顿修的方法则是，知道有宝物这回事，但也不费力气去找，自己该干吗还干吗，吃饭喝茶，打牌聊天，有一天吃豆腐崩了牙，忽然开悟：我自己不就是那个宝物吗！

体会竺道生的意思，渐修就像盖楼，万丈高楼平地起，要从地基开始一层层往上盖。你眼看着自己这楼越盖越高，心里也越来越高兴：已经九千丈了，再有一千丈就完工了！但是，竺道生说：楼根本就不是盖出来的，而是本来就有的，我们需要做的是找到这座大楼。于是，踏破铁鞋无觅处，柳暗花明又一村，转过一棵大树，大楼豁然就在眼前。问题就在这里，既然大楼是本来就有的，寻找大楼这个过程只可能有两种情况：找到了和没找到。不可能先找到了一层，又找到一层，再找到一层，找来找去终于找齐了这座大楼。所以，渐修的说法是根本不成立的。

这样看来，慧能的徒子徒孙们实际上是把顿悟理论跨过了慧能，追溯到了竺道生那里。

其实要跨出国界的话还能继续往前追溯。诃梨跋摩的《成实论》归纳各家各派的十大根本分歧，其中第四项就是顿渐之争，不过当时他们争的是"现观"、是顿得还是渐得。所谓现观，就是在实践上领会"四谛"（"四谛"是佛教最原始、最基本的一个理论，这里就不展开了）。

我们已经越来越多地看到，禅宗虽然本土味道很重，但在很多理论和方法上都可以追溯到印度佛学的渊源，甚至是印度外道的渊源。所以那种说禅宗思想的主旨是产生于中国、塑造于中国的说法是有些片面的。一方面我们有许多线索可以追溯到印度佛源，另一方面很多问题虽然地处两国，但人同此心、心同此理，不谋而合在所难免。


如果只从难易程度来看，盖楼和找楼哪个难、哪个易，还真难说。心理学告诉我们：人们完成一个目标取决于两个因素——目标难度和目标承诺（所谓目标承诺就是你为了达到这个目标能下多大的决心），而在目标的设置上，中短期的、有定期反馈的目标要比长期目标更有效。比如盖楼，你预期一年之内盖一座十二层的高楼，每个月盖起一层，在每个月的月底可以检验自己的短期成果，受到短期成果的鼓励之后再进入下一个月的工作阶段。但是，如果你的目标不是十二层的高楼而是万丈高楼，甚至这辈子盖不完还要下辈子、下下辈子接着盖，有多少人能坚持下来呢？所以这样一种坐禅修佛之路尤其需要无与伦比的信念——也就是无与伦比的目标承诺，以目标承诺之长来补目标难度之短，于是信念便被提到了首要的地位，所谓心诚则灵是很必要的。

找楼又是另外一种情况：你可能一辈子都踏破铁鞋无觅处，也可能明天早上就得来全不费功夫，决心和努力不但不管用，反而会起到阻碍作用，也不存在可以反馈给你的短期成果。这还能怎么办呢？只有一条路：顺其自然。

但事情的另一面是，顿修很难让人产生宗教体验，而传统坐禅式的渐修则相反。心理学还告诉了我们这样一个道理：对一件事情的经验越多，行为改变的难度就越大。这道理对人类适用，对动物也一样适用，人类当中最常见的形式大概就是退休综合征。所以，当渐修使人形成一种上瘾型的感觉之后，修行者会欲罢不能、乐在其中，而顿修法门却产生不了这种体验。

对于一般人来讲，机械化的刻板行为是最让人踏实的——比如，朝九晚五的上下班、每天的晨练、当一天和尚撞一天钟，而自由是最让人无所适从的。这种无所适从感常常会让人产生对自由的恐惧。

所以，慧能禅法虽然后来遍行天下，但坐禅的路子也顽强地生存了下去——现在的很多修行者还是要打坐的，毕竟仪式化和程式化都是宗教行为中最不可少的因素。

# 五

善知识！我此法门，从上已来，顿渐皆立无念为宗，无相为体，无住为本。何名为无相？于相而离相。无念者，于念而不念。无住者，为人本性念念不住。前念、今念、后念，念念相续，无有断绝。若一念断绝，法身即是离色身。念念时中，于一切法上无住。一念若住，念念即住，名系缚。于一切法上念念不住，即无缚也，是以无住为本。

善知识！外离一切相，是无相。但能离相，性体清净，是以无相为体。

于一切境上不染，名为无念。于自念上离境，不于法上念生。莫百物不思，念尽除却。一念断即死，别处受生。学道者用心，若不识法意，自错尚可，更劝他人迷；不自见迷，又谤经法。是以立无念为宗。

即缘迷人于境上有念，念上便起邪见，一切尘劳妄念从此而生。然此教门立无念为宗，世人离见，不起于念；若无有念，无念亦不立。

无者无何事？念者何物？无者，离二相诸尘劳。真如是念之体，念是真如之用。性起念，虽即见闻觉知，不染万境而常自在。《维摩经》云：外能善分别诸法相，内于第一义而不动。

# "三无"真谛

慧能说："各位，我讲的这套佛法，从始祖传授以来，无论顿修还是渐修，核心纲领都是以下这三条：无念为宗，无相为体，无住为本。所谓无相，就是接触周围的事物却不执着于这些事物；所谓无念，就是既有各种心念生起却不执着于这些心念；所谓无住，是说人本来的心念就是迁流不息的。"

简单理解，无相就是不执着于客观世界，无念就是不执着于主观心念，无住就是描述人类心理活动的特性。慧能接下来便对这"三无"真谛做更详细的阐释，先解释什么是无住："前一刻的心念、现在的心念、下一刻的心念，永远流转不停。一旦心念停顿下来了，佛性也就脱离了人的肉身，成佛就没有可能了。所以，要让我们的一切心念自然流转，不能让它们停顿、中断。如果有一个心念停顿下来，所有的心念也会跟着停顿下来，这就叫作束缚。如果对一切事物都不执着，每一个心念都流转不息，这就不会产生束缚了。以上所说，就是以无住为本的道理。"

我们想象一下自己的心理活动的特征，确实是迁流不息的，以致文学作品中还专门有一个"意识流"的说法。典型的意识流写作方式还真是非常符合慧能所说的这个无住：心里并没有什么故事的大纲、文章的构架，只有桌子上的一沓纸、一支笔，不用任何思考，只是及时捕捉下脑子里闪过的任何一个念头。

我们可以看看"垮掉的一代"中的经典，杰克·凯鲁亚克的小说《在路上》的写作过程："从1951年4月2日到22日，20天的时间里，杰克用一部打字机和一卷120英尺长的打印纸完成了《在路上》。在那些日子里，杰克的房间里除了打字的声音以外，就只剩下半空中飞扬的情绪和思想。在纽约初春的天气里，杰克却写得汗流浃背，以至于不得不把三条T恤轮流换着穿。写作在那时仿佛成了一个体力活儿，如果不是因为年轻，如果不是旺盛的生命力和荷尔蒙，也许根本就不会有《在路上》这本书。而最初的版本是没有标点的，整本书只有一段，那里面，宣泄着一条激情的湍流……"

如果我们能找来一本初版的《在路上》，也许就能够从中感受到念念不住的精髓。但问题是，即便是凯鲁亚克本人，这种精神状态又能够持续多久呢？至于我们这些凡夫俗子，日子宽裕点儿的人早晨一睁眼，就看到二十年的房屋贷款正从天花板上压着自己；日子紧一点儿的人早晨一睁眼，就想到猪肉又涨价了，鸡蛋又涨价了，发愁半天，只希望粮食不会涨价，如果粮食再涨价了，就只能希望棺材不要涨价了。

对于我们凡夫俗子来说，总会有"心里有事儿放不下"的时候，这就是执着，就是束缚。可难道高僧大德们就真能摆脱执着、摆脱束缚吗？想想慧能逃命的时候，心里应该也会时刻惦记着"可千万别被他们抓到"吧？

慧能解释无相，说："各位，能够脱离外界事物的相状就是无相。如果对外界事物不生执着，那么自性就会明白清澈，这就是以无相为体的道理。"

关于无相，慧能是针对客观世界来说的，山河大地、金钱美女、房屋贷款、猪肉鸡蛋、柴米油盐，凡此种种都不要执着，有也好，没也好，随他去。往深些说，这是要人消弭主观与客观的界限，不要把外物与自我对立起来，物我一体，物我两忘。禅宗语录里有个看山看水三个阶段的著名说法，大家应该都很熟悉，为什么第一阶段"看山是山，看水是水"呢？如果按慧能禅法来理解，这就是把主观和客观对立起来了，我是我，山是山，水是水，山和水都是客观存在的风景，我则是那个站在山前水畔欣赏风景的人——这样一个场面如果按王国维《人间词话》的说法，就是"有我之境"。

到了第二阶段，为什么"看山不是山，看水不是水"呢？因为听了慧能的重要讲话之后，主观与客观的界限已经消弭不见了，山和水不再作为客观存在的风景而对立于我这个欣赏风景的人，山、水、我，三者变得圆融起来，我看山水就好像大海里的一滴水去看大海里的另外两滴水，我们其实都是在大海里边合而为一的，并不存在"一滴水"的形态，而只有"一片大海"——按照王国维的说法，这就是"无我之境"。

当然，这道理放在王国维那里就更容易理解，因为王国维的话是局限在美学范畴里的，而如果把这个道理放在日常生活的方方面面中去，好像理解起来就难了。比如，你已经进入了物我两忘的状态，与大自然客观世界合而为一，虽然眼前有一口水井，但你已经到达"看水不是水"的境界，消弭了你的主观自我与客观水井之间的界限，从从容容一步踏了进去……

所以我们还需要达到第三个阶段才行："看山还是山，看水还是水。"

慧能接下来解释无念："心念不为外物所染，这就叫作无念。心念活动应该远离外物，不因外物而生起。但这并不是要你什么都不去想，因为只要有一念中断，这个人也就不复存在了，识神就会到别处转生去了，仍然脱离不了生死轮回。修行之人千万要注意这一点，这是佛法的关键，不要搞错了。拿这种错误认识误导别人那就更不该了，不但自己愚昧无知，还诽谤了佛法和佛经，千万不要哦！愚昧之人往往因为外物而触动心念，在心念上产生出各种错误的见解，世间的所有烦恼执着就是这样产生出来的。所以我教给大家的，是要以无念为宗旨。

"那么，我们应该远离一切事物而使自己不生出任何心念吗？即便真是这样，也是做不到的。其实，无念的意思并不是'没有心念'。所谓'无'，并不是'没有'的意思，而是指超越有无、是非、内外这些二元对立的观念，不要把它们看成对立的，而要看成统一的，还要摆脱尘世间各种烦恼杂念。真如是心念之体，心念是真如之用，所以，从真如自性上生起的念头虽然也会有感受、知觉的出现，但不会被外物所污染，真如本性永远是自由自在的。《维摩经》说：'向外善于区分外物相状，向内永远守住真如佛性。'"

慧能这里一再声明："无"不等于"没有"。一个人哪能没有任何心理活动呢，除非是死人，如果人有不灭的灵魂的话，人死以后灵魂离开肉体，到别处投胎转世，依然摆不脱轮回苦海——所以慧能说"只要有一念中断，这个人也就不复存在了，识神就会到别处转生去了，仍然脱离不了生死轮回"——识神大约相当于不灭的灵魂，但这里很难判断慧能这是比喻的说法还是真的相信灵魂不灭。如果当真的话，看来他仍然赞同佛教的修行目的就是摆脱轮回。

这就只好不做深究了，但"无"不等于"没有"确是慧能的一个重点所在。无论如何，一个活人是不可能"没有"心理活动的，就算是睡着了，大脑也在活动，所以慧能的"无"是"无差别"的意思，也就是超越非此即彼、非黑即白这样的二元对立观念。

二元对立观念确实是我们凡夫俗子最常见也最习以为常的一种思维方式，而我们要知道，即便正方被证明为错，并不意味着反方一定就对，而且世界上不一定只有正与反这两个选择。

常见的例子是，张三抵制日货，李四评价说："张三很爱国。"但反日的人也不一定就是爱国主义者，他也可以是一个国际主义者或者博爱分子。

张三说："中医不好。"李四质问道："难道西医就好吗？"张三其实只表达了"中医不好"，他既可能认为西医更不好，也可能完全不了解西医而无从发表看法。

张三说："历代很多专家对《春秋》的解释在史实上未必站得住脚。"李四质问道："难道《圣经》和《荷马史诗》就禁得起史实考据吗？"张三也许认为《圣经》和《荷马史诗》更禁不起史实考据，也许对《圣经》和《荷马史诗》毫无了解，他在表达对《春秋》的这个看法的时候并没有同时表达出对《圣经》和《荷马史诗》的任何看法。而且，他只是做了一个事实陈述（尽管这个陈述有可能是违反事实的），而不是价值陈述。换句话说，张三的这句话仅仅是一个实证表述，而不是规范表述。

还有另外一种表现方式：老师对小明说："你昨天为什么没做值

日？”小明的回答是：“小毛前天还旷课了呢！”老师说：“小毛前天旷没旷课我不知道，我可以去调查，但无论小毛前天旷没旷课，这和你昨天做没做值日一点儿关系都没有。”

以上这些例子都是我们日常生活中很常见的，但严格说来，这都属于逻辑问题，因为我们一般在思考问题的时候很难时时刻刻保持着严谨的逻辑思维，而是拿自己心里比较简化的思维模式来套在许多复杂的事物上。现在要问的是，如果给定的选择方案只有一黑一白，该怎么做才对呢？

有人说禅学是世俗化的老庄哲学，这不是没有道理，这种超越二元对立的观念就很像《庄子·齐物论》的主张。要注意的是，超越不等于消弭和抹杀，好比两个矮子比高，争得不可开交，姚明把这一切看在眼里，心里只觉得好笑。再如，《三国演义》的开场词说“是非成败转头空”，说“青山依旧在，几度夕阳红”，拿青山和夕阳作参照系，豪杰们的是非成败全是转头空，可要拿银河系和河外星系作参照系，青山和夕阳也得转头空了。这样的道理给我们这些小人物以莫大的安慰，但转念一想：难道因为转头空我们就该放弃努力吗？

傅雷当初给儿子傅聪写信，建议他多看看哲学书和天文学的书，理由是傅聪在国外正有少年得志的迹象，所以哲学和天文学有助于帮助他感受到自身的渺小，正是戒骄戒躁的好药方。

超越二元对立观念，我们要站在青山和夕阳的视角上。

但站在世俗的角度，这些道理细想起来，无非是得志者的清凉剂，失意者的安慰剂，心理医生的作用确实能起得不错，可除此之外呢？

除此之外，我们可以听听远在慧能之前的古希腊先哲赫拉克利特在说什么："善和恶其实都是一回事。"早就超越二元对立了不是？慧能也讲过这个无善无恶、无对无错的人生观。可是，为什么呢？大道理一听上去很唬人，但除了唬人之外难道就只剩下荒谬了吗？

赫拉克利特这样解释："对于神来说，所有事物都是善的；而在人类眼里，事物却有些是善，有些是恶。对于神来说，所有事情都是对的，而在人类眼里，事情有些是对的，有些是错的。"这倒也是，苍蝇一点都不邪恶，它之所以显得邪恶，只是因为我们厌恶它，就连"敬畏大自然"的那些环保主义者对苍蝇显然也缺乏足够的敬意。好啦，如果我们明白了这个道理，从此可以无善无恶、无对无错地看待一切，也许我们就接近神了——或者按照印度的神秘说法，我们达到了"梵我合一"。

这个道理如果按世俗智慧来理解，其实并不那么复杂。比如，我们每一天都分为白天和黑夜，但是，事实上并不是当真存在一黑一白两种东西在昼夜交替，只不过太阳照过来的时候就是白天，太阳落下去了、光线消失了，就是黑夜。换句话说，所谓黑夜，只是光线的缺席。有基督教背景的人应该会对这句话感到亲切，因为神学家们常常诉诸同样的逻辑。有人质疑说："既然上帝是全善的，为什么世间还存在那么多恶？"神学家们回答说："恶是不存在的。我们所谓的恶，只不过是善的缺席。"

除此之外，我们再来听听反方的意见。

胡适讲庄子哲学的时候曾经打过一个比方：两个矮子比高，我说我比你高半寸，你说你比我高半寸，争论不休。庄子过来排解说："你们两位别争了，我刚才从埃菲尔铁塔看下来，觉得你们两位的高矮实在也没什么分别，何必多争，不如算作一样高吧。"

胡适接下来说，庄子这种学说，初听了感觉似乎极有道理，却不知世界上学识的进步只是争这半寸的同异；世界上社会的维新，政治的革命，也只是争这半寸的同异。若依庄子的话，把一切是非同异的区别都看破了，说泰山不算大，秋毫之末不算小，尧未必是，桀未必非，这种思想、见地固是"高超"，其实可使社会国家世界的制度习惯思想永远没有进步，永远没有革新改良的希望。

接下来要问的是，慧能的这种超越二元对立的无念观对成佛有什么帮助呢？很好理解：既然存了这种超越之心，对一切看开了、洒脱了，也就是不"执着"了，不被"束缚"了。心性本净，"本来无一物，何处惹尘埃"？心理状态到了这一步，就该"见性成佛"了。

话是这么说，各位请扪心自问一下，你能做到吗？

我们还是看看《庄子》。《庄子》里的《逍遥游》想必大家都了解吧，看人家文章一开头："北冥有鱼，其名为鲲。鲲之大，不知其几千里也。化而为鸟，其名为鹏。鹏之背，不知其几千里也。怒而飞，其翼若垂天之云。是鸟也，海运则将徙于南冥。南冥者，天池也。"这是何等的气势，何等的逍遥！再往后读，越来越潇洒："若夫乘天地之正，而御六气之辩，以游无穷……"如果慧能看了，应该赞许地说："这小子已经成佛了。"

可咱们再往后读，读读《庄子·杂篇》里的《外物》（虽然这很可能不是庄子本人写的），有"涸泽之鱼"这么一个名段，说庄子家里穷，有一天可能是揭不开锅了，就去找监河侯借粮食。监河侯很慷慨："没问题，不就是一点儿粮食吗，等我收完了税，我借你一百万美元！"

庄子一听，脸都气白了，本想破口大骂，可转念一想：知识分子骂人是不该带脏字的，嗯，那就讲个故事好了。于是，庄子开讲："我昨天走路的时候听见有人叫我，一看，车辙压的沟里有一条鱼。鱼很着急，对我说：'我是东海的水官，落难在这里，快渴死了，你能给我弄一点儿水吗？'我说：'好啊，等我到美国转一圈，引太平洋的水来救你。'鱼一下子把脸板起来了：'等你小子把太平洋的水引来，我就只剩下太平洋的深深伤心了，你也别来这儿找我了，直接到超市卖鱼罐头的地方找我好了。对了，要想从那么多鱼罐头里认出我来，一定注意看标签上印的生产日期，我大概都已经过了保质期了。'"

我们把《庄子》前后这两篇联系起来看看，一个人再怎么"逍遥游"，到饿肚子的时候毕竟没法"乘天地之正，而御六气之辩"啊，还是得向势利小人低头借粮食去。这就是人生。


# 神秀的镜子和慧能的垃圾桶

"心念不为外物所染，这就叫作无念。"——染（污染）与净（干净），这是禅宗的一对矛盾主旋律。简要来讲，慧能的禅法是做减法，神秀的禅法是做加法。所谓加法，是说修行者应该努力努力再努力，大搞题海战术，悬梁刺股，克服千难万险，功力越来越高，最终达到成佛这一目标；所谓减法，是说修行者应该减负，想吃就吃，想玩就玩，想学习了也没人拦着你，等把心里的担子全放下来，都放空了，也就成佛了。这些担子，就是"染"；本来的心性，就是"净"。

　　神秀也说人人心里都有佛性，这和慧能是一样的，但在神秀看来，佛性就像一面镜子，本来是清清亮亮的，但上面早已堆积了无数的人生尘埃，镜子的光亮一点都发不出来。那该怎么办呢？擦镜子，使劲擦，每天都要擦，湿布用完用干布，"时时勤拂拭"，去污粉、洁厕灵、砂纸、刷子一起上，只要肯卖力，总有一天能把镜子擦出来。当然，擦出来之后也不能放松，神经还得紧绷着，还得天天擦，因为这世界的污染实在太厉害了，脏东西天天往镜子上落。

　　而慧能所理解的佛性更像一只垃圾桶，不过这垃圾桶是没有底的，可是人们因为执着，便总是把各种各样的垃圾牢牢地握在垃圾桶里不肯放手，随着垃圾越来越多，人也越来越累。慧能告诉大家：你只要别再执着，别那么累，放轻松，放开手，垃圾自己就会从桶底一下子漏下去的。这个垃圾桶本来就空空如也，上边没盖，下边没底，不管外面的世界有多少垃圾，才一扔进来就会从底下漏出去，毫不黏滞。


　　慧能的这个见解是当时的一大革命，可慧能前边明明说他的这套佛法是从祖师爷那儿传下来的，这是怎么回事呢？

确实，无论慧能禅还是神秀禅，在印度都有源头，所以把禅宗说成纯粹本土的宗教是不大确切的。"心性本净，客尘所染"本来是印度上座系的观点，他们认为心的本性是清净的，之所以清净之心不能解脱，就是因为受了外界的污染。所以，解脱之道就是去除污染。

上座系在这个问题上充分表现出了印度佛教的特色：复杂的分析与思辨，建立了一整套令人眼花缭乱的论证体系，把"心"分出了八十九种范畴，大范畴又套小范畴，等等。简单再简单地来说，他们认为去掉污染的方法就是禅定，从禅定当中对心性做出深入的分析研究，最概括的分析是把心理现象分为九类，每一类都有各自的专有名词，比如，平静状态叫"有分心"，分别善恶叫"分别心"，九种心迁流不息、循环往复，是谓"九心轮"，比《神雕侠侣》里金轮法王的独门武器还要多出四个轮子。最后，人死了，心也就变成了"死心"（又是一个从佛教而来的常用词）。

我们追踪到祖师爷的家法，会发现神秀才是真传，慧能才是旁门，神秀讲的"观心看净"正是上座系乃至在佛陀以前就流行于印度大地的禅定方法，而慧能着力批判的也正是这种方法。不过这就没法说了，历史都是由胜利者书写的，在宗教史上也是一样，只是慧能胜得并不完全。现在我们能够看到的结果是，慧能系统几乎一统禅宗天下，但事实上，坐禅的套路始终未废。

神秀的擦镜子我们可以说成"舍弃一切"，慧能的倒垃圾我们可以说成"没有执着"，这两点其实有着共同的源头，都是小乘佛教

"四无量"所谓"慈、悲、喜、舍"中"舍"字的意思。

"四无量"也不是小乘的原创，而是印度各宗各教共通的内容，只是在解释上各有差别而已。后来大乘宗师龙树著《菩提资粮论》，以"万法一如"的思想囊括一切，认为既然万法一如，没有分别，自然也就无可执着；既然无可执着，也就自然而然地舍弃了一切。

于是，"舍"这个概念就分为小乘的"有执着、下功夫的舍"和大乘的"无执着、自然而然的舍"——这我们就看清楚了，前者正是神秀禅，后者正是慧能禅。

## 借诗说禅·借儒说禅

苏轼有一首名篇《定风波》，很多人都能背诵的：

　　莫听穿林打叶声。何妨吟啸且徐行。竹杖芒鞋轻胜马。谁怕。一蓑烟雨任平生。
　　料峭春风吹酒醒。微冷。山头斜照却相迎。回首向来萧瑟处。归去。也无风雨也无晴。

前两句："莫听穿林打叶声。何妨吟啸且徐行。"你下你的雨，我走我的路，这就是不为外物所扰，不执着于外物。很简单，这就是慧能说的无相。

"竹杖芒鞋轻胜马。谁怕。一蓑烟雨任平生。"身无长物，垃圾桶里没东西，无可舍弃自然无可执着。只是"一蓑烟雨任平生"还是"有我之境"，如果换一个字，变成"一蓑烟雨是平生"，就接近万法一如的"无我之境"了。这大概是苏轼的性格和修养使然，他所传达的意思是"我就这样，谁能把我怎么着"，有一种不屈不挠的情绪在里边。以人格修养和诗词艺术来看，这都是好的，我的评语是只谈禅而不论其他。

"料峭春风吹酒醒。微冷。山头斜照却相迎。"这句很妙，正是所谓"念念无住"，心理活动随着身体的自然反应（酒醒）和外界环境的自然变化而自然流转，念念相续、念念无住。

"回首向来萧瑟处。归去。也无风雨也无晴。"这个"回首"也非常自然，不是"惊回首"，也不是"蓦然回首"，只是自然而然，似乎毫无来由的一个回首。"也无风雨也无晴"就是无念，风雨阴晴只是我的所见、所闻、所知、所感，可以让我生出自然的反应，却不会沾染我那颗清净的心。

无相、无念、无住，这"三无"都在苏轼这一首《定风波》里。当然，假使苏轼复生，会不会认可我的解读，这得另说。


宋代二程兄弟都是理学大师，有一天两人一同赴宴，宴会上有歌伎陪酒。理学家置身这种场合会是怎样的反应呢？小程愤然离席，大程却照吃照喝，谈笑风生。第二天，小程余怒未消，到书房去找哥哥，责备他昨天失了尊严。大程笑道："昨天座中有伎，我心中无伎；今天书房无伎，你心中有伎。"这话只说得小程自叹不如。

这故事和大家熟悉的两个和尚背女人过河的故事如出一辙，只是主人公变成了理学宗师。顺便一提，慧能禅风在宋、明时代深入主流文化圈，儒家弟子们看上去却像禅宗弟子。朱熹注《中庸》，说《中庸》是"孔门传授心法"，这话完全是一副禅师的口吻，但即便如此，坐禅入定的功夫在他们那里同样盛行，像二程、王阳明他们都是很能打坐的。在打坐过程中体悟天理人心，培养浩然之气，追求那个与真如佛性异曲同工的终极真理。


# 为什么没有就是有？


一个穷书生到寺庙里借宿，和尚见他一脸穷酸相，就对他爱答不理，态度冷淡。过不多时，寺院里来了一位高官，这和尚颜色大变，跑前跑后，满脸堆笑，张罗个不停。

书生越看越气，等和尚一闲下来就质问和尚："你这人怎么这么势利，对人家那么恭维，对我就这么冷淡！"

和尚打起了机锋："不客气就是客气，客气就是不客气。"

书生抬手就打。和尚大怒："你怎么打我？"

书生说："打就是不打，不打就是打。"


这个故事流传很广，佛门的这种机锋大家也都很熟悉。小男生、小女生们也常常这么打打禅机：爱就是不爱，不爱就是爱；生就是死，死就是生。一说起来都好像高深莫测的样子，一旦应用在现实生活中马上就会出现问题。

农民工找包工头讨薪，包工头说："没给就是给了。"

学生高考落榜，对家长说："落榜了就是考上大学了。"

这显然是很荒谬的。但是，这种说法又确实有佛经里的出处，这是怎么回事呢？高僧们都是弱智吗？

当然不是。佛学当真称得上博大精深、玄而又玄，我有时候不免惊叹：这些高僧假如把功夫花在物理上，早就成爱因斯坦了。

佛家讲空讲无，说法很多，这里不能一一列举，只好拣几个简单的来说。

先拿前边讲过的无相下手。无相，《金刚经》说："凡所有相，皆是虚妄，若见诸相非相，即见如来。"无论客观现象也好，名词概念也罢，这些都是"相"，都是虚妄的，山（客观现象）是虚象，正义（名词概念）也是虚象，当你看到山、看到正义这两个概念，不认为它们是真实存在而认为它们是虚象的时候，你就会认识到所谓真如实象了。这个实象是什么，你可以叫它真如、涅槃、如来、佛性、法身……总之，是佛法修行的终极目标。这就像《黑客帝国》里的尼奥终于看清了他一直生活于其中的那个"真实世界"原来只是电脑创造出来的虚象，有了这个觉悟之后，尼奥就看到了"实象"。所以，当你认清了"无相"的时候，你也就达到了"实象"。所以，无相也就等于真如实象、终极真理。

佛学最最根本的一个理论就是缘起论，前边讲过一些。我们常用的"因缘"这个词就是从佛教来的——"因"指直接原因，也叫"正因"，"缘"指间接原因，也叫"缘因"（我们现在还常说正因和原因），世上的一切事物都是在因果关系里打转，由因缘而生，也由因缘而灭，如《中阿含经》说："因此有彼，无此无彼，此生彼生，此灭彼灭。"这个理论后来各家各派解释不一，大乘宗师龙树提出了一个"缘起性空说"，很著名，很多人应该都听说过，所谓缘起性空，大略是说万事万物都是因缘聚散，本身没有自性。举个例子，就像人也好、狗也好、石头瓦片也好，都是由同样一些基本粒子因为阴差阳错的什么关系组合而成的，人拆散了是一堆原子，石头拆散了也是一堆原子，这些原子增增减减，今年的你和去年的你虽然还是同一个人，但你的构成物——原子——已经换过好几茬了。所以人并没有人性，狗也没有狗性，石头也没有石头性，都不过是一堆原子的因缘合和而已。这就叫自性本空，简称"性空"。为什么性空，因为万事万物都是因缘生灭，根本就没有自性，所以叫"缘起性空"。

那么，如果万事万物都是空，我们连说话都没法说了，想想看：人不是人，狗不是狗，石头也不是石头，都是没有自性的空。所以，理论归理论，在现实中我们还得屈就一下，把这些个"空"赋予不同的概念、名义，比如，把这样因缘组合的一堆原子叫作人，把那样组合的叫作狗，等等，这些概念、名义，龙树称之为"假有"，也叫"假设"（又一个从佛典里出来的常用词）。于是，因为是"空"，所以需要假设为"有"，又因为"有"不过是权宜之下的假设，所以本质上仍然是"空"。推到现在，看，空即是有，有即是空，这就推出来了。

这个"空"，只是说事物没有自性，而不是说事物并不存在。所以，龙树既不论定事物的真实存在，也不论定事物根本就不存在，也就是说，龙树说"有"是说"假有"而不是"实有"，说"空"是说

"自性本空"而不是"空虚无物"。这就是"不着相，不着空"，谓之"中道观"或"中观"，这是对中国佛教界影响很大的一个理论。

《金刚经》里，须菩提说佛陀讲的佛法是"非法非非法"，意思是，既不是佛法，也并非不是佛法；说"是佛法"不对，说"不是佛法"也不对。

这就违反我们的逻辑常识了，而《金刚经》这样说并不是要挑战形式逻辑的排中律，它的解释是，没有固定不变的佛法。这话说得一点不错。比如，我们常说佛家怎样怎样，儒家怎样怎样，佛家讲人人都可以成佛，儒家讲天理人心，而事实上呢，佛家有的宗派讲人人可以成佛，有的宗派不认为人人可以成佛，这个时候讲人人可以成佛，那个时候讲人人都不能成佛，儒家也是一样，就像我在《隐公元年》的序言里讲的：

> 历代经学家往往自以为或自称解得了孔子真义，认为自己的义理正确与政治正确是坚实地建立在事实正确的基础之上的，然而他们的很多论断却禁不起严格的历史考据。
>
> 经学家们互相攻击，以自己的"正解"打击别人的"误读"，而自己又往往被别人视为误读，这些事绵延不绝两千年之久，是为误读史的另一层含义。
>
> 这种种所谓的正解与误读冲突、互补、融合、灭亡、新生，许多由不靠谱的考据引申出来的"大义"真实地在现实社会政治思想中发挥着巨大影响，又不断衍生出新的义理与新的政治

思想——这就是一种立体的、活的经学，而不仅仅是经典文献的文本考据学。

我为什么说了解误读比了解正解重要，是因为真正影响历代社会政治思想的与其说是孔子，不如说是披着孔子外衣的董仲舒、杜预、何休、孔颖达、朱熹、王阳明……

这是一个人们不断地赋予经典以意义的过程，同时也是人们给自己所生活的世界赋予意义的过程，这些被人们所赋予的意义反过来又深切影响着人们自身，是为前文所述的贝格尔之论，这是经学史的宗教性一面。

所以，当我们说儒家思想如何如何、佛家思想如何如何的时候，要知道我们其实很难找到一个一以贯之的儒家传统或佛家传统。因此在说"非法非非法"的时候，我们不是在谈论一块石头，说它既是石头又不是石头，而是在谈论一个过于宽泛的集合性概念，这两者是不可同日而语的。

再有一点就是前边刚刚讲过的"超越二元对立"。好比我们说生就是死，死就是生。按照常理，一个人不可能同时既是活人也是死人，佛法也没有挑战这个常理，而是说当我们站在一个"超越"的角度来看的时候，比如，以宇宙的寿命为参照系，那么一个人的生和死之间的差异是可以忽略不计的。

还有一个常见的说法是"菩提即烦恼，烦恼即菩提"。菩提就是道，就是涅槃，就是觉悟，烦恼怎么可能就是觉悟呢？

禅宗有一则故事，说文殊菩萨派善财童子出门采药，善财童子随手拔了一根草回来交差。在我们一般人看来，善财童子肯定不算一个好员工，采个药都这么敷衍，要是派他送信给加西亚，还不知道会怎么样呢。但善财童子自有他的道理："山河大地无不是药，难道随手拔的草就不是药吗？"

　　文殊菩萨会是什么反应呢？表扬还是批评？

　　菩萨的思维方式毕竟和我们常人不同，他看了看这棵草，说："这草既可以救人，也可以杀人。"

　　从这个故事里我们体会一下慧能"超越二元对立"的意思。然后呢，再看看竺道生的话："药用得不是地方，就会变成毒药；砒霜用对了地方，毒药也变成良药了。佛是心病的良医，随手一抓就是良药。"

　　那么，如果你已经体悟到自心的佛性，随便什么都是良药，都是好东西，就算烦恼也会是良药，也会是好东西；如果你体悟不到自心的佛性，什么东西到你这儿都会成为烦恼，菩提也是。

　　看，烦恼即菩提，菩提即烦恼，既不是文字游戏，也不违反逻辑。

　　烦恼即菩提，后文还会有一个慧能版的解释，这里先按下不表。


　　再有"破除主、客观对立"。我和你，我和狗，我和山……这方才也讲过，我们再来想象一下，我们生活在这个世界上，就好像一滴水生活在大海里，是完全融合在一起的，哪个是水，哪个是海？当然我们在文明社会是很难找到这种感觉的，社会的发展是私有产权越来越明晰，私人域界也越来越分明，大概没有几个人还能进邻居家不打招呼就拿走一沓现金。

破除二元对立，破除主、客观对立，这是在《维摩经》里就详细讲过的，慧能的这些思想应该和《维摩经》有很大的渊源，他在最后也以《维摩经》的文辞作为归纳。

最后我再捎带一个：为什么懂就是不懂，不懂就是懂？

我把一段佛教史和佛学写得通俗易懂，推论力求不超出证据所允许的极限，讲逻辑，讲证据，初中以上文化的人全能看懂，所以，会有很多人说我不懂，说我主观臆断、信口开河、误人子弟等等；可如果我讲得玄而又玄，更多地诉诸感悟和直觉，把没影的事说得栩栩如生，对佛学理论的解释虽然语言浅显，意思却常常搞得高深莫测，说某一佛法上达天人之境，下启量子力学，是一切法，是一切非法，非法非非法，天王盖地虎，只可意会，不可言传，妙不可言……虽然我说的话连我自己都不大懂，但肯定不少人会很崇敬地认为我很懂。信仰，一定要带几分神秘感的。

# 六

善知识！此法门中，坐禅元不看心，亦不看净，亦不言不动。若言看心，心元是妄，妄如幻故，无所看也。若言看净，人性本净，为妄想故覆盖真如，离妄念，本性净。不见自性本净，心起看净，却生净妄；妄无处所，故知看者却是妄也。净无形相，却立净相，言是功夫。作此见者，障自本性，却被净缚。若不动者，不见一切人过患，自性不动。迷人自身不动，开口即说人是非，与道违背。看心、看净，却是障道因缘，今说汝知。

此法门中，何名坐禅？此法门中，一切无碍，外于一切境界上念不起为坐，见本性不乱为禅。何名为禅定？外离相曰禅，内不乱曰定。外若离相，内性不乱，本自净自定。只缘境触，触即乱，离相不乱即定。外离相即禅，内不乱即定，外禅内定，故名禅定。《维摩经》云：即时豁然，还得本心。《菩萨戒》云：本源自性清净。善知识！见自性清净，自修自作；自性法身，自行佛行，自作自成佛道。


# 你想亲眼看见佛祖吗？有办法！

慧能说："各位，我这套禅法里讲的坐禅既不需要观想自心，也不需要保持清净，这套所谓'看心看净'的坐禅法门我是不会讲的。为什么呢？如果说观想自心，自心本来就是虚妄不实的，幻影一般而已，怎么能拿幻影来作为观想的对象呢？如果说保持清净，人的本性本来就是清净的，只因为有迷妄之念，真如佛性才难以显露，只要摆脱了迷妄之念，真如佛性也就自然显露了。所以说，如果认识不到'自性本清净'的道理，却执着于'保持'自性清净，这就南辕北辙了。

"清净根本是没有形象的，可有人非要给它确立一个形象来作为观想的对象，反而会受到这个'保持清净之念'的束缚。坐禅一动不动，其实不动的应该是自性而不是身体。什么叫自性不动呢，就好比看到别人有了错误却不会生起计较之心，而愚昧的人只是身体不动，摆出个坐禅的样子，可一开口就说人是非，这与佛法根本是背道而驰的。所以说，看心看净一动不动地坐禅不但修不成佛，反而是修佛的障碍。"

坐禅、打坐、冥想、瑜伽，几千年来流派众多，方法各异，所谓"看心看净"就是很重要的一门，楞伽师就是这个传统，神秀在北方也是这么教大家的。简单来说，坐禅需要意念专注，首先要做的是清除杂念，然后还要观想一个目标——前边讲过的"壁观"就要打坐的人在心里观想墙壁的土色，直到体悟到天地合一、梵我无二的境界。

这种内心专注于一个具体目标的方法难度在于：如果目标是一个具体的、有形象的事物（如墙壁），这还好办，一旦目标是无形的（如心性），这可怎么办呢？

权宜之计就是，把无形的目标形象化。在这方面最典型的是净土宗。《般舟三昧经》给人们提供了一个方便法门：你想亲眼看见佛祖吗？有办法！没有神通法力的凡夫俗子也能做到。首先，要严格遵守戒律，要把东坡肘子、AV女优全给忘掉，然后找一个清净的地方，七天七夜观想阿弥陀佛。七天七夜之后，阿弥陀佛就会如同镜中之像一样显现在你的眼前，亲自向你开示佛法。

这真管用吗？管用，有成功的先例。庐山慧远的一位著名追随者刘程之就是用这种方法坐禅，但不是七天，而是半年，半年之后终于在禅定之中看见了佛祖在空中显现，金光万丈，天地同辉。事见

《广弘明集》。

仅仅一个例子还嫌缺乏说服力，还有其他：慧永和尚生了重病，眼看就不行了，忽然起来要穿鞋，好像看见了什么似的。大家都很吃惊，问他怎么回事。慧永说佛祖来了。话音才落就过世了，终年八十三岁。事见《高僧传》。

同类的例子还有很多，不仅在典籍记载当中，就是在现实生活中也有不少。当然有人会说这是心理现象，就像一个人饿了一个月之后看什么都像火腿（因为他天天都在全心全意地"观想"火腿）。现在一些励志书里也教同类的方法，比如，让你每天早晨出门前对着镜子默念或大喊一百遍"我是最棒的"。

但这些例子暴露了一个问题：火腿是大家常见的，可有谁是以前见过佛祖的呢——无论是弥勒佛还是阿弥陀佛？你又怎么知道你见到的就是真的佛祖呢？也许是魔鬼化装成佛祖的样子来骗人的，毕竟道高一尺、魔高一丈，修行越深就越容易遇到这种情况；再者，如果从没见过佛祖，你在那七天七夜专心观想的对象又是什么呢？就好像我从没见过张三，就算再想让心中充满张三也不知道从何充满起呀！

这就是佛像的作用。前边讲过，佛教本来是禁止造像的，这就像基督教禁止给天主造像的道理一样。天主是有形的吗？是和人类长得一样吗？

但一方面教义抵不住人情，另一方面内心的观想总需要有个形象才好，于是各种佛像也就应运而生了。在净土宗的初期，庐山慧远对禅定的强调远在念佛之上，也因为观想对象需要被形象化，所以庐山的寺院里佛像很多。当然我们现在的佛像更多，只是大多已经从禅定观想的对象变成了烧香磕头的对象了。

在慧能看来，本来无形的你非要变成有形，然后再去观想这个有形，既不是回事儿，而且你的心也会被这个有形束缚住，会被你对坐禅的执着心给束缚住。像那种七天七夜专注于一个佛像的坐禅肯定是执着心超大的，而执着心恰好就是坐禅的大障碍。

有破有立，你说人家不对，那你怎么坐禅呢？如果意志力不够专注，谁又能坐得下去呢？一会儿想挠挠痒，一会儿又担心美国会不会又打伊拉克了，这禅还坐得住吗？

慧能斩钉截铁地说：禅，根本就不是坐出来的。


# 老鼠心理学


慧能这就告诉大家什么才是真正的坐禅："在我的禅法里，一切都是自由自在、了无障碍的。所谓坐禅，对一切外界事物不起心念为'坐'，认识到自性本来清净为'禅'。所谓禅定，对外界的事物不执着为'禅'，内心不乱为'定'。《维摩经》说：'一念之间豁然开悟，发现自心佛性。'《菩萨戒经》说：'人的自性本来就是清净的。'各位，既然自性原本清净，就应该不假外力、自己修行；既然自性就是法身，就应该自己去走成佛之路。师父领进门，成佛靠自己。"

慧能这是把坐禅、禅定的传统概念完全颠覆掉了，字面虽然还是原来的字面，但内涵已经完全变了样。从此，禅，再也不需要坐，再也不需要定了。

前边说过，人心向简，所以速成班常能招到很多学员，但是，一个显而易见的事实是，虽然顿悟法门后来风行天下，但坐禅入定也依然流行，这是为什么呢？

这个问题前边已经做过一些解释，接下来，恕我不敬，讲一个老鼠的故事。

一只特殊的箱子里有一只老鼠，它要想吃东西就得去压一下箱子里的一根杠杆。而食物其实是定时提供的，时间间隔是一分钟。也就是说，不管老鼠压多少次杠杆，只要一分钟没过完，食物是不会掉进箱子的。只有在等满一分钟的时候去压杠杆，食物才会掉进来。

一段时间之后，老鼠长经验了，它虽然没有手表，却也掌握了这个一分钟的时间规律，于是，它只会在一分钟将至的时候集中做出反应，不会再胡乱压杠杆做无用功了。

另外一只箱子里还有一只老鼠，也是靠压杠杆来获得食物，与前一只老鼠情况不同的是，提供食物的时间间隔很不规律，有时候只过三十秒就有食物，有时候要等三分钟才有，平均值是一分钟。一段时间之后，这只老鼠也长经验了——他会比前一只老鼠更加频繁地去压杠杆，而且，虽然食物出现的时间不规律，但老鼠压杠杆的活动却变得更加均匀了。

这个老鼠的故事不是我瞎编的，而是心理学家做过的一个实验。这个实验说明了什么呢？人类在这点上的表现和老鼠是一样的，比如，一家生产佛像的工厂向工人支付报酬的标准是，每加工完一百尊佛像就可以领取一百元报酬，那么这个工人很可能会努力完成一百尊佛像，然后休息一会儿，领完工资后再开始第二轮工作；而如果这个工厂是随机支付报酬的，工人就会把自己的工作安排得均匀得多。

现在说回到参禅。同样，打坐带来的神秘体验也是没有规律的，就像第二只老鼠的情况一样，你可能连续打坐七天七夜真就看见了阿弥陀佛，而下一次可能要连续打坐一年才再看见阿弥陀佛一次。于是，阿弥陀佛出现在你眼前的随机性就会使你养成规律而均匀的打坐习惯。

从反面来说，人们生活在这个世界上，很需要培养起对世界的一种可控感，也就是说，觉得外部环境在一定程度上是可以受自己主观把握的。比如，农夫耕田，春种之后他知道会有秋收。但如果连续多年天气异常，一会儿龙卷风，一会儿大地震，水灾完了是旱灾，春种和秋收之间不再有稳定的因果关系了，对农夫而言就是变得"不可控"了，于是，农夫就会表现为：一、情绪低落；二、动机不足（他会想：既然无论做什么都没用，那就干脆别做了）；三、认知障碍（即便当环境好转的时候农夫也往往意识不到）。这就是心理学上所谓的"习得性无助"。

现在回忆一下前边的比喻，和大体上一分耕耘、一分收获的盖楼相比，盖楼的人是很容易发生这种习得性无助的。这就是慧能禅法在心理学上的一个弱点——它会使很多人无所适从。所以发展到后来，顿悟这个看上去速成班式的说法被普及开来，但坐禅入定的功夫从来没被废过，甚至还有人打着南宗禅的旗号传授坐禅的方法。

你可以说老百姓愚昧，不理解佛法真谛，歪曲禅宗的核心精神，但事实上，正是他们这种不求甚解、不经理性、不走大脑的选择真正帮助他们在当下的现实世界上（而不是虚无缥缈的来生）健康地生活了下来。人类，作为物种生存来讲，不讲理性、不走大脑的选择往往就是好的选择——即便对于一些选择我们可能一时无法参透个中奥妙，但要记住：适者生存的大自然早已在几百万年的时间里教会了人类很多很多。吃水不忘挖井人，这个道理是哈耶克告诉我们的。

# 七

善知识！总须自体，与授无相戒，一时逐慧能口道，令善知识见自三身佛。于自色身，皈依清净法身佛；于自色身，皈依千百亿化身佛；于自色身，皈依当来圆满报身佛。

色身是舍宅，不可言归。向者三身在自法性，世人尽有，为迷不见，外觅三如来，不见自色身中三身佛。善知识！听汝善知识说，令善知识依自色身，见自法性有三身佛，此三身佛从性上生。

何名清净法身佛？善知识！世人性自本净，万法在自性。思量一切恶事，即行于恶；思量一切善事，便修于善行。知如是一切法尽在自性，自性常清净。

日月常明，只为云覆盖，上明下暗，不能了见日月星辰。忽遇惠风吹散，卷尽云雾，万像参罗，一时皆现。世人性净，犹如青天。慧如日，智如月，智慧常明。于外着境，妄念浮云覆盖自性，不能明彻。遇善知识，闻真法，吹却迷妄，内外明彻，于自性中万法皆见。一切法在自性，名为清净法身。自皈依者，除不善行，是名皈依。

何名为千百亿化身佛？不思量，性即空寂，思量即是变化。思量恶法，化为地狱；思量善法，化为天堂。毒害化为畜生，慈悲化为菩萨。智慧化为上界，愚痴化为下方。自性变化甚明，迷人自不知见。

一念善，智慧即生；一灯能除千年暗，一智能灭万年愚。莫思向前，常思于后，常后念善，名为报身。一念恶，报却千年善心；一念善，报却千年恶。灭无常已来，后念善，名为报身。

从法身思量，即是化身。念念善，即是报身。自悟自修，即名皈依也。皮肉是色身，是舍宅，不任皈依也。但悟三身，即识大意。


# 唯物的佛和唯心的佛


慧能说："各位，你们得自己领会了，我才能向你们授无相戒。大家请跟我把下边的话念三遍，好好认识一下自身本来具有的三身佛：'以自己的色身（肉身）皈依清净法身佛；以自己的色身皈依千百亿化身佛；以自己的色身皈依未来功德圆满的报身佛。'"

按现在的演讲技术来看，慧能这是调动起了台上和台下的互动，增强大家的参与感，时机也拿捏得恰到好处。那么，大家念的这些法身佛、化身佛、报身佛都是什么意思呢？

以上这三者统称为三身佛，具体怎么解释，各有各的说法。在大乘佛教看来，所谓法身佛就是真如佛性，也就是慧能称为本性、本心的东西；化身佛是佛的变化之身，佛为了度化六道众生，根据不同情境化身成不同的样子，比如，在医院化身成医生，在军队化身成将军，要想度化猪狗牛羊，也会有相应的化身（理论上是这么说的）；报身佛是指修习圆满的佛果之身，成佛后的释迦牟尼就是报身佛。

关于三身佛讲法很多，一般都有些唯物倾向，认为真有好多好多的佛以不同的面目生活在我们这个世界上，比如，你刚刚得罪过的一个同事，你刚刚用恶毒语言攻击过的一个网友，他们都可能就是亿万的化身佛之一。化身佛的存在看来大大增加了世人谤佛的机会，而谤佛据说是一种很大的罪过，可以让你转生下界，变猪变狗。所以大家说话做事千万要讲文明礼貌哦！

会令一些人大感欣慰的是，慧能显然不做这种唯物倾向的解释，而是转入唯心："色身不过是三身佛的居住之所，本来不能说是皈依它的。三身佛其实就在每个人的佛性当中，原本就在，只是世人迷妄，所以认识不到。人们总是向外去找三身佛，却不知道三身佛就在你们的心中。

"各位，世人的本性从来都是清净的，就像日月永远光明一样。浮云遮蔽了日月，人们便以为天是黑的，其实日月还照旧在浮云之上发着光呢，是为'自性常清净'，一旦有清风吹过，浮云散尽，那光亮便会呈现目前，这便是清净法身。清除自己不善的心念的行为，这便是皈依。

"什么叫千百亿化身佛呢？如果没有任何执着，自性就会保持空明状态；如果生起种种执着，自性就会发生变化。心中起了恶念，这恶念就会化为地狱；心中起了善念，这善念就会化为天堂。邪念化为畜生界，慈念化为菩萨界，智慧之念会化为上界众生，迷妄之念会化为下界众生。自性有许多变化，迷妄的人却察觉不到。只要萌生一个善念，智慧就会立刻产生。一灯能扫清千年的黑暗，一智能扫清万年的愚昧。

"什么叫报身佛呢？不要总是追忆过去，而要时常考虑将来。时常考虑将来，心中保持善念，这就是报身佛。若有一个恶念生起，就会扫尽千年的善念；若有一个善念生起，也会扫尽千年的恶念。任何时候，无论前念是善是恶，只要后念为善，就是报身佛。念念都是善念，就是报身佛。

"觉悟靠自己，修行靠自己，这就叫作皈依。我们的肉身并不是三身佛，只是三身佛居住的宅子。领悟了三身佛的道理，也就领悟了佛法的要义。"

慧能这番话在当时是很有针对性的，针对的是流行的他力信仰。大家整天忙着烧香拜佛、布施建寺、坐禅入定，期待佛祖能像救世主一样来拯救自己。这也难怪，人是很软弱的，世界又是不公平的，勇于抗争的人毕竟是极少数。慧能禅法是反观内心。这些说法将来还会被后学们不断发挥，比如，"无论前念是善是恶，只要后念为善，就是报身佛"，这显然就有了"放下屠刀，立地成佛"的苗头。

慧能这一反观内心，新问题就出现了：原来天堂地狱、六道轮回竟然不是客观存在的，而只是人心的产物，或者说，只是一种比喻而已。照这么说，地狱是不是没有那么可怕了呢？

地狱到底什么样？有说十殿阎罗的，有说十八层地狱的，都属于民俗和佛教的混合物，而且，中国的地狱说又和印度的地狱说大不一样，而印度的地狱说本身又有分歧。有人考证梵文原典，认为"地狱"一词的本意是"没有快乐"，如果此说属实，那么所谓"地狱"当指某种精神状态而已，却被后人给具象化了。

泰国高僧佛使比丘对地狱的解释更加值得参考，他的出发点是，佛陀不是个唯物论者，他不会以身为准则，以致说地狱是一个用铜锅煮人或煎人的地方，佛陀以"心"为准则。

佛使比丘从"心"的角度出发，对地狱的解释也是慧能风格的：

地狱的意思是焦虑（泰文字义为"灼热的心"），当人经历像被火烧烤一样的焦虑时，当下就化生为地狱众生，这是"心灵的投生"。身体虽然仍居留人道，但焦虑一生起，心就堕入地狱，如因怕犯错，或因怕被处罚，或因担忧威望受损，或由于其他种种原因而产生焦虑，这就是地狱。

这倒很像萨特当年那句著名的"他人即地狱"中的地狱的性质，地狱是一种心理状态，而不是实实在在的宇宙中的一个具体场所。

但是，如果承认这一点的话，顺理成章地往下推论，和"地狱"对应的"涅槃"和"极乐世界"等概念是不是也同样属于心理的范畴呢？比如说，我只要"相信"自己解脱了就真的是解脱了，我只要"相信"自己进入极乐世界了就真的是进入极乐世界了，反正这种事也没有客观标准，别人也无从验证。

但是，承认这个纯粹"唯心"结论会引发的问题是，对于很多人来说，没有威严实体的天堂和地狱不容易对人生构成足够的诱惑和恐吓。但佛陀本来似乎没想要诱惑谁和恐吓谁，他只是教人如何解脱世间之苦罢了。

那么，为什么那么多佛经里都不厌其烦地大讲客观存在的天堂地狱呢？天堂地狱是唯心还是唯物，这可没有中间道路，从逻辑上讲，要么两个全错，要么只对一个，不可能两个都对。这就涉及佛教当中另一个著名的争议了：了义和不了义。


# 了义和不了义


了义和不了义，现在对佛教稍有了解的人对这一对概念应该都不陌生。了义就是彻底的、究竟的佛法，不了义就是不彻底、不究竟的佛法。竺道生当初提出过一个著名的"四依"，其中之一就是"依了义，不依不了义"，这对后世的影响是很大的。

那么，既然"依了义，不依不了义"，对那些阐释不了义的佛经我们不看不就完了吗？而且，为什么佛教要搞出不了义的佛经呢，这不是制造混乱吗？有人说，不了义也要学，比如，南怀瑾就是这么讲的："有些小乘的经典，甚至后世还有伪造的经典，靠不住的。但是诸位听了以后不要认为靠不住，看都不看，都要看，你看了知道哪个是不对的。所以譬如有些人讲这是外道，我说你学过没有。外道我怎么学它。那你怎么晓得它是外道呢？你知道了，才知道这个是外道。"

是这样吗？我们追溯一下历史脉络就会发现：所谓不了义，既不是错误的佛法，也不是外道。了义和不了义的分歧起源于印度佛教上座系与大众系之争（另一说是大众系两派分裂之争），大众系的主张被称为"一说"，其性质近乎于"两个凡是"：凡是佛说的都是对的，凡是佛说的都应该全盘接受；而上座系则主张"分别说"，认为对佛说的话要辩证地来看，要结合具体的时间、背景和因材施教的对象。正是这种"分别说"提出佛说法有了义，也有不了义，要加以区别。了义和不了义都是佛说的法，所谓不了义，既不是错的，也不是外道。

所以，不了义的意思应该是"权宜之说"。大乘就常常这么来说小乘，他们承认小乘经典也是佛说的，但又说那只是佛的"权宜之说"，并非究竟之谈。比如，《法华经》称小乘为"譬喻化城"，"化城"就是"幻化之城"。大家大概一下子能联想到流行小说《幻城》，其实我解释成"幻化之城"不大严谨，因为在佛教的说法里，幻和化的意思是很不一样的：魔术师大变活人，这叫幻；孙悟空施展神通变出一个活人来，这叫化。"化学"是不是就很像"神通变物之学"？

化城的譬喻是说一位导师带领大家远行，走到中途大家都坚持不住了，纷纷打起了退堂鼓，导师就用法术变化出了一座城市，带大家进去休息，等大家都休息好了，导师说："咱们还得继续往前走。"不了义就是这座"化城"，真正的目的地还远在前方呢。

所以，实体化的天堂地狱，救世主形象的佛陀，坐禅入定的修行方式，这些我们都可以视之为不了义，是化城，是权宜之说。唯一的问题是，那些认为天堂地狱就是实体、认为佛陀就是救世主、认为坐禅入定就是正途的人会不会也说自己才是了义、慧能这套才是不了义呢？

不单是佛所说有了义和不了义，历代高僧也常常会感时伤世，力主方便法门。明朝禅宗一度中衰，上焉者耍机锋、弄奇巧，下焉者欺男霸女、打家劫舍，寺院每每变成了藏污纳垢的地方。大家看看"三言二拍"，里边反映当时的风土人情，可把佛门损得够呛。但不论大局怎么糟糕，个把好人总是有的，莲池大师有心力挽狂澜，他像祖师爷慧能重新定义戒、定、慧那样重新定义了经、律、禅："如果有人愿意持律，那好，戒律是佛制定的，干脆念佛好了；如果有人愿意念经，那好，经的内容都是佛所说的，干脆念佛好了；如果有人愿意参禅，那好，禅就是佛心，干脆念佛好了。我在这里奉劝诸位：赶紧念佛去吧！"

莲池大师这话乍看有理，稍微细想一下就知道很没逻辑，但莲池大师既不是农村老太太，也不是文盲，他出身江南望族，受过良好的儒家教育，是个知识分子型的和尚。但在他看来，挽救没落的世风是很重要的，而要达到这个目的，靠修习禅法已经不好使了。

莲池大师算是禅净双修，但他的禅法讲的正是慧能最反对的坐禅，他的净土信仰又主张一门心思念佛，这也正是慧能极力反对的。但是，如果慧能来到明朝，看到宗风和唐朝大有不同，他又会怎么想呢？是不是也只好讲讲不了义、讲讲方便法门呢？

# 八

今既自皈依三身佛已，与善知识发四弘大愿。善知识一时逐慧能道：众生无边誓愿度，烦恼无边誓愿断，法门无边誓愿学，无上佛道誓愿成。[三唱]

善知识！众生无边誓愿度，不是慧能度。善知识！心中众生，各于自身自性自度。何名自性自度？自色身中邪见愚痴迷妄，自有本觉性，将正见度。既悟正见，般若之智除却愚痴迷妄众生，各各自度。邪来正度，迷来悟度，愚来智度，恶来善度，烦恼来菩提度。如是度者，是名真度。

烦恼无边誓愿断，自心除虚妄。

法门无边誓愿学，学无上正法。

无上佛道誓愿成，常下心行，恭敬一切，远离迷执，觉知生般若。除却迷妄，即自悟佛道成行誓愿力。

# 四弘大愿

慧能继续调动着场上的情绪，发了四个大愿，让大家跟着自己念三遍："众生无边誓愿度，烦恼无边誓愿断，法门无边誓愿学，无上佛道誓愿成。"

"众生无边誓愿度"是大乘佛教的一个普遍精神，不像小乘一样只求自己解脱，而是要在解脱之后重入世间普度众生。但慧能提醒大家："普度众生是不假，但师父只能领进门，修行还得靠个人。每个人心里都有佛性，只能靠自己来发现，别人是没办法越俎代庖的，佛也不行。"

"自己怎么才能发现自心的佛性呢？这就要靠般若智慧了。拥有了般若智慧，就可以扫除一切愚昧和迷妄，转眼就能发现佛性，解脱自己。"佛教无数的派别，讲解脱主要有两条路：一是靠般若智慧，二是靠强大的愿望。像慧能、唐僧，乃至竺道生、龙树、提婆，都是前者的代表，简单说就是"明白了"；净土宗就是后者的代表，农村老太太哪知道佛学是怎么回事，哪知道这么多佛经里这么深奥的道理，要想"明白"实在强人所难，但一门心思地念诵佛号，每天都虔诚地念上几万遍，最后召唤来了阿弥陀佛或是弥勒佛，靠他们的力量接引转生佛国天堂。所以，前者也可以说是自力解脱，后者也可以说是他力解脱；前者是"明白"的解脱办法，后者是"糊涂"的解脱办法。

事实上无论慧能怎么强调自力解脱，世人大多喜欢后一种办法，毕竟人是脆弱的，常常渴望心理依靠。人又是怕担责任的，而他力解脱会给人一种卸责的轻松感。心理学的动机理论可以在现实生活中找到大量的例证，比如，我们在失败的时候往往归咎于人或者归咎于坏运气，而在成功的时候却归功于自己的努力。

慧能接着说："在般若智慧的指引下，邪见来了用正见度，迷妄来了用觉悟度，愚昧来了用智慧度，恶念来了用善念度，烦恼来了用菩提度。兵来将挡，水来土掩，这才是真正的救度法门。

"所谓烦恼无边誓愿断，是说用自心具有的般若智慧破除各种妄念；所谓法门无边誓愿学，是说我们要虚心修习佛门正法；所谓无上佛道誓愿成，是说我们的修行要常怀谦逊之心，以恭敬的态度对待一切，远离执着与迷妄。觉悟之心自会生出般若智慧，破除一切迷妄。这就是通过自己的觉悟、发挥誓愿的力量来成就佛道的道理。"

慧能这段话的核心一是"自己度自己，别想靠别人"，二是要以智慧来达到觉悟，但讲话形式和他的一贯主张很有一些矛盾。比如前边讲过，慧能教大家破除执着心，现在却搞起了发愿起誓，这发愿起誓不正是执着的一种极端表现吗？前边慧能教大家超越二元对立的观念，现在却讲了一大串的邪见与正见、迷妄与觉悟、愚昧与智慧、善与恶，这不都是明明确确的二元对立观念吗？就以第一个邪与正的二元对立来说，前边讲过善财童子采药的故事，一方面山河大地无不是药，另一方面良药可以杀人，毒药可以救人，这才是所谓超越二元对立的道理，但慧能此刻大讲邪正之分、善恶之别，又是什么道理呢？

# 九

今既发四弘誓愿讫，与善知识无相忏悔三世罪障。大师言：善知识！前念后念及今念，念念不被愚迷染，从前恶行一时悔，自性若除即是忏。前念后念及今念，念念不被矫诳染，除却从前矫诳心，永断名为自性忏。前念后念及今念，念念不被嫉妒染，除却从前嫉妒心，自性若除即是忏。[三唱]

善知识！何名忏悔？忏者终身不作，悔者知于前非。恶业恒不离心，诸佛前口说无益。我此法门中，永断不作，名为忏悔。

# 讲顿悟也需要讲忏悔

发完了四弘大愿，慧能开讲无相忏悔，带大家忏悔三世罪业。

忏悔这个词也是从佛教来的，忏是来自音译，悔是来自意译，两相结合，是为忏悔。忏悔原本的意思是把自己做过的错事向别人坦白，请求宽恕，后来演变成宗教仪轨。但正像我们一直看到的那样，宗教的专业术语到了慧能这儿总会被赋予全新的解释，完全不理会传统标准，于是，"忏悔"先是被慧能加了一个前缀"无相"，随后又被解释说："各位，前念、今念、后念，所有心念都不为愚妄所污染，从前的恶业能够同时从自性中清除出去，这就是忏悔。前念、今念和后念都不为愚妄所污染，破除从前的不实之心并使之永不再生，这就叫自性忏悔。前念、今念和后念都不为愚妄所污染，破除从前的嫉妒之心并使之永不再生，这就是忏悔。"这些话大家跟着慧能一起念了三遍。

慧能继续解释："各位，什么叫忏悔呢？所谓忏，就是终生不做恶业，所谓悔就是认识到从前的错误。在诸佛面前空口说白话是没用的，在我的这套法门里，只有将恶业彻底清除，使之永不再犯，这才叫忏悔。"

这些话看上去有点儿奇怪——如果是单独看，或者是出自其他哪位僧侣之口，我们是不会觉得奇怪的，可由慧能说出来却奇怪得很。这套忏悔理论明明还是传统佛教的说法，就算被冠上一个"无相忏悔"的新概念，内容也还是旧的内容，而且连"三世罪业"的说法都出现了，我们从这里似乎看到慧能从一个革命者的形象一步步地转为保守派了。

> 今既忏悔已，与善知识受无相三皈依戒。大师言：善知识！皈依觉，两足尊。皈依正，离欲尊。皈依净，众中尊。从今已后，称佛为师，更不皈依余邪迷外道，愿自三宝慈悲证明。
>
> 善知识！慧能劝善知识皈依三宝。佛者觉也，法者正也，僧者净也。自心皈依觉，邪迷不生。少欲知足，离财离色，名两足尊。自心归正，念念无邪故即无爱着，以无爱着，名离欲尊。自心归净，一切尘劳妄念，虽在自性，自性不染着，名众中尊。
>
> 凡夫不解，从日至日，受三皈依戒。若言归佛，佛在何处？若不见佛，即无所归。既无所归，言却是妄。善知识！各自观察，莫错用意！经中只言自皈依佛，不言归他佛，自性不归，无所归处。

慧能说："无相忏悔做完了，我该给大家授无相三皈依戒了。"慧能经常把一些旧有的专业名词加一个"无相"作为前缀，变成他自己的专有名词，我们以现代眼光看，他这是在创建自己的学术体系。

三皈依戒是佛教里边一个很重要的戒律，基本上凡是信佛的就得接受这个三皈依戒。所谓三皈依，就是皈依佛、皈依法、皈依僧——佛、法、僧是佛教的所谓"三宝"。郑和叫三宝太监，听上去是个很俗气的名字，其实是有佛源的。

但这个三皈依经慧能一讲，意思又全变了。

慧能说："各位，皈依觉悟，就是功德圆满的两足尊；皈依正法，就是摆脱一切执着的离欲尊；皈依清净，就是受世人敬仰的众中尊。从今以后，我们要以佛为老师，不可皈依邪魔外道。愿各位以自己心中的佛、法、僧三宝生发慈悲作证。"（"慈悲"这个词也是从佛教来的。）

慧能这里说的两足尊、离欲尊、众中尊，都是佛陀的尊号。人和动物的一个主要不同就是人能靠两条腿直立行走，所以比动物都尊贵，佛陀在两条腿的人里面又是最尊贵的，所以叫两足尊；佛陀能摆脱欲望和执着，所以叫离欲尊；佛陀是众生当中最最尊贵的，所以叫众中尊。佛教有各式各样的专业术语，实在是学佛的一大障碍，更要命的是对同一个专业术语往往存在着不同的解释，也说不清哪个解释才是标准答案，不同的术语之间发生冲突对立就更常见了。所以，对这三个"尊"，我就依其一说，简而言之好了。

那么，传统的三皈依不是要皈依佛、法、僧三宝吗？慧能怎么把佛、法、僧变成了三个尊呢？慧能接下来还要解释一下，说这三个尊其实就是佛、法、僧，就是三宝："我请大家皈依各人自性当中的三宝：觉悟就是佛，教义就是法，清净就是僧。皈依了觉悟就不会产生迷惘，从此清心寡欲、知足常乐，不碰女人不碰钱，这就是两足尊；皈依了教义就会啥都不贪、啥都不爱，这就是离欲尊；皈依了清净就不会为凡俗的世界所污染，这就是众中尊。

"凡夫俗子不明白这个道理，他们以为的解脱就是整天要求受三皈依戒，却根本不明白要皈依的究竟是什么。如果说要皈依佛，谁能告诉我佛到底在哪儿？连佛的影子都找不着你皈依谁去？各位请仔细想想，佛经里说的是'自皈依佛'，而不是说'皈依他佛'，这分明在告诉我们：佛就在我们每一个人的心里，如果不去皈依自己心里本来就有的佛性，就不会有别的可以皈依的地方了。"

慧能的这段道理是很要紧的，对后来的影响也很大，甚至道家也"拿来主义"了过去——道家也有个"坛经"，叫作《碧苑坛经》，说道教传统皈依道、经、师这三宝，而真三宝则是身、心、意。

佛家传统讲三皈依，皈依三宝，都是向外皈依，慧能强调见性成佛、自性自度，就把三宝说成人心里的主观概念了。如果按照学术标准，这就叫典型的概念先行，一切论证都为事先拟定的概念服务，不惜捏造论据，罔顾常理。但信仰毕竟是专门的领域，就算做不到自洽也没几个人会去深究，信徒们是很少关心教义辨析与宗派论战的，既然已经信字当先了，那还怀疑什么。

慧能在这段话里也展现了他比较实在的一面。总说解脱呀、顿悟呀，如果以普通人角度来看那些已经解脱了、顿悟了的人，他们到底是什么样呢？也就是说，现实生活中的佛应该是什么样的？所谓超脱轮回，这谁也验证不了，除此之外还有什么表现呢？你说你悟了，悟了以后又如何呢？慧能给出了一个实实在在的描述："清心寡欲、知足常乐，不碰女人不碰钱。"

宗教使道德优越感变得神圣，或者说，赋予了这种道德优越感以合法性。富有的信徒们也很少会因此受损，因为他们往往只会把这些告诫当作自己富有生活的一些清凉剂——是的，历史上很少见到有人因为信奉了佛教而抛弃了万贯家财去做一个真正的穷人，就像《圣经》里如此大力地宣传穷人得救的道理也没有使多少富人舍弃一切去过穷人的生活。教义告诉我们穷日子才是圣洁的，我们却经常烧香拜佛祈求致富。

今既自皈依三宝，总各各至心，与善知识说摩诃般若波罗蜜法。善知识虽念不解，慧能与说，各各听！

摩诃般若波罗蜜者，西国梵语，唐言大智慧彼岸到。此法须行，不在口念，口念不行，如幻如化。修行者，法身与佛等也。

何名摩诃？摩诃者是大。心量广大，犹如虚空。若空心坐，即落无记。空能含日月星辰，大地山河，一切草木，恶人善人，恶法善法，天堂地狱，尽在空中。世人性空，亦复如是。

性含万法是大，万法尽在自性。见一切人及非人，恶之与善，恶法善法，尽皆不舍，不可染着。犹如虚空，名之为大，此是摩诃。迷人口念，智者心行。又有迷人，空心不思，名之为大，此亦不是。心量大，不行是少。莫口空说，不修此行，非我弟子。

大家既然已经皈依了自性三宝，慧能呼应开头，给大家开讲摩诃般若波罗蜜法："摩诃般若波罗蜜，这是梵文，按我们唐人的话说就是大智慧到彼岸。大家虽然口头上常常念诵这几个字，却并不真正明白它的意思，所以我得给大家讲讲。"

这就是禅宗祖师爷和后来的徒子徒孙一个很不同的地方，不打机锋，不弄玄虚，老老实实地用老百姓能听懂的话解释佛学概念。但现在一提起禅宗，大家脑子里全是机锋公案，对《坛经》风格却所知不多了。时至今日，这一现象仍然启发着文化产品的市场定位——貌似深刻的东西容易赢得市场关注。

慧能的话说得有些浅显了，远没有像他的徒子徒孙那样貌似深刻，他可真是禅宗史上难得一见的实诚人呀。慧能接着说："摩诃的意思是大，人心广大，如同虚空，在这虚空之中可以容纳日月星辰、山河大地，一切恶人善人、恶法善法，万事万物尽在这虚空之中。世人的本性之空，正是这样。"

"世人的心性可以容纳万事万物，这就是大，就是摩诃，一切人与鬼、善与恶，人心都可以容纳，也都不为它们所染着。"慧能这样解释摩诃，正像"海纳百川，有容乃大"，或是唐太宗说的"五岳凌霄，四海亘地，纳污藏疾，无损高深"。五岳那么高的山，四海那么大的海，不都是藏污纳垢的吗？原文用的词是"纳污藏疾"，也就是我们现在说的"藏污纳垢"，在现代汉语里是个常用的贬义词，但是唐太宗说了：五岳和四海免不了会藏污纳垢。这话一点儿不错，比如，我们上泰山看看壮美风景，可美丽的山坡上不也没少散落着没素质的游客随手乱扔的饮料瓶和包装纸吗？唐太宗接着说：可是，这些小垃圾无损于山之高，也无损于海之深。

用大海来做比喻是很贴切的，有多少污浊被全世界无数条河流冲进了大海，可大海依然是蓝色的大海，随你冲进来什么，都不会激起我的一点儿水花，清流与浊流都不拒绝，既不因清流而喜，也不为浊流而怒。所以慧能从这里出发，认为传统佛教那套坐禅入定的功夫是大错特错的，如果起了坐禅入定的执着心，就好像大海斤斤计较于要让自己变成所谓清净的大海，只纳清流而拒绝浊流，只欢迎金鳞鲤鱼而排斥虾兵蟹将。但如果真的这样做了，大海也就不成其为大海了，修佛如果真的这样修了，人也就永远成不了佛了。

慧能这里解释"性空"，和一般的佛学思想也不一样，倒像是《老子》的那一套，把人的心性看作是一种无形的空，唯其空，所以能够容物，这也和印度的佛学传统不一样了，倒是和《大乘起信论》的说法相近。把理论推广到实践层面，理所当然就该反对坐禅。慧能一以贯之的思想与其说是顿悟，不如说是反对坐禅。从读者角度来看，判断一个学说到底是什么意思，经常很难从它"是什么"来看清楚，因为一句话、一种思想往往可以被做出多种解释，甚至是任意的解释，而最能真切体现该学说之内涵的是它说自己"不是什么"，或者它在旗帜鲜明地"反对什么"。比如，我们说社会主义经济到底是什么，有人说是完全的计划经济，对；有人说是不排斥市场经济，也对；但如果有人说就是彻头彻尾的资本主义市场经济，马克思说什么也不干的。

慧能多次申明他的禅法"不是什么"和"反对什么"，这是任何人也做不出自洽的曲解的。慧能就是反对坐禅，而且是一而再再而三地反对坐禅。虽然后世自称是慧能嫡系的禅师们也大有鼓吹坐禅的，我们也大可以承认他们的禅法，但如果他们说这就是慧能亲传的南宗禅法，我们就会知道这是数典忘祖的荒唐话。

# 十

何名般若？般若是智慧。一切时中念念不愚，常行智慧，即名般若行。一念愚即般若绝，一念智即般若生。心中常愚，自言我修。般若无形相，智慧性即是。

何名波罗蜜？此是西国梵音，唐言彼岸到。解义离生灭，着境生灭起，如水有波浪，即是于此岸。离境无生灭，如水永长流，即名到彼岸，故名波罗蜜。

迷人口念，智者心行。当念时有妄，有妄即非真性；念念若行，是名真性。悟此法者，悟般若法，修般若行。不修即凡，一念修行，法身等佛。

善知识！凡无即佛，烦恼即菩提，前念迷即凡夫，后念悟即佛。

善知识！摩诃般若波罗蜜，最尊最上第一！无住无去无来，三世诸佛从中出。将大智慧到彼岸，打破五阴烦恼尘劳。最尊最上第一，赞最上乘法，修行定成佛。无去无住无来，是定慧等，不染一切法。三世诸佛从中，变三毒为戒定慧。善知识！我此法门，从中出八万四千智慧。何以故？为世有八万四千尘劳，若无尘劳，般若常在，不离自性。

悟此法者，即是无念无忆无著，莫起诳妄，即自是真如性。用智慧观照，于一切法不取不舍，即见性成佛道。

善知识！若欲入甚深法界，入般若三昧者，直修般若波罗蜜行。但持

《金刚般若波罗蜜经》一卷，即得见性，入般若三昧。当知此人功德无量，经中分明赞叹，不能具说。

此是最上乘法，为大智上根人说。小根智人若闻法，心不生信。何以故？譬如大龙，若下大雨，雨于阎浮提，如漂草叶；若下大雨，雨放大海，不增不减。若大乘者闻说《金刚经》，心开悟解。故知本性自有般若之智，自用智慧观照，不假文字。

譬如其雨水，不从无有，元是龙王于江海中，将身引此水，令一切众生，一切草木，一切有情无情，悉皆蒙润。诸水众流却入大海，海纳众水，合为一体。众生本性般若之智，亦复如是。

小根之人，闻说此顿教，犹如草木根性自小者，若被大雨一沃，悉皆自倒，不能增长。小根之人，亦复如是，元有般若之智，与大智之人亦无差别，因何闻法即不悟？缘邪见障重，烦恼根深。犹如大云覆盖于日，不得风吹，日无能现。般若之智，亦无大小。为一切众生自有迷心，外修觅佛，未悟自性，即是小根人。闻其顿教，不信外修，但于自心令自本性常起正见；烦恼尘劳众生，当时尽悟。犹如大海纳于众流，小水、大水合为一体，即是见性，内外不住，来去自由，能除执心，通达无碍。

心修此行，即与《般若波罗蜜经》本无差别。一切经书及文字，小大二乘，十二部经，皆因人置。因智慧性，故能建立。若无世人，一切万法本无不有，故知万法本从人兴，一切经书因人说有。缘在人中有愚有智，愚为小故，智为大人。迷人问于智者，智人与愚人说法，令使愚者悟解心开。迷人若悟心开，与大智人无别。

故知不悟，即佛是众生；一念若悟，即众生是佛。故知一切万法尽在自身心中，何不从于自心，顿现真如本性！《菩萨戒经》云：戒本源自性清净。识心见性，自成佛道。即时豁然，还得本心。

# 怎样到彼岸，逝者如斯夫

慧能继续解释摩诃般若波罗蜜法："什么是般若呢？就是智慧。无论何时，自己的一切心念都远离愚昧，永远表现出智慧，这就叫修习般若正行。哪怕只有一个愚昧的念头出现，般若就会断绝；如果有一个智慧的念头出现，般若就会产生。总有些人自心常常处在愚昧的状态却自称修习般若，好像般若是外在的什么东西，其实呢，般若没有形象，人的智慧本心就是般若。

"什么叫波罗蜜呢？这是梵文的音译，汉语的意思叫'到彼岸'，也就是'脱离生死轮回'的意思。怎样才能到彼岸、才能脱离生死轮回呢？如果一个人对外界事物有所执着，就会生起生灭之心，就像水的波浪拍岸，永远停留在此岸；如果自心能够远离外物、不执着于外物，就像河水永远在奔流，这就是'到彼岸'。

"愚昧的人只会口头念佛，智者则善于内心体认。愚昧的人在念佛的时候，心中必然存在某种执着，一有执着也就离佛远了。只有一切心念都合于般若才是真正的念佛。各位，你们要体认自心的般若呀，如果做不到这一点，你们就永远只是凡夫俗子，永远摆脱不了生死轮回。般若境界并不难达到，只要心中有一个念头契合般若境界，这一刻你就是佛。"

河流的比喻颇有一些诗意。我们的心应该是什么样子的呢？应该像一条奔流不息的河流，既不为岸边最美丽的风景停留，也不为河底最难缠的水草驻足，永远是自然而然，奔流而去，纵然被石头击起水花，这水花也只是应境而起、过境而灭。如果你的心念也能像这样的一条河流一样，你就可以摆脱生死轮回，彻底从苦难的人世间解脱出去。

这样很难吗？按慧能的说法是一点儿都不难的，因为我们的心本来就是河流，只不过我们整日整夜地忙于竖堤立坝，忙于拦河蓄水，忙于围河造田，于是我们离世间越近，离佛越远，于是我们离苦难越近，离解脱越远。

因为念佛而生起的执着又是什么样子呢？就像我们努力使一条河流向大海，为了这个目的，我们不辞劳苦地忙于竖堤立坝，忙于拦河蓄水，殊不知这正是南辕北辙。只要我们可以放弃执念，只要我们可以顺其自然，河水便会"青山遮不住，毕竟东流去"的。


慧能讲得很动听，但为什么他这个理念终无法流行，因为他的目标还是印度传统佛学的目标，是要脱离生死轮回，而这与中国强大的现实主义是不合拍的。大家念佛、拜佛，有哪一个心中没有执念呢？就算不是为了升官发财、消灾祈福，至少也是为了给不平衡的心理找些平衡，为了有一个更好的心态来面对这个险恶的人生，为了能在受伤的时候有一处心灵港湾。所以慧能面临着这样一个难以调解的矛盾：乐天知命的人不会有多少参禅修佛的欲望，现实主义的芸芸众生之所以会参禅修佛无不是为了心中的"有所求"，也就是

"有所执着"。于是，前者最有可能修成正果却没必要修佛，后者渴望修佛却没可能修成正果。

## 饿了就吃，困了就睡，什么事都无所谓

慧能说："各位，烦恼也就是菩提。如果前一个心念是迷妄的，那他就是凡夫俗子；如果后一个心念是觉悟的，那他就是佛。"

慧能的意思是，凡夫与佛只在一念之间。烦恼即菩提也是这个道理，心还是那颗心，烦恼和菩提也只是一念之间的差距而已。对这一点我们前边已经讲过一些，慧能后文还会再讲。

慧能一再给大家讲顿悟成佛不是梦，听上去也很有道理，不过这样的佛肯定距离人民群众的向往太远——只不过是觉悟了而已，一点神通都没有。但原始佛教里的佛陀就是这个样子的，所谓烧出来的舍利也不过是火化技术不发达而留下来的遗骨罢了，并不像现在一些高僧的舍利那样光芒万丈、变化无穷。慧能这个革命者这回倒有点儿回归传统了。

慧能接着做总结："各位，所谓摩诃般若波罗蜜，是最尊贵的，是至高无上的，是第一位的，它的特点是无住、无去、无来，而过去、现在、未来的三世诸佛都是从这里产生的。为什么说它是最尊贵的、至高无上的、第一位的呢？因为运用摩诃般若波罗蜜，就能破除五蕴中的一切烦恼；如果各位能赞颂这一最上乘的佛法并依此

修行，就一定能够成佛。所谓无住、无去、无来，这就是集定与慧于一身，不为一切事物所染着。三世诸佛正是通过摩诃般若波罗蜜才把贪、嗔、痴这三毒变成了戒、定、慧三学的。"

这段话，如果你是个修行者，应该天天诵读，以坚定信心；如果你只是想了解一下，那就别太当真。佛教各种派别尽是这样的话，谁都说自己才是最高法门，是最尊贵的、至高无上的、第一位的。

《坛经》接下来的内容很多都是车轱辘话来回说，我这里就避免重复，择其要点了。

慧能说："谁要想掌握终极真理，就应该直接修习般若波罗蜜法，只要把《金刚经》的精神领会好了，就可以认识到自身的佛性，进入般若三昧的境界，功德无可限量。"慧能在这里明确地捧出了《金刚经》为终极经典，和达摩以来的楞伽师风格愈行愈远了。

慧能接着说："这是最高的佛法，是专为资质极佳的人准备的，如果是资质差的人，听了是生不出什么信仰的。这就好像龙王降雨，大雨落到城镇村庄里，一切都像草叶一般飘飘摇摇，但大雨若是落到大海里，海水却不增不减，依然固我。如果是真有大智慧的人，一听《金刚经》就会顿时领悟解脱，可见人的本性之中本来就具有般若智慧，自己只要运用这般若智慧就不必借助于语言文字。

"般若智慧是人生而有之的，就像刚刚说过的雨水，难道它是天上所有的吗？不是的，这些雨水原本都是大海里的水，只不过被龙王吸到天上而已，终究还是会流归大海的。大海不加分别地容纳着所有的水，成为一体，众生本性中的般若智慧也是这样。"

慧能这段话非常巧妙，首先就把反对意见给拒之门外了——如果有谁反对，有谁表示不理解，那就说明他是个资质很差的人。这和皇帝的新衣是同一种逻辑，当然慧能的新衣也许是真的。

既然一阐提都能成佛，资质差的人也是有佛性的，先天也具有般若智慧，和资质好的人没有差别。但为什么资质差的人就开悟不了呢，因为他们贪念太重、执着太强。我们可以想想我们自己，想想我们身边的人，凡是那些在小学就争当三好生的人，那些在中学立志报考名校的人，在大学忙着准备GRE的人，在求职的时候挑三拣四的人，在工作岗位上积极努力的人，全都符合资质差的标准。如果你就是这样的人，你应该自卑一下；如果你身边有这样的人，你心里应该平衡了。

那应该怎么做呢？慧能讲得很清楚，要让心念自然流转，对外界的一切事物既不贪图也不执着。这是纯理论的说法，如果拿到实际操作的层面，可以归纳成这样一句人生格言："饿了就吃，困了就睡，什么事都无所谓。"

这绝对不是我胡乱发挥，确实这就是禅宗真谛，只是让我拿粗俗的话一说就失去了原先的神秘光环了。同样的道理，我们还是听听禅师的解释。马祖道一的学生慧海有一段著名的对话录：这一天，有个律师来找慧海，问……

我先解释一下，律师这个称呼古来就有，但不是搞法律的，这个律是佛教经、律、论三藏典籍中的律，这方面的专家就叫作律师，到现代社会我们就把这个词转义来用了。

话说回来，这位律师来找慧海，问道："您现在修行还用功吗？"

慧海回答说："用功呀。"

律师问："那您是怎么用功的？"

慧海说："饿了就吃，困了就睡（饥来吃饭，困来即眠）。"

律师被搞糊涂了，问道："只要是个人，谁不是饿了就吃，困了就睡呢？难道他们这也叫用功修行吗？"

慧海说："其他人吃饭睡觉和我的吃饭睡觉那是大不一样的。"

律师问："怎么个不一样法？"

慧海说："他们该吃饭的时候不吃，百种需索；该睡觉的时候不睡，千般计较。这就是我们的不同之处呀。"

慧海大师说的可比我有哲理多了。看，修行就是这么简单，成佛就是这么简单。

真的这么简单吗？如果从修行境界角度来谈，慧海大师的该吃就吃、该睡就睡，虽然和普通人一样，甚至和猪一样，但境界大有不同。普通人该吃就吃、该睡就睡，这就是禅法修为里最初阶段的"见山是山，见水是水"，后来一修行，事情就复杂了，于是"见山不是山，见水不是水"，这是第二阶段，等修行到了慧海大师这种程度，由繁入简，返璞归真，似乎又回到该吃就吃、该睡就睡的第一阶段了，但这只是貌似而已，境界却已经大不相同了。就像前边讲过的孙悟空的例子，孙猴子没有紧箍，斗战胜佛也没有紧箍，但斗战胜佛和孙猴子的境界可是两重天呀。

但慧海大师的这个境界，如果从我们普通人的视角来看总觉得不易理解，虽然很现实的唯物主义也有这样的讲法——马克思的理想人生就是，上午打猎，下午捕鱼，傍晚畜牧，晚上研究哲学，每一个特定的时间都在做自己自然要做也碰巧喜欢的事情。这是一种伟大而简单的生活呀。

真的这么简单吗？不一定哦。慧海大师并没有解答出一个前提问题：饿了就吃，没吃的怎么办？困了就睡，没睡的地方怎么办？

比如，你已经失业很久了，除了西北风什么也吃不着，这该怎么办？上有八十岁老母，下有三个月的孩儿，眼看就要饿死了，这该怎么办？房子已经卖掉了，全家人露宿街头，马上就到冬天了，这该怎么办？

所以慧海这两条标准看似简单，其实是要有前提的：一要有钱，二要有闲，总之是饿了能有东西吃，困了能有地方睡。

现在，你这个拖家带口的流浪汉终于找到了一份零工，老板要求早晨五点上班，晚上十点下班，迟到一分钟就扣一天的薪水，加班很频繁还没有加班费。你从早晨五点干到晚上吃饭的时候，你心里能没有"百种需索"吗？从早晨干到晚上，实在是困得不行了，你敢睡吗？你心里能没有"千般计较"吗？

于是，为了获得可以"饥来吃饭，困来即眠"的先决条件，你就不得不"百种需索，千般计较"。

时间又过了两年，你工作得非常努力，全家人已经可以基本过上"饥来吃饭，困来即眠"的神仙日子了，这时候你就可以不再有"百种需索，千般计较"了吗？还不行，你会担心等哪天你干不动了，或者又失业了，或者家里有谁生了一场大病，那不又得回到解放前吗？这种未雨绸缪的考虑使你丝毫不敢松懈，继续早出晚归，饿了不能吃，困了不敢睡。注意哦，这就是贪念和执着。试问，你能克服得了吗？

贪婪是人的本能，甚至是生物的本能。骆驼喝一次水会喝很多，因为未来的日子里可能很多天也找不到水源；狮子一顿可以吃到肚子贴地，因为它很难保证每天都能打到猎物。人类的身体储存脂肪的能力也是在漫长的进化过程中这么发展出来的，只是现在社会发达了，这种在漫长的历史过程中大大提高了人类生存机会的重要能力反倒变成了一种负担，人们开始减肥了。

归根结底，第一，贪欲是生物的本能，人类也不例外，和本能作对是困难的；第二，有饭吃、有房子住是先决条件，如果饥来没饭、困来没床，那就麻烦了。

那么，佛教是怎么解决这些问题的呢？中国历史上的很多时期，寺院都是很富很富的，皇室有赏赐，百姓有捐献，寺院拥有大量的田产、佃农和奴婢。神秀号称"两京法主，三帝国师"，走的也是这个路线。后来为什么神秀这派一蹶不振，慧能南宗发扬光大，除了神会的努力和教义的差异之外，一个现实的因素是，唐武宗会昌灭佛，断了和尚们的生路，大多数寺院都是靠供养来维生的，生活一无着，也就别谈什么弘法的事了，但慧能那里主张自力更生——不仅是修习佛法上要"自性自度"，生活上也不大依赖供养，而是自耕自养，靠那么一亩三分地自己养活自己。慧能这派之所以被称作农民禅就有这个意思在：完全是小农意识，无论佛法还是生活全都自给自足。于是，平时看上去这些山林里的和尚还得辛辛苦苦地种地收割，一群泥腿子而已，哪像其他教派过得风光，但一遇到大灾大难，慧能他们的优势就显现出来了。

在印度，佛教的早期，这个问题就简单得多。热带地区本来就容易吃饱，如果讨饭，也会有人给，只要在玉米生长的地方，就没有讨不到饭的人。

话是这么说，但如果你只是孤身一人，事情总会好办得多，父母子女挨饿生病不能不管，自己挨饿生病倒不妨顺其自然。修行者要出家，要反对结婚生子，这都是很有道理的。修道就像混黑社会，亲人往往会成为拖累，你至少要经常担心他们被敌对帮派抓作人质来要挟你，被命运抓作人质就更让人难过了。

如果你没有什么拖累，又是孤身一人，解脱成佛应该不难，只要一瞬间就可以了。慧能说："未开悟时，佛就是凡夫俗子；开悟了之后，凡夫俗子就是佛。"

看，要说简单，就是这么简单。《维摩经》说，"即时豁然，还得本心"，开悟只在一瞬间。

# 十一

善知识！我于忍和尚处，一闻言下大悟，顿见真如本性，是故与教法流行后代，令学道者顿悟菩提。各自观心，令自本性顿悟。若不能自悟者，须觅大善知识示道见性。何名大善知识？解最上乘法，直示正路，是大善知识，是大因缘，所谓化导令得见佛；一切善法，皆因大善知识能发起故。

三世诸佛，十二部经，在人性中本自具有。不能自悟，须得善知识示道见性；若自悟者，不假外善知识。若取外求善知识，望得解脱，无有是处。识自心内善知识，即得解脱。若自心邪迷，妄念颠倒，外善知识即有教授，不得自悟。

汝若不得自悟，当起般若观照，刹那间妄念俱灭，即是自真正善知识，一悟即如佛也。

自性心地，以智慧观照，内外明彻，识自本心。若识本心，即是解脱；既得解脱，即是般若三昧；悟般若三昧，即是无念。何名无念？无念法者，见一切法不着一切法，遍一切处不着一切处。常净自性，使六贼从六门走出，于六尘中不离不染，来去自由，即是般若三昧，自在解脱，名无念行。莫百物不思！当令念绝，即是法缚，即名边见。悟无念法者，万法尽通。悟无念法者，见诸佛境界。悟无念顿法者，至佛位地。

善知识！后代得吾法者，常见吾法身，不离汝左右。善知识！将此顿教法门，同见同行，发愿受持，如事佛故；终身受持而不退者，定入圣位。然须传受时，从上已来，默然而付于法。发大誓愿，不退菩提，即须分付。若不同见解，无有志愿，在在处处，勿妄宣传；损彼前人，究竟无益。若愚人不解，谤此法门，百劫万劫千生断佛种性。

大师言：善知识！听吾说无相颂，令汝迷者罪灭，亦名灭罪颂。颂曰：愚人修福不修道，谓言修福而是道，布施供养福无边，心中三恶元来造。若将修福欲灭罪，后世得福罪还在；若解心中除罪缘，名自性中真忏悔。若悟大乘真忏悔，除邪行正即无罪；学道之人能自观，即与悟人同一类。大师今传此顿教，愿学之人同一体；若欲当来觅本身，三毒恶缘心中洗。努力修道莫悠悠，忽然虚度一世休；若遇大乘顿教法，虔诚合掌志心求。

大师说法了，韦使君、官寮、僧众、道俗，赞言无尽，昔所未闻。

## 新的传法凭据

慧能讲了解脱成佛很简单，马上就来现身说法："当初我在弘忍大师那里听他讲了这些佛法，马上就开悟了，当下就认识到了自己的真如本性。"看，一个活榜样就真真地坐在大家面前。

开悟的人就可以做老师了，慧能接下来就讲了一番什么才是真正高明的大师。大师有两种，一种是每个人自性当中的，毕竟自性要自度，不能向外求；另一种是一般意义上的老师，虽然自性要自度，但也要靠师父领进门。虽然各位都是"善知识"，但你们还需要"大善知识"来辅导。

慧能说："各位，我这顿教法门你们可得好好学，得立誓！只有终生牢记，永不放弃的，才可能进入圣位。"这句话不大好懂，前边明明讲了半天要放弃执着心、拘泥心，要念念无住，就连观想坐禅都是歪门邪道，为什么这里突然让大家立誓了呢？立誓不就是起了执着心吗？前边讲一念顿悟，这里怎么又讲"只有终生牢记，永不放弃的，才可能进入圣位"呢？

很费解哦，但我们已经没法去问慧能了。慧能接着讲一个人进了圣位之后要做什么："自己有了成就，别忘记帮助别人。你自己变成大善知识了，还得去开导其他的善知识。历代祖师都会把衣钵和佛法代代相传，所以，对那些立了重誓，发愿终身修行的人，就应该传衣付法。但要注意，如果遇到的人意志不坚定，见解和我不同，可千万别把衣法传给他，否则就是欺师灭祖。如果有笨蛋领会不了我的顿教法门，攻击诽谤，这种人将会永远丧失佛性，就算历尽百劫千生也不能成佛。"

慧能的这段话很是激烈，宗派色彩很重，而且把传衣付法的问题重点提了出来，还对"笨蛋"们大发诅咒，不大符合慧能时代的宗风，所以很多学者都认为这段并非慧能的原话，而是禅宗后学掺杂进去的。

讲座快到结尾了，慧能说："各位，现在听我来念《无相颂》。这个颂可以使你们之中的愚妄者消除罪业，所以也叫《灭罪颂》。"这个颂是说：

愚妄之人只修福田却不学佛理，居然还敢说修福田就是修佛，以为只靠布施供养就会获得很多好处，其实再怎么做也不会减少自己的罪业。只有懂得佛理，消除心中的罪恶之源，这才是真诚的忏悔，罪业也可能被消除。五祖让我传授他的顿教法门，愿意来学的就都是一家人。谁要想寻找自己的法身，就要把心中的贪、嗔、痴洗净。努力修佛吧，不要虚度时光，遇到好老师就诚心诚意地向他请教。

这个《无相颂》看上去一点儿也不无相，和我们熟悉的禅宗精神大相径庭，居然也讲起什么灭罪、忏悔来了。这就是革命先驱者身上旧时代的影子。

慧能的说法到这里就结束了，在座众人赞不绝口。接下来就到了答问的阶段，就和我们现在的讲座一样。

第三篇

# 答问

# 一

使君礼拜白言：和尚说法，实不思议！弟子尚有少疑，欲问和尚，望和尚大慈大悲为弟子说！大师言：有疑即问，何须再三！

使君问：法可不是西国第一祖达摩祖师宗旨？大师言：是。

弟子见说达摩大师化梁武帝，问达摩：朕一生来造寺布施供养，有功德否？达摩答言：并无功德。武帝惆怅，遂遣达摩出境。未审此言，请和尚说！

六祖言：实无功德，使君勿疑达摩大师言。武帝着邪道，不识正法。使君问：何以无功德？

和尚言：造寺布施供养，只是修福，不可将福以为功德；功德在法身，非在于福田。自法性有功，平直是德。佛性外行恭敬，若轻一切人，吾我不断，即自无功德。自性虚妄，法身无功德。念念德行，平等直心，德即不轻，常行于敬。自修身即功，自修心即德，功德自心作，福与功德别。武帝不识正理，非祖大师有过。

## 梁武帝对，还是达摩对？

讲座完毕，进入答问阶段。听众们也不体现一下众生平等的精神，居然是刺史大人头一个发言："大师您讲的佛法是不是达摩老祖的宗旨呀？"

慧能说："是呀。"

刺史问道："弟子听说，达摩老祖来华之后，梁武帝问过他：'我这一辈子又是造寺又是建塔，为佛教做了太多事情，我的功德怎么样啊？'达摩却说这些都算不上功德。梁武帝听得很郁闷，就把达摩打发走了。大师，达摩这样说究竟是什么意思呀？"

慧能说："达摩说得没错，梁武帝走的只是邪门歪道而已。"

刺史问道："到底为什么说梁武帝没有功德呢？"

慧能说："造寺建塔这些事都属于修福之举，福田不是功德。功德不在福田里，而在自己的本性之中。每个人的法性就是功，平等正直之心就是德。佛性的外在表现就是恭敬的态度，如果轻视别人，执着于自我，哪里还会有功德呢？修身就是功，修心就是德，功德都是由心性而来，和福田没有关系。梁武帝不明白真正的佛法，达摩说的却是一点儿都不错的。"


刺史问的这个问题是很多人都关心的问题，这个问题我们可以理解成：给佛爷上贡到底能不能获得好处？进而可以理解成：是不是给佛爷上的贡越多，自己获得的好处就越大？

这是一个非常现实主义的问题。大家出门旅游，进个什么名山大庙，烧一炷香、开一回光，少则几十元，多则几千元，都是很常见的。天文数字也绝不罕见，在有点儿名气的寺院甚至为除夕夜的第一炷香有人会出几十万、上百万的高价，有钱人还会频繁地给佛像重塑金身，搞得金粉没多久就堆积太厚，和尚们不得不给佛像勤做减肥工作。更有富人供养高僧活佛，出手之阔骇人听闻。大家为什么这样做呢？答案很简单：有所求。

如果梁武帝的逻辑成立，那么有权有势的人无疑是最占便宜的。既然佛门也是看人下菜碟，讲究投资回报率，那还是多挣钱、多捞权才是正途。

我们得承认，梁武帝的逻辑是符合人之常情的，而且非常重要的是，这居然是有理论依据的。西晋时期译出过一部《佛说诸德福田经》，就是在讲大家只要多做善事，比如，修桥补路什么的，就会得到福报。

虽然现实社会永远是"杀人放火金腰带，修桥补路无尸骸"，但根据心理学上由认知一致性而来的种种研究，人总是在给自己找平衡的——找平衡的情形有很多，比如，你花大价钱买了一个废品，那你就很容易给这个废品想象出某种重要价值；再如，故事里的梁武帝偌大的佛门投资被达摩一句话贬得一无是处，这是最容易造成认知失谐的，为了恢复心理平衡，梁武帝最有可能的做法就是更加坚信自己是对的，达摩是错的。为什么我们经常发现用最清楚明白的事实也无法说服别人，对方简直不可理喻，这往往就是认知失谐造成的。

同样，当事实和理论不符，那就修改事实。为什么"杀人放火金腰带，修桥补路无尸骸"呢？因为"不是不报，时辰未到"。为什么付出同样的努力，水平也差不太多，某某就功成名就，我却一直没有出头之日呢？因为某某前世积了德，我前世却造了孽。为什么我向佛门投资了这么多，可还是诸事不顺呢？因为你太着急了，不信你等到来生看看。种种平衡措施能使人的日子好过很多，这也正是宗教的一个重要意义之所在。

人总在有意无意地寻找平衡。善事做得越多，福报也就越大，这很符合"一分耕耘，一分收获"的原则，也很符合"一分钱，一分货"的心态。这难道不是很公平吗？

但是，这种心态显然和慧能一再强调的"念念无住"的主张不符。想求福报，这就是"有所求"，人一有所求，"我"的意念就重了，人我之别、物我之别也跟着重了。执念一起，自然而然的心念便被中断，法身脱离色身，没法解脱成佛了。这都是前边讲过的。这可怎么办呢？

传统佛教还讲"有求皆苦"，而求神、求佛、求福报，这些都是有求，自然也都是苦。那还求不求呢？

苦海无边呀。怎么办呢？回头是岸！只要你一回头，醒悟到无相、无念、无住的道理，拿出藏在心底的般若智慧这么一看：哎，什么福田呀，什么善有善报呀，都是幻象而已，不可执着，还是顺其自然的好。这一瞬间，你就解脱成佛了。

成佛之后会是什么样呢？是不是还得朝九晚五地讨生活呢？是不是还得在单位被领导管着，在家里被孩子缠着呢？很难想象呀。

# 二

使君礼拜，又问：弟子见僧众道俗，常念阿弥陀佛，愿往生西方。请和尚说，得生彼否？望为破疑。

大师言：使君听，慧能与说。世尊在舍卫国，说西方引化，经文分明，去此不远。只为下根说远，说近只缘上智。人有两种，法无不同。迷悟有殊，见有迟疾。迷人念佛生彼，悟者自净其心，所以佛言：随其心净，则佛土净。

使君！东方但净心无罪，西方心不净有愆。迷人愿生东方、西方，所在处并皆一种。心但无不净，西方去此不远；心起不净之心，念佛往生难到。除十恶即行十万，无八邪即过八千，但行直心，到如弹指。使君！但行十善，何须更愿往生！不断十恶之心，何佛即来迎请！若悟无生顿法，见西方只在刹那。不悟顿教大乘，念佛往生路遥，如何得达！

六祖言：慧能与使君移西方，刹那间目前便见，使君愿见否？使君礼拜，若此得见，何须往生！愿和尚慈悲，为现西方，大善！大师言：唐见西方，无疑即散。大众愕然，莫知何是。

大师曰：大众作意听！世人自色身是城，眼、耳、鼻、舌、身即是城门。外有五门，内有意门。心即是地，性即是王。性在王在，性去王无；性在身心存，性去身坏。

佛是自性作，莫向身外求。自性迷佛即众生，自性悟众生即是佛。慈悲即是观音，喜舍名为势至。能净是释迦，平直是弥勒。人我是须弥，邪心是大海，烦恼是波浪，毒心是恶龙，尘劳是鱼鳖。虚妄即是神鬼，三毒即是地狱，愚痴即是畜生，十善即是天堂。无人我，须弥倒；除邪心，海水竭；烦恼无，波浪灭；毒害除，鱼龙绝。自心地上觉性如来，放大智慧光明，照曜六门清净，照破六欲诸天；下照三毒若除，地狱一时消灭。内外明彻，不异西方，不作此修，如何到彼？座下闻说，赞声彻天，应是迷人了然便见。

使君礼拜赞言：善哉！善哉！普愿法界众生，闻者一时悟解。


# 把天堂和菩萨拿给你看


刺史问完了梁武帝和达摩的问题，没给别人留机会，接着又问了第二个问题。也是一个老百姓关心的俗问题："弟子看到出家僧尼和在家居士经常口诵阿弥陀佛的名号，发愿往生西天极乐世界。大师您给讲讲，这些人真能如愿吗？"

现在我得做个提醒：各位如果有修净土宗的，最好空过这段别看。警告完毕，咱们听听慧能是怎么说的："刺史呀，我好好给你讲讲。当年世尊——"

我得先解释一下世尊是谁。很多人都知道世尊就是佛陀，可是，叫佛陀不就完了，为什么还要叫世尊呢？世尊的意思是"为世人所尊"，这是佛陀的一个尊号。佛陀一共有十大尊号，像我们熟悉的"如来"和"佛"就是其中之二，另外还有八个大家不太熟悉的：应供、正遍知、明行足、善逝、世间解、无上士、调御丈夫、天人师。这些名号各有各的意思，当然都是赞美，就像我们说孔子是"伟大的思想家、教育家、政治家、军事家、某某家、某某家……"

慧能说："当年世尊在舍卫城的时候，说西方世界离现实世界并不是很远。西方世界到底是远是近，两种说法都有，这是根据听众资质的高下而有针对性地说的。笨蛋希望通过念佛往生西天，聪明人只要清净自己的心性就足够了。所以佛祖说：心净了，佛土也就净了。"这是慧能的一个重要说法："随其心净，则佛土净。"用我们现代的哲学概念来套，属于主观唯心主义。

慧能继续说："一个人就算住在东方，只要心净就没有罪业；一个人哪怕住在西方，心不净也一样会有罪业。笨蛋们希望自己往生这里、那里，其实哪里都一样。只要心性清净，离极乐世界就不远；如果心生妄念，念多少佛也没用。如果领悟了我的顿悟法门，转眼就可以到达极乐世界，那些只靠念佛的人念一辈子也到不了。"

慧能的牛皮好像吹大了，极乐世界转眼就能到吗？如果当场有人提出质问："你既然说得这么容易，可别都是天桥的把式，你给我们转眼到一个看看！"

如果遇到这样的问难，慧能会怎么办呢？

用不着别人问难，慧能自己就把话挑开了："刺史大人，我说西方极乐世界转眼就能到，现在咱俩就可以去。怎么样，你想不想跟我去看看？"

这可是一位佛教宗师在大庭广众之下对一位刺史大人说的话！一万双耳朵都在旁边听着呢，一万双眼睛也都在旁边观察着他们的一举一动。慧能大师这就要施展神通不成?

刺史可高兴坏了,连忙向慧能行礼:"现在如果在这儿就能见到西天净土,还何必发愿往生呢!您赶紧带我们看看极乐世界什么样,让我们大家都开开眼!"

慧能不慌不忙:"西天极乐世界我已经带着大家看到了。要是没有其他问题,今天的讲座就到此结束了,大家各回各家吧。"

慧能此言一出,大家全愣住了。刚才都满心期待着慧能施展神通,展现极乐世界的奇观,大师怎么转眼就要赖呀?

慧能一看把大家都唬住了,这才解释道:"每个人的身体都是一座城,眼睛、耳朵、鼻子、舌头、身体,就是五座城门。这五座城门是外门,里边还有一个意门。在这座城市里,人心就是土地,佛性就是国王。佛性若在,国王就在;佛性要是没了,国王也就没了。佛性若在,形神俱在;佛性要是没了,身体也就完了。佛在心中,莫向外求。自性若迷,佛就是凡夫俗子;自性若悟,凡夫俗子就是佛。大慈大悲就是观世音菩萨,乐善好施就是大势至菩萨,自性清净就是释迦牟尼佛,心平气和就是弥勒佛,人我之见就是须弥山,邪念就是大海,烦恼就是波涛,坏心眼儿就是恶龙,贪欲就是鱼鳖,妄念就是鬼神,贪嗔痴就是地狱,愚昧就是畜生道,十大善行就是天堂。不执着于人我之见,须弥山就会崩塌;破除了邪念,海水就会枯竭;摆脱了烦恼,波涛就会停歇;没了坏心眼儿,鱼龙就会绝迹。

"各位,每个人的心底都有佛性,佛性会大放智慧之光,把眼、耳、鼻、舌、身、意这六座城门照耀得清净通透。贪嗔痴如果被智慧的光明照破,地狱就会立刻消失,心中一片澄明,这不就是西天极乐世界吗？"

慧能这番话，整个把极乐世界、佛祖菩萨、天堂地狱做了全新的解释。如果说白了，佛也好，菩萨也好，并非真有其人；天堂也好，地狱也罢，并非真有其地，一切都是人的不同心态而已。这才是纯正的唯心主义呀。

此言一出，语惊四座，大家纷纷赞叹，刺史也再次向慧能行礼。其实这套道理震撼力虽大，等人民群众反应过味儿来还真不容易接受。

洪秀全的天堂才是最实在的，宫殿巍峨，美女如云，这曾让西方传教士们大为光火。阎王掌管的地狱才是最恐怖的，牛头马面、黑白无常，挑钢叉滚油锅，这才是我们熟悉的。老百姓是现实主义的，是唯物主义的，天堂地狱佛菩萨，一切种种都得是以客观实体的姿态出现才是最让人安心的。

# 三

大师言：善知识！若欲修行，在家亦得，不由在寺。在寺不修，如西方心恶之人；在家若修行，如东方人修善。但愿在家修行，清净即是西方。

使君问：和尚！在家如何修，愿为指授！

大师言：善知识！慧能与道俗作无相颂，尽诵取；依此修行，常与慧能一处无别。颂曰：

说通及心通，如日处虚空。唯传顿教法，出世破邪宗。教即无顿渐，迷悟有迟疾。若学顿教法，愚人不可迷。说即须万般，合理还归一。烦恼暗宅中，常须生慧日。邪来因烦恼，正来烦恼除，邪正俱不用，清净至无余。菩提本清净，起心即是妄，净性于妄中，但正除三障。世间若修道，一切尽不妨；常见自己过，与道即相当。色类自有道，离道别觅道，觅道不见道，到头还自懊。若欲探觅道，行正即是道。自若无正心，暗行不见道。若真修道人，不见世间过，若见世间非，自非却是左。他非我有罪，我非自有罪，但自去非心，打破烦恼碎。若欲化愚人，是须有方便，勿令破彼疑，即是菩提见。法元在世间，于世出世间，勿离世间上，外求出世间。邪见是世间，正见出世间，邪正悉打却，菩提性宛然。此偈是顿教，亦名为大乘，迷来经累劫，悟则刹那间。

大师言：善知识！汝等尽诵取此偈，依偈修行，去慧能千里，常在能边。此不修，对面千里远。各各自修，法不相待。众人且散，慧能归曹溪山，众人若有大疑，来彼山间，为汝破疑，同见佛性。

合座官寮、道俗，礼拜和尚，无不嗟叹：善哉大悟，昔所未闻！岭南有福，生佛在此，谁能得知！一时尽散。


# 出家也行，在家也行

慧能从极乐世界引申，讲了一下出家修行和在家修行的区别："各位，要想修习佛法，在家也一样能修，不一定非要出家为僧。出了家却不好好修行，就像西天的坏蛋；虽然在家却真心修行，就像东方的善人。无论出家还是在家，清净就是西天。"

慧能刚刚把传统的佛菩萨天堂地狱观给颠覆掉了，现在又把出家和在家之别给颠覆了一次。其实这倒不是慧能的首创，《维摩经》重点就讲过这层道理。但这也只是一家之言，绝不是佛教界所公认的。

但一般即便承认在家修行也可以的人，也不得不承认对于修行来讲，出家和在家的难度是不一样的。出了家，如果是加入僧团，就会有一个群体氛围；如果是挂单单练，也可以无牵无挂。在家就很不一样了，老婆哭、孩子闹，全家人意见不统一，麻烦总是很多。当然办法也不是没有，那就是把全家人都变成信徒——佛教史上一个很著名的榜样就是庞居士，连老婆带儿女全信了佛，一家人的日子过得很和谐。

庞居士是个大富豪，家财万贯。可是，修佛之人要这么多钱有什么用呢？换成一般的富豪，家里有一千万有可能捐给寺院十万，或者贪官贪污了一个亿有可能捐给寺院一百万，单看捐献额是很惊人，但放到他们的家业里算一下百分比，那就实在算不上什么了，至少体现不出心诚。如果佛祖真能保佑众生的话，一种公平的交易方法应该是这样的：不以绝对值来衡量，而以百分比来衡量。比如，一个赤贫的流浪汉花了一百元钱在佛前烧了一炷香，而这一百块钱是他全部的所有，他一旦没了这一百块钱，如果第二天佛祖不保佑他的话他就会冻饿而死，这样的一百元钱比亿万富翁的一百万应该更能赢得佛祖的垂青。

好啦，现在的问题是，庞居士想对自家的财产打打主意了。还有一个很重要的前提是，他们全家都是虔诚的佛教徒，不会阻挠庞居士的。

庞居士打算献出多少钱呢？第一，不是献，而是扔；第二，扔的是全部家产。

据说庞居士把全部家产都打了包，运到海边打算丢到海里，有过路人看见了很是心疼，劝说道："你还不如把这些财产捐出去或者修庙盖塔来用呀！"

　　庞居士说："这些都是害人的东西，所以我才打算扔掉。我哪能把害人的东西送人呢！"这个见解很深刻呀，想想我们自己，有几个人不是拼死拼活地去挣一点点害人的东西来害自己和老婆孩子呢？如果哪天你也能像庞居士一样想通了，不准备再做这些有害无益的事了，你的父母妻儿也会像庞居士的家人一样义无反顾地支持你吗？

　　在家修行总难免受到牵绊和拖累，像庞居士那样的例子只是万里挑一、凤毛麟角而已，还不一定都是真的。

　　但是，对很多人来讲，如果在家修行也能成佛，这是很有吸引力的，毕竟寺院的生活过不习惯，娇妻爱子又舍弃不下（如果你真想抛家弃子，就想想佛陀的榜样吧），工作上还有升迁的机会，经济上还有发迹的可能。哎，如果能安安稳稳地住着好房子，天天能吃到可口的饭菜，老婆越来越娇媚，儿子越来越可爱，仕途上步步高升，账户里财源滚滚，出门有高车驷马，进门有奴婢成群，抽空打个坐、念个经、烧个香、拜个佛，佛祖保佑天天能过好生活，死后还能上天堂，这有多美！如果佛教界能推出这么一个榜样，那才是人见人羡的。

　　毕竟对多数人来讲，放弃世俗生活是困难的，只有在世俗生活里实在找不到出路的时候才有可能剃度出家，隐遁山门。所以，如果有位大师出来，说在家修行和出家修行的效果是一样的，自然有着极大的吸引力。

　　慧能这么一说，听众果然很是关注。刺史赶紧问道："在家应该怎么修行呀，请大师指点一二。"

　　慧能说："我为在座各位作了一个《无相颂》，请大家好好记着，只要依此修行就可以了。"

　　慧能这个《无相颂》基本还是重复前边那些佛性、顿悟、三无、佛法就在世间之类的观点，比较新的是，真心修道的人并不责备世人的愚昧，如果专注于别人的过错，自己的过错就比人家还大，别人犯了错你不要去责怪，如果你责怪人家那你也就有罪了。这些话很像道德教诲，和基督的登山宝训如出一辙，实际上是有佛学理论做靠山的，这一点慧能后边还会详细说到。

　　现在我们只要记住结论就好，虽然多数人恐怕很难做到。在论坛上我们应该见惯了总有些人只看过两眼八手评论就敢信口雌黄、断人是非，还沾沾自喜地好为人师，但这实在是保持心理优越感的一个有效手段——责难他人会引发心理快感，这是被现代心理学证实了的。况且，无论是心理学还是社会经验都告诉我们：多数人对自己都会有些高估的，只是表现的程度不同而已。搞过婚介的人应该都有体会：你觉得这一男一女很是般配，见面之后他们往往会互相看不上。

　　所以这简单两句话，又在挑战着人之常情，想来能做到的人不会太多。成佛容易吗？说来容易做来难呀。


　　慧能说完了《无相颂》，最后叮嘱大家："你们可都得按我说的去做哦，否则的话，就算和我面对面坐着也如同咫尺天涯。好啦，现在大家就散了吧，我也该回曹溪山去了，谁要是还有疑问可以到曹溪山找我。"

答问部分到此结束，结果只有刺史大人一个人在提问，实在显得有点儿势利。其他人不知道是没有问题呀，还是没提，或者提的问题被《坛经》的编纂者省略掉了？

听众们纷纷施礼，纷纷赞叹，各回各家了。下面一部分讲的，就是曹溪世界的一些修行故事。

第四篇

# 曹溪

# 一

　　大师往曹溪山，韶、广二州行化，四十余年。若论门人，僧之与俗，三五千人说不尽。若论宗旨，传授《坛经》，以此为依约；若不得《坛经》，即无禀受。须知法处、年月日、姓名，递相付嘱。无《坛经》禀承，非南宗弟子也。未得禀承者，虽说顿教法，未知根本，终不免诤。但得法者，只劝修行。诤是胜负之心，与道违背。

　　世人尽传南宗能，北宗秀，未知根本事由。且秀禅师于南荆府当阳县玉泉寺，住持修行；慧能大师于韶州城东三十五里曹溪山住。法即一宗，人有南北，因此便立南北。何以渐顿？法即一种，见有迟疾，见迟即渐，见疾即顿。法无渐顿，人有利钝，故名渐顿。

## 南能北秀

　　慧能在曹溪一住就是四十多年，所教授的僧俗信众有三五千人之多。要说他的法门宗旨，便是传授《坛经》，以《坛经》为传法的凭证，谁如果得不到《坛经》，就说明没受过慧能的真传。传付《坛经》也不是简单地把书一给就算完了，而是要把得法人的姓名、得

228　·　思辨的禅趣

法地点和时间都记清楚。没有得到《坛经》传承的便不是南宗弟子，这些人虽然也听过顿教法门，但只知皮毛，难免会因为教义而起争端。只有那些真正得法的人才会一意修行，不理会任何争论，因为一有争论便会惹起胜负之心，这与佛法是不相容的。

以上这段记载有个自相矛盾的地方：既然说慧能以《坛经》传法，那么《坛经》里必然不可能出现上边这段话，这大概只有两种可能，要么这是在《坛经》成书之后又被后人增入的，而原始版本都已失传，要么这段话就是后人在说谎，慧能当初根本就没有传授《坛经》这回事。

如果从教理来衡量，既讲不立文字，又对编纂成书的《坛经》如此重视，慧能有生之年应该不会做出如此自相矛盾的事；从传承常理来看，如果还有一个更原始的《坛经》版本被广泛地流传出去，在后世竟然毫无痕迹也有点儿说不过去；从佛教发展来看，这段话显然门派之见极强，完全不是慧能当时的风格，八成是禅宗后学根据他们当时的教派纷争环境而有针对性地编造出来的。

可疑的不止这一段，整个曹溪部分的记载都显出是禅宗后学所为，充满门户之见，打击别人，抬高自己。有的学者认为这一段是神会一系的伪作，但是，神会分明就是那个挑起门派争端的人，以奋不顾身的姿态贬低神秀一系，截然划分南北，完全不符合所谓"只有那些真正得法的人才会一意修行，不理会任何争论，因为一有争论便会惹起胜负之心，这与佛法是不相容的"，神会的徒子徒孙如果真这么写，这不是在骂自己的老师吗？

以小人之心推测，这大概是拥有了《坛经》的一派人自贵其说，标明自己才是正宗嫡传，或许是神会一系两害相权取其轻。有人肯定会问了："正宗嫡传的标志不是传法袈裟吗？袈裟哪儿去了？"别急，现在抬高《坛经》就是为后文的这个问题张目。

《坛经》接下来的一段话是解释南北分立的：大家都说"南能北秀"，其实这种说法非常肤浅。神秀禅师在湖北当阳玉泉寺担任住持，慧能大师则住在广东韶州的曹溪山，地理上有南北之别，而禅法只有一家。顿、渐虽有分别，但那是针对不同资质的人而分别设立的法门，佛法实质上也只有一种。

这段话说明了一个问题：在当时，"南能北秀"的说法已经出现了，但这个"南能北秀"就像"南慕容，北乔峰"一样，说的是南北两大名人，而不是说禅法分立为南北两派，更不是说整个禅门除了慧能和神秀之外就别无人物了。在慧能和神秀的时代，禅法正是百家争鸣的阶段，南方除慧能之外，北方除神秀之外，各有宗师级的人物，各擅胜场。再者，从常理来看，"南能北秀"这类说法往往是知名度比较低的人攀附一个知名度很高的人，好比我们推广汤显祖的时候会说他是"中国的莎士比亚"，而无论从世界范围的知名度来说还是从文化影响力来说，汤显祖都是远远赶不上莎士比亚的。同样，我这篇东西将来如果出版，宣传语也可以写上"《论语》看于丹，《坛经》看好熊"，或者"于我所欲也，熊亦我所欲也"之类的——谁都知道于丹，但除了几个亲朋好友之外没人知道好熊是谁，甚至好熊只要谈个女友就可以把读者群扩大一倍。

在慧能和神秀的时代，慧能虽然比好熊要牛，但神秀可比于丹还要火得多，所以，仅以知名度而论，"南能北秀"的说法实在可疑。人民群众充满了盲从精神，现在我们要参禅，多数人都会追捧慧能，人家到底是禅宗第一高手嘛，但如果把我们放到唐朝，肯定追随神秀的人是大多数，这和慧能、神秀各自的佛学修为没多大关系。假如慧能弟子中没有神会，假如唐朝皇室里没有唐武宗，禅宗还不知道会怎么发展呢。世间事多的是因缘巧合。

从宗派的角度来看，宗教分立并不像公司拆分，而往往是后起之秀向传统宣战，这宣战并不是把自己从传统中分立出来，而是说自己才是正宗嫡系，其他都是旁门左道。所以，《坛经》这里说佛法只有一种，并无南北之分，神会在滑台大会上也不是说禅宗分南北，而是说神秀一系的禅法不是正宗。所以，如果你当着神会的面说"你们南宗禅如何如何"，神会肯定不会高兴的。"正确"的说法是，并不存在南宗禅和北宗禅之分，只存在正统和旁门之别。

各位当中如果有坚持坐禅入定的，那么按照慧能一系的说法，你们不但是缘木求鱼，而且属于旁门左道。

二

神秀师常见人说，慧能法疾直指路。秀师遂唤门人僧志诚曰：汝聪明多智！汝与吾至曹溪山，到慧能所礼拜。但听，莫言我使汝来！所听意旨，记起却来与吾说，看慧能见解与吾谁疾迟！汝第一早来，勿令吾怪！

志诚奉使欢喜，遂半月中间，即至曹溪山。见慧能和尚，礼拜入即听，不言来处。志诚闻法，言下便悟，即契本心。起立即礼拜，白言：和尚！弟子从玉泉寺来。秀师处不得契悟，闻和尚说，便契本心。和尚慈悲，愿当教示！

慧能大师曰：汝从彼来，应是细作。

志诚曰：未说时即是，说了即不是。

六祖言：烦恼即是菩提，亦复如是。


# 佛门奸细

神秀常听人说慧能的禅法快捷便利，很想了解一下，于是找来门人志诚："你小子很聪明，这样吧，你到曹溪山跑一趟，拜望一下慧能，听听他的禅法到底是怎么回事，回来告诉我，看看我们两个的禅法到底谁更牛！千万记住哦，到了那边可别说是我派你去的！"

志诚领了重任，欢天喜地奔向曹溪。见到慧能，礼拜一下就专心听讲，也不说自己是从哪儿来的。但听着听着就出事了。

实在是慧能讲得太好，顿悟法门一下子就让志诚顿悟了。顿悟之后的志诚再也不顾师父的交代，站出来把自己的来龙去脉一讲，又说："我在神秀那边这么久了都没开悟，到了您这儿才听了一耳朵马上就开悟了。愿您大慈大悲，再多给我辅导辅导。"

慧能说："哎呀，原来你是个奸细！"

志诚一脸无辜："我不是奸细！"

慧能问："为什么不是呀？"

志诚说："在没说出来历之前我是奸细，可我主动把来历交代了，就不算奸细了。"

慧能这时候说了一句很精辟的话："所谓烦恼即菩提，也是这个道理。"

这段记载很有趣，慧能最后那句开示也很巧妙。顿悟法门就是这样，烦恼和菩提只在一念之间，佛与凡夫也只在一念之间，只要一念灵光就可以顿悟佛心，解脱成佛。

但这件事是真是假却很难说。和尚向来都有云游四方的传统，到各个庙门里拜一拜，听听讲，交流一下，都是很正常的事，没有说派奸细搞侦察的，也没有说指认别人是奸细的。在慧能当时，更没有和神秀之间出现这种教派明争暗斗的场面。所以这一段经常被学者们视为慧能徒子徒孙的造假，为的是贬低神秀、抬高慧能。这段结尾处称慧能为"六祖"，大约可以从中推测出成文的时代和作者的派系了。

# 三

大师谓志诚曰：吾闻汝禅师教人，唯传戒定慧；汝和尚教人戒定慧如何，当为吾说！志诚曰：秀和尚言戒定慧，诸恶不作名为戒，诸善奉行名为慧，自净其意名为定，此即名为戒定慧。彼作如是说，不知和尚所见如何？

慧能和尚答曰：此说不可思议，慧能所见有别。志诚问：何以别？慧能答曰：见有迟疾。志诚请和尚说所见戒定慧。

大师言：汝听吾说，看吾所见处。心地无非，自性是戒；心地无乱，自性是定；心地无痴，自性是慧。

能大师言：汝戒定慧，劝小根之人；吾戒定慧，劝上根人。得悟自性，亦不立戒定慧。志诚言：请大师说不立如何？大师言：自性无非、无乱、无痴，念念般若观照，当离法相，有何可立？自性顿修，立有渐次，所以不立。志诚礼拜，便不离曹溪山，即为门人，不离大师左右。


# 不立戒、定、慧


志诚已经"归顺"了，一点儿也不念往日情怀，开始向慧能提供情报了。

慧能问道："我听说神秀禅师教人，只教戒、定、慧，不知道他具体是怎么讲的呀？"

志诚答道："神秀和尚说：'诸恶不作名为戒，诸善奉行名为慧，自净其意名为定。'不知道您是怎么看的？"

慧能说："这种说法真是不可思议，我可不这么看。我是这样解释戒、定、慧的：'心地无非，自性是戒；心地无乱，自性是定；心地无痴，自性是慧。'你师父说的那些只适合资质差的人，我讲的却是针对资质好的人。如果领悟了自心佛性，还要什么戒、定、慧呢？"

志诚问："啊？！不立戒、定、慧？！"

慧能说："自性本来清净，对自性的认识可以在刹那之间实现，而你老师讲的戒、定、慧是有严格的修行步骤的。既然一念之间可以顿悟，又哪来的什么修行步骤呢？"

志诚为之叹服，从此就在曹溪扎了根，寸步不离慧能左右。

我们要是看看宋儒，朱熹和陆九渊之争简直就是慧能和神秀的翻版：朱熹讲格物、致知、正心、诚意，循序渐进，按部就班，为学为人的修养要走这样一个过程；陆九渊直截了当，"心即理"，哪有那么多废话，只要直指人心、明心见性就可以了。这两人在行事作风上也有这样的分别，像陆九渊"六经注我"，大有禅宗"不立文字"的风尚。所以说儒家到了宋朝已经大量地援禅入儒，要是把人名和专业名词一换，简直分不清是儒生还是和尚了。

# 四

又有一僧，名法达，常诵《法华经》七年，心迷不知正法之处。经上有疑，大师智慧广大，愿为除疑！

大师言：法即甚达，汝心不达。经上无疑，汝心自邪而求正法。吾心正定，即是持经。吾一生已来，不识文字，汝将《法华经》，对吾读一遍，吾闻即知。法达取经到，对大师读一遍。

六祖闻已，即识佛意。便与法达说《法华经》。六祖言：法达！《法华经》无多语，七卷经尽是譬喻因缘。如来广说三乘，只为世人根钝。经文分明，无有余乘，唯一佛乘。

大师言：法达！汝听一佛乘，莫求二佛乘，迷却汝性。经中何处是一佛乘？汝与说经云：诸佛世尊，唯以一大事因缘故，出现于世。已上十六字是正法，如何解？此法如何修？汝听吾说。人心不思，本源空寂，离却邪见，即一大事因缘。内外不迷，即离两边。外迷着相，内迷着空；于相离相，于空离空，即是不迷。悟此法，一念心开，出现于世。心开何物？开佛知见。佛犹如觉也，分为四门：开觉知见，示觉知见，悟觉知见，入觉知见。开示悟入上一处入，即觉知见，见自本性，即得出世。

大师言：法达！吾常愿一切世人心地，常自开佛知见，莫开众生知见。世人心愚迷造恶，自开众生知见；世人心正，起智慧观照，自开佛知见。莫开众生知见，开佛知见即出世。大师言：法达！此是《法华经》一乘法，向下分三，为迷人故；汝但依一佛乘。

大师言：法达！心行转《法华》，不行《法华》转。心正转《法华》，心邪《法华》转。开佛知见转《法华》，开众生知见被《法华》转。大师言：努力依法修行，即是转经。

法达一闻，言下大悟，涕泪悲泣白言：和尚！实未曾转《法华》，七年被《法华》转；已后转《法华》，念念修行佛行。大师言：即佛行是佛。其时听者，无不悟入。

# 法华真义

又有一名弟子叫作法达，在未投慧能之前就在佛学方面很下功夫，单是《法华经》就苦念了七年，问题是，越念越糊涂。这一天法达来到曹溪，请教慧能，慧能说："法达呀，法达，佛法本来通达，是你的心未能通达。来，我给你讲讲《法华经》，不过呢，《法华经》我没看过，不是没机会看，而是我不识字。你得把经文先给我念一遍，等我听懂了才能给你讲。"

法达听了这话，也不知道心里是怎么想的——我念了七年都没明白，难道你听一遍就能明白？！还能给我讲？！

但无论如何，法达还是把《法华经》给慧能念了一遍。慧能毕竟是百年不遇的佛学奇才，一听就明白，马上就给法达开讲。

且慢，慧能真有这么厉害吗？要知道，《法华经》可不是一部简单的佛经，而是以义理辨析见长的天台宗的核心经典，所以天台宗也被称为法华宗。好在，法华一系的许多内容和慧能禅法有着相通之处，比如，顿、渐之分在人家那儿早就有了，定慧双修也是人家的一贯主张，再如，针对不同资质的不同对策，心性本净、客尘所染，自性清净心和真如佛性等，也是人家一直在讲的。所以说慧能听一遍《法华经》就能明白，确实是有些道理的，真要让他去听法相宗那套烦琐的唯识理论，估计他再怎么天资过人也很难听一遍就懂。

《法华经》对佛法有个特殊的分类，说佛教有三乘，即声闻乘、缘觉乘、佛乘，前边两乘都属于方便法门，只有佛乘才是终极解脱之路。慧能对法达说："所谓佛法有三乘，那是针对不同资质的人而设的三种教学方法，至于教学的核心内容，也就是佛法，只有一乘而没有三乘。真理是唯一的，道路是多样的。法达呀，你就只管去修佛乘，不用去管声闻、缘觉那二乘。经中说'诸佛世尊，唯以一大事因缘故，出现于世'，这十六个字就是真正的佛法。怎样理解和修行呢？……"

慧能讲的道理还是他"三无"的那一套，值得注意这样一句："心开何物？开佛知见。佛犹如觉也，分为四门：开觉知见，示觉知见，悟觉知见，入觉知见。开示悟入上一处入，即觉知见，见自本性，即得出世。"这是在说心的开悟就是开启佛的智慧。佛是什么呢？就是觉悟。觉悟分为四种，"开觉知见，示觉知见，悟觉知见，入觉知见"，也就是开启、显示、领悟、进入觉悟的境界。《法华经》的原文是"开佛知见，示佛知见，悟佛知见，入佛知见"，慧能这里先把"佛"解释为"觉"，接着把"觉"代入了那四句话里替换了原来的"佛"字。我们可以回想一下，慧能在大梵寺说法的时候把天堂、地狱、佛、菩萨等都解释为人的心理状态，这里还是故伎重演，强调的是不要去想什么外在的佛，而唯一要关注的就是自己的心，要让自己的心获得觉悟，觉悟的心也就是佛。

读经要怎样读呢？慧能教育法达说："读经要用心。"慧能所说的用心和我们日常所说的用心不大一样，这个心有着真心、佛心的意思在。"只要用心，你就可以把握《法华经》，不用心，《法华经》就会摆布你；心正就可以把握《法华经》，心邪就会被《法华经》摆布；开启般若智慧，你就可以把握《法华经》，只用凡夫俗子的心眼儿，你就会被《法华经》摆布。"

法达一听，立时醒悟，激动得眼泪都出来了，对慧能说："以前我一直都没有领会《法华经》，七年来都是像您说的那样被《法华经》玩得团团转呀。以后我一定遵从您的教诲，认真修习，时时刻刻像佛那样修行！"

慧能说："像佛那样修行的人也就是佛了。"这句话又把场面推上了一个高潮，在场的听众全都开悟了。

慧能对《法华经》的态度是值得我们注意的，他强调的是以般若智慧来看待一切，包括看待佛经，我们要用般若智慧自由自在地玩转佛经，不能像个书呆子那样被佛经摆布。这也正是禅宗所谓"不立文字"的意义所在：文字当然还是要的，只是我们别做文字的奴隶，文字的含义也不是可以被任意曲解的。

# 五

时有一僧，名智常，来曹溪山，礼拜和尚，问四乘法义。智常问和尚曰：佛说三乘，又言最上乘，弟子不解，望为教示！慧能大师曰：汝自身心见，莫着外法相。元无四乘法，人心量四等，法有四乘。见闻读诵是小乘；悟解义是中乘；依法修行是大乘；万法尽通，万行俱备，一切无离，但离法相，住无所得，是最上乘。乘是行义，不在口诤。汝须自修，莫问吾也。

又有一僧名神会，南阳人也。至曹溪山礼拜，问言：和尚坐禅，见亦不见？大师起，把杖打神会三下，却问神会：吾打汝痛不痛？神会答言：亦痛亦不痛。

六祖言曰：吾亦见亦不见。神会又问大师：何以亦见亦不见？大师言：吾亦见，常见自过患，故云亦见。亦不见者，不见天地人过患，所以亦不见也。汝亦痛亦不痛如何？神会答曰：若不痛即同无情木石；若痛即同凡夫，即起于恨。

大师言：神会！向前见不见是两边，痛不痛是生灭。汝自性且不见，敢来弄人！礼拜，礼拜，更不言。

大师言：汝心迷不见，问善知识觅路；汝心悟自见，依法修行。汝自迷不见自心，却来问慧能见否！吾不自知，代汝迷不得；汝若自见，代不得吾迷。何不自修，问吾见否！神会作礼，便为门人，不离曹溪山中，常在左右。

# 挨了打，疼还是不疼，这是个哲学问题

有个叫智常的和尚来曹溪向慧能请教问题，还是三乘、一乘那些，接下来出场的这位人物可是我们早已熟悉的了，他，就是神会。

据其他记载，神会出家的时候是追随在神秀门下的，一直待了三年，直到神秀应武则天之召进京的时候才前往曹溪。《坛经》这里讲的，就是神会初到曹溪的时候和慧能的一场问答。

神会见了慧能，行礼之后便问道："您坐禅的时候，对佛性有认识还是没认识？"

这种问题，如果大家看过一些禅宗语录的话应该会觉得熟悉，禅师们见面互打机锋，考较对方的功力，常常就是这么开始的。

慧能会怎么回答呢？如果是老老实实地回答的话，慧能首先应该讲讲自己的坐禅观：自己根本就不坐禅，也反对坐禅，所以神会问题的前提就是不成立的。但是，如果神会接着问"管他坐禅不坐禅，我只问您对佛性有认识还是没有认识"，慧能可该怎么回答呢？

慧能这个时代还不兴打机锋呢，如果按照禅宗后来机锋语言的套路，这种问题没法用正常逻辑来回答：答案看似要么有，要么无，必然是个二选一，但你真要这么答了，八成就错了。

慧能什么话都没说，突然打了神会三下，然后问道："我打了你，你觉得疼还是不疼？"

神会一看被反问回来了，也没按形式逻辑来答，而是给了个很机锋的答案："也疼也不疼。"

慧能说："我对佛性既有认识又没有认识。"

如果是二把刀的信徒，问答到了这个阶段就该结束了，双方都是故弄玄虚，用自己也不懂的话把别人给搞糊涂。而且，双方谁也不好意思承认自己被搞糊涂了，还都得装出一副会然于心的样子。这就是禅宗的一大流弊，后来净出这样的人。

但神会和慧能可不一样，人家是真要把问题搞懂的。神会刨根问底道："既有认识又没有认识，怎么讲呢？"

慧能说："我说有认识，是常常认识到自己的过错；我说没有认识，是既认识不到天地的过错，也认识不到别人的过错。我解释完了，那么，你说的既疼也不疼又怎么讲呢？"这种给自己的机锋做解释的事在禅宗史上是非常罕见的，早期的淳朴很快就会走向后期的玄虚。没读过《坛经》的人听着那些高深莫测的对白，崇拜于禅宗不可言说的境界，对像我这样用浅显明白的语言解说禅宗经典的做法嗤之以鼻，殊不知慧能祖师爷讲的话哪一段不是浅显明白想要让人听懂的。

神会说："我说既疼也不疼，因为如果感觉不到疼，那我就等同于草木瓦石之类的无情之物；如果感觉到疼，那就会因为疼痛而生起怨恨之心，等同于凡夫俗子了。"

对话到了这里，在我们普通人看来，双方势均力敌、不相上下，说出来的见解都差不多。但是，真的是这样吗？慧能说："神会呀，你就别忽悠人了！有认识和没认识，疼和不疼，都不是觉悟境界。有认识和没有认识，这两种都属于边见；疼和不疼，这属于生灭。你还没有认识到自己的本性，怎么就敢出来忽悠别人呢？"

慧能这么一说，神会真正服气了，连忙行礼，再也不敢多说什么。慧能接着又讲了一番自性自度的道理，说"我到底有认识还是没认识并不重要"，神会从此就和前边那几位一样，留在曹溪不走了。

慧能说的边见和生灭到底是什么意思呢？有认识和没有认识都是"一边之见"，也就是说，都是带有主观倾向性的，都是有所执着的，佛的认识应该走"中道"（前边讲过，后边还会继续讲到），要超越二元对立的观念。就好比说希特勒是好人还是坏人，无论给他贴上哪个标签，都属于边见，都是偏执于一端。自然而然、无善无恶，这才是合乎佛法的认识，表现在日常生活上，就是不论断他人的是非。

有人一定会问："前边不是还讲什么行善去恶吗，怎么一转脸又无善无恶了？"我也不知道，这种矛盾在佛教理论里边是很常见的，推其原因大概是这样：佛教想要证明的东西实在距离生活常识太远，比如，你眼前就有一张桌子，看得见、摸得着，可和尚们偏偏要证明出这张桌子只是一个影子，是一个幻象，是你的心念的产物，这个证明过程必然是充满艰辛的，而和尚们的生活毕竟又脱离不了现实社会的常识，一不小心就会让常识钻了义理的空子。

再说疼和不疼的所谓生灭。有认识和没认识，疼和不疼，看上去都是同样的性质，其实分属不同的范畴。有认识和没认识属于主观判断，疼和不疼属于生灭变化——人挨了打，当然会感觉疼，这是痛觉神经在起作用，"挨打"导致了"疼"这个感觉的生起，如果打得不重，过一会儿疼痛的感觉就会消失。再进一步讲，有生有灭，因缘不断，这正是轮回的特点，所以神会的解释还是在轮回当中打转，并没有开启般若智慧，跳出轮回之外。

有认识和没认识，疼和不疼，前者陷于边见，后者陷于轮回，都没到达觉悟境，只有放开这些，不执着于边见和生灭，才能认识本心的佛性，解脱成佛。


# 六


大师遂唤门人，法海、志诚、法达、智常、志通、志彻、志道、法珍、法如、神会。大师言：汝等十弟子近前，汝等不同余人。吾灭度后，汝各为一方头。吾教汝说法，不失本宗。举三科法门，动用三十六对，出没即离两边。说一切法莫离于性相，若有人问法，出语尽双，皆取对法，来去相因，究竟二法尽除，更无去处。

三科法门者，阴、界、入。阴是五阴；界是十八界；入是十二入。何名五阴？色阴、受阴、想阴、行阴、识阴是。何名十八界？六尘、六门、六识。何名十二入？外六尘，中六门。何名六尘？色、声、香、味、触、法是。何名六门？眼、耳、鼻、舌、身、意是。法性起六识——眼识、耳识、鼻识、舌识、身识、意识；六门；六尘。自性含万法，名为含藏识；思量即转识。生六识，出六门，见六尘，是三六十八。由自性邪，起十八邪含；自性正，起十八正含。恶用即众生，善用即佛。用由何等？由自性起有对，外境无情对有五：天与地对，日与月对，暗与明对，阴与阳对，水与火对。语言与法相对有十二对：有为无为对，有色无色对，有相无相对，有漏无漏对，色与空对，动与静对，清与浊对，凡与圣对，僧与俗对，老与少对，长与短对，高与下对。自性居起用对有十九对：邪与正对，痴与慧对，愚与智对，乱与定对，戒与非对，直与曲对，实与虚对，险与平对，烦恼与菩提对，慈与害对，喜与嗔对，舍与悭对，进与退对，生与灭对，常与无常对，法身与色身对，化身与报身对，体与用对，性与相对，有情与无情对。语言与法相有十二对，内外境无情有五对，自性居起用有十九对，都合成三十六对也。

此三十六对法解用，通一切经，出入即离两边。如何自性起用三十六对？共人言语，出外于离相，入内于离空。着空即唯长无明，着相则唯长邪见，谤法直言，不用文字。既云不用文字。人不合言语，言语即是文字。自性上说空，正是言语本性不空。迷自惑，语言除故。暗不自暗，以明故暗，暗不自暗，以明变暗，以暗现明，来去相因，三十六对，亦复如是。

大师言：十弟子！已后传法，递相教授一卷《坛经》，不失本宗。不禀受《坛经》，非我宗旨。如今得了，递代流行。得遇《坛经》者，如见吾亲授。十僧得教授已，写为《坛经》，递代流行，得者必当见性。

# 三科三十六对

慧能下面这段话足以把很多人吓住。

有一天，慧能把十位弟子叫到身边，这十位弟子就是著名的十大弟子：法海、志诚、法达、智常、志通、志彻、志道、法珍、法如、神会。有政治敏感的人一定会琢磨这个名单的排序：嗯，这不是按姓氏笔画排序的，一定有什么深刻含义在！

不错，中国人是很讲究排座次的，哪怕是开个几百人的大会，谁在前、谁在后，一点儿也错不得。排名越是靠前，越说明职位高、地位重。现在我们看这个名单，法海排名第一，这是有道理的，法海毕竟是这部《坛经》的编纂人，但有趣的是，为禅宗出力最大的神会却排名最后。这是为什么呢？

如果你手里也有《坛经》，看看这段，也许会发现排名次序和我现在列的这个完全不同——是这样的，我在这里用的是敦煌一系的版本，虽然其中有多处内证可以证明此前该有更早的版本，但这已经是现存版本中最早的了。后出的版本中，比如，很通行的宗宝本，神会的名次排在第四，提前了足足六位。如果以小人之心揣测，排名的不同意味着传承谱系的不同——谁家的弟子都愿意把自己老师的名次提前。

话说回来，慧能召来十大弟子，这是要立遗嘱了。这事一般人恐怕听来稀奇，和尚四大皆空、身无长物，难道也有遗嘱可立吗？还别说，和尚们还真有自己的一套遗产继承法，律宗的祖师爷道宣为我们留下了很多这方面的记载。唐朝时期，寺院很多都富得流油，和尚们也可以合法地拥有千顷良田，那么，谁来种田呢？除禅宗之外，大多是由佃农来干这些粗活儿。和尚也要吃喝拉撒，所以粗活儿自然不止种田一项，可想而知的是，和尚们除了有佃农种田之外，还有不少奴婢来照料日常生活。佃农和奴婢们的劳动创造了大量的剩余价值，这些剩余价值都哪儿去了呢？至少有一部分是归了和尚们自己了，如果按马克思的标准，和尚就属于剥削阶级。

佃农、奴婢、财物，一切种种，有属于寺院公产的，也有属于和尚们的私产的。在称谓上，如果一个奴婢属于一位高僧，那么这位高僧就是这个奴婢的"本主"。在一座寺院里，公有产权和私有产权交织在一起，继承法自然是要应运而生的。

那么，慧能也这样吗？不是的，禅宗是山林佛教，或者说是农民禅，这也是会昌灭佛能够把那些"剥削阶级"的宗派打击得一蹶不振而慧能禅宗却可以逆流而上的一个重要原因。慧能大师此刻要立的遗嘱是和财产完全无关的，他对十大弟子说（大家要做好心理准备哦，这些话很不好懂）："你们是与众不同的，等我灭度之后，你们都会各立山头、弘法一方。所以我现在得叮嘱一下你们以后该怎么给人家讲课，免得我这顿悟法门的核心宗旨会被丢掉。是这样的，你们以后在讲课的时候，先要列举三科法门，使用三十六对的概念，不可执着边见，总要强调自性与法相。如果有人来向你们请教佛法，你们一定要出语成双，使用成对的概念前后照应。最终连成对的概念本身也彻底破除，无所执着。

"所谓三科，分别是阴、界、入。阴，是五阴；界，是十八界；入，是十二入。何谓五阴？是色阴、受阴、想阴、行阴、识阴。何谓十八界？是六尘、六门、六识。何谓十二入？是外六尘、中六门。何谓六尘？是色、声、香、味、触、法。何谓六门？是眼、耳、鼻、舌、身、意。六门为六识之所依，六识为六门之所感。人的自性蕴含万事万物，所以称之为含藏识，一旦起了分别心，就会成为转识。所谓转识，是指依含藏识而有六识，然后走出六门、接触六尘，三六便成十八界。如果自性生起邪念，就会生出十八种错误认识；如果自性保持清净，就会生出十八种正确认识。自性若为恶念所用，其人就是凡夫；自性若为善念所用，其人也就是佛。善念和恶念又是由什么主宰的呢？是由自性主宰的。

"成对之法，要分清外界的认识对象和没有生命的无情之物有五组相对的概念：天对地、日对月、暗对明、阴对阳、水对火。在语言和法相方面，一共有十二组成对的概念：有为对无为、有色对无色、有相对无相、有漏对无漏、色对空、动对静、清对浊、凡对圣、僧对俗、老对小、长对短、高对下。自性方面有十九组：邪对正、痴对慧、愚对智、乱对定、戒对非、直对曲、实对虚、险对平、烦恼对菩提、慈对害、喜对嗔、舍对悭、进对退、生对灭、常对无常、法身对色身、化身对报身、体对用、性对相。自性方面有十九对，言语与法相有十二对，内外境无情有五对，总共就叫作三十六对法。

"运用这三十六对法，就可以通达一切经典，出入无碍，远离边见。如何在自性上启用这三十六对法呢？与人说话的时候，既不执着于客观世界之有，也不执着于自性之空——如果执着于自性之空，只会增长无明烦恼；如果执着于客观世界之有，就会堕入错误认识，有谤佛之过。有人提倡废弃文字，但如果废弃文字，岂不是连说话都不许了！因为说话也是在使用文字呀。自性是空，语言是空，但我们不可执着于空，迷妄就是产生于对空和有的偏执。不可偏执，因为一切都有相对性，正如黑暗并非自身黑暗，黑暗是和光明相对而言的，同样，光明也是和黑暗相对而言的，如果没有光明，就无所谓黑暗，如果没有黑暗，也无所谓光明。三十六对法就是这个道理。"


慧能这段话足以把很多人看晕。我们一般人印象中的禅宗都是快刀斩乱麻式的，可没想到慧能都到立遗嘱的时候了，却来了这么一大段烦琐的概念辨析，实在不像是禅宗风格。但要细看这三十六对法的思想，确实是慧能一以贯之的，当然，其来有自，是有般若和中观的渊源的。至于三科法门，这就是非常传统的小乘佛学思想了。

先来说说三科。三科是阴、界、入，再具体说就是五阴、十八界、十二入，还能往下继续细分。大家要注意，这才是佛教当中最常见的类型，细分门类、烦琐辨析，这和大家熟悉的烧香拜佛、立地成佛、机锋棒喝等都大不一样。

阴、界、入的概念有好几种译名，所谓阴，就是前边介绍过的蕴，五阴也就是五蕴，界也叫持，东汉来华的安世高译过一部《阴持入经》，就是专谈这个的。这套名词分析起来过于复杂，我就挂一漏万，简要而言了。阴和蕴的意思都是聚合，就像前边讲的森林的例子，一座森林是由无数的树木聚合而成的，森林里的树木不断生老病死，所以并不存在一个恒常不变的森林。换句话说，森林是没有自性的，这就是空。五蕴包括客观事物、身体行为和意识感觉，这些东西都是空而不实的，这就是佛教的一个核心概念"五蕴皆空"。

至于十二入，是由五阴中的识阴细分出来的，分为外六尘和中六门。六尘是色、声、香、味、触、法；六门是眼、耳、鼻、舌、身、意。六门也叫六根，大家都很熟悉的一个词"六根清净"就是在说这个六根。六根和六尘是一一对应的关系，眼睛能看见色，耳朵能听见声，鼻子能闻见味，等等。这一切，也都是虚幻不实的。总之，客观世界是虚的，主观世界也是虚的，如果你能想通这个道理，就会明白世间一切爱欲执着也都是虚的，全都无可凭依。既然这也虚、那也虚，还有什么可追求、可留恋的呢？到了这一步，你就有望证得阿罗汉果位，称为罗汉了。

能搞懂这一套名相辨析，看来慧能在佛学上也不是没下过功夫。他接下来的一句话更让人吃惊："人的自性蕴含万事万物，所以称之为含藏识。"这个含藏识有很多译名，最著名的就是法相宗唯识学里所谓的阿赖耶识。难道最直截了当的禅宗也从最复杂烦琐的法相宗那里偷师不成？确实有学者是这样说的，但是，阿赖耶识这个概念来源很古，原本是贪欲、爱恋的意思，后来名词被沿用了下来，并且被唯识学发扬光大，但内核早已被替换掉了。

再者，讲阿赖耶识的也不止法相宗一家，慧能的直系老祖宗楞伽师也讲这个概念，意思和唯识学的阿赖耶识并不相同，不是指人的第八识，而是指自性清净的如来藏（前边讲过），稍稍发展一步就是慧能常说的清净自性了。

但从慧能的下文来看，这个含藏识到底脱不了唯识学的干系。慧能说一旦起了分别心，这个含藏识就会成为转识。这里又有了一对成对的概念：阿赖耶识的另一个名字叫作本识，与之相对的概念叫作转识。说到这里，就不得不把唯识学简单介绍一下了。唯识学，用好听的话说叫博大精深，用难听的话说叫复杂烦琐（胡适称之为烦琐的经院哲学）——我也秉承慧能大师的嘱托，出语成对，不落边见。

唯识学把人的精神现象分成八种"识"：眼识、耳识、鼻识、舌识、身识、意识（这个词传到教外，成为我们现在的常用词了）、末那识、阿赖耶识。前五种比较容易理解，所谓眼识就是视觉能力，所谓耳识就是听觉能力，然后是嗅觉、味觉和触觉。这五识都是局部地和外界发生作用，比如，如果月黑风高没有灯，眼识就不起作用，如果寂静无声，耳识就不起作用，如果有一只狗在你眼前，眼识会告诉你狗的毛色，耳识会告诉你狗的叫声，鼻识会告诉你狗的气味……这些识加在一起才构成了一个比较完整的狗的样子。但是，当这只狗从你面前跑开了，你的五识也就不起作用了，当你回想起这只狗的时候，你用的就是你的第六识——意识，你把这只狗和你从前见过的别的狗做比较，用的还是意识。意识和前五识不同，经常处于工作状态，就算你躺在夏威夷海滩上安心地享受着阳光，你的意识也不会完全闲下来。但意识仍不是完全连续的，比如，在你睡得太沉的时候，意识就中断了（其实这时候大脑仍在活动，只是古人不知道罢了）。

意识的力量很强大，既很有用，也很有害。说它有害，因为正是在意识当中产生了两种执着：我执和法执，这可是万恶之源呀。

所谓我执，就是对"我"的执着，凡夫俗子不明白五蕴皆空的道理，误以为自我是真性实体，由此产生了种种烦恼（这个问题在前边"无我"那段里讲过）。

所谓法执，法就是客观世界里的万事万物，大到山河大地，小到桌椅板凳，全都不是真实存在的，如果你认为这些都是真实存在，这就叫作法执。

我执和法执是人们解脱成佛的两大障碍，唯识学就是致力于破我执、破法执，让你明白无论是你自己，还是山河大地、日月星辰，这一切全是幻象。一切都是幻象，破掉幻象之后才会体悟所谓真如实相，前边讲过的般若智慧也是干这个用的。《金刚经》说"见诸相非相，即见如来"，正是这个道理。

解释到这里，虽然有一些超凡脱俗，但基本还在常识可以理解的范围，第七识和第八识就比较费解了。

从眼识到意识，基本都属于"对境心起"的范畴，也就是说，看见一位美女，你眼睛瞪大了，意识里迅速闪现过你这辈子见过的所有美女，一番比较之后觉得眼前这位最美，美女走后你还回味无穷。在这个过程里，你的所有六识都是作用于美女的出现——当然不一定是所有六识都起作用，如果你们是在公交车上遇上的，身识有可能让你成为"公交之狼"。

但对于这位美女的出现，第七识末那识是不起作用的，因为它对万事万物永远无动于衷，它所作用的对象是第八识阿赖耶识。

阿赖耶识是所有八识中最最根本的，另外七识都依附在阿赖耶识之上。阿赖耶识包含一切，主宰一切，产生一切。比如，我们眼前有一张桌子，你以为这张桌子是真实存在的吗？错了，是你的阿赖耶识里有个桌子的"种子"，这个种子也不是物质实体，而是精神性的，它平时处于潜伏的状态，当它显露出来的时候就成为前七识。于是，身识让你触摸到桌子的质感，眼识让你看见桌子的形状，鼻识让你闻到这张桌子刚刚被刷完油漆，耳识会让你听到桌子的四条腿不太稳当，时不时发出响声，舌识暂时派不上用场，因为你是不会去舔桌子的，意识让你回想起这张桌子就是前边讲过的那位美女回送给你的礼物（因为你专门花高价为她请了一尊好熊佛的纯金石膏像），这让你沾沾自喜、脸红心跳，于是舌识竟然也开始对桌子起作用了。

现在我来问你：你看到了、听到了、闻到了、舔到了、摸到了这张桌子，这张桌子是真实存在的吗？

如果你回答"是"，这就叫作法执。接近于正确的答案是"不是"，这张桌子只是你的阿赖耶识里的一粒桌子的种子变现出来的，通过另外那些识让你看到、听到、闻到……其实桌子并不存在，这只是阿赖耶识透过末那识虚拟了眼识、耳识等，用纯粹的精神力量给你虚构出来了这么一张桌子。种子从潜伏到显露的这个过程叫作"现行"。

我们自身也好，外界的万事万物也好，没一样是真实存在的，全都是"识"给我们幻化出来的，这就叫作"万法唯识"。这套理论极其复杂，我只是挂一漏万、简而又简地说一下而已，里边其实还有无数的新名词、新概念，道理弯弯绕。唐僧搞的就是唯识学，在中国算开宗立派的人物，《大话西游》里唐僧喋喋不休的，能把小鬼说自杀了，这还真不算太夸张。

唯识学因为太复杂、太深奥了，所以传播起来很受限制，专搞唯识学的法相宗（也称唯识宗）很快就没落下去了，直到近代熊十力又搞出一套复杂烦琐的"新唯识"，好像也没有传播起来。

慧能借了唯识学的阿赖耶识和转识的概念，说一旦起了分别心，阿赖耶识就会成为转识。这话不好理解，但从上下文来看，慧能反正还是在强调"保持自性清净"这个一贯看法。以小人之心推测，慧能是不大可能搞明白唯识学那套复杂理论的，而且以他的一贯作风而论，借用人家的概念也未必遵循这些概念原有的意思（另一方面，阿赖耶识的概念由来已久，早在唯识学之前）。总之，别管他概念辨析复杂多端，其实万变不离其宗，到头来还是"自性清净"这四个字。


至于三十六对法，这是沿袭中观思想（前边讲过）而来的，简要而言，先问大家一个问题：面前有一张桌子，而你现在佛学修为已经够深，能够用你的般若智慧认识到这张桌子只是一个幻象而已，那么，有人问你这张桌子究竟存不存在的时候，你该怎么回答呢？

慧能教十大弟子这三十六对法，就是为了让他们将来能够应付这种问题。

如果你说："桌子当然存在啦，这不是明摆着在这儿吗！"如果你这么回答，就说明你没有认识到桌子的幻象本质，错把幻象当作真实，这种错误就叫作"着相"，也就是执着于相。

如果你说："桌子当然是不存在的，我们看到的桌子只是一个幻象而已。"如果你这么回答，对方会接着问："不会吧？文渊大师和负重大师他们不正围着那张桌子打麻将吗！"

如果你继续回答"麻将也是幻象"，对方还会一直追问下去，你会发现越来越难解释。所以你回答"桌子不存在"也是有问题的，这种错误就叫作"着空"，也就是执着于空。

大家还记得前边讲过的"三无"吧？无相、无念、无住，凡是执着都不应该，无论你是着相还是着空，都属于边见。所谓边见，就是一边之见，也就是片面的、极端的见解，这个概念原本属于佛教"五见"（五种错误见解）之一。

那么，说了这么半天，这张桌子到底是存在还是不存在呢？既不着相也不着空的回答到底应该怎么说呢？

有一种大家很熟悉的佛教逻辑：有就是没有，没有就是有，既有又没有。在很多情况下，这个说法都是违反形式逻辑的，但在中观论的观点里，这么说是有道理的。我们一般人看到佛教这种"既有又没有"的说法只以为是文字游戏，或者少男少女拿它打打机锋觉得好玩，而在中观义理上，事情要分成俗谛和真谛分别来看（这也是前边讲过的）：从俗谛（世俗真理）看，桌子肯定是存在的，但从真谛（终极真理）看，桌子是空幻不实的。那我们直接按真谛标准来说不行吗？不行，因为俗谛之有就是真谛之空，真谛之空是蕴含在俗谛之有当中的，如果脱离了俗谛之有（桌子存在），就认识不到真谛之空（桌子不存在）。

慧能就是在中观基础上提出的三十六对法，回答桌子问题的时候，出语要成对，既不能说桌子存在，也不能说桌子不存在，而要说桌子既存在又不存在。

从慧能自己用的黑暗和光明的比喻我们还可以做另外一种推论：我来问你："太阳黑子是不是黑的？"你怎么回答呢？

如果你的回答是"是"，这就错了，别看太阳黑子在太阳上是黑的，那是因为太阳表面太亮，如果能把太阳黑子拿到地球上，它可比地球上任何东西都亮，一点儿都不黑。

如果你的回答是"不是"，这也错了，因为黑子在太阳上明明就是黑的，任谁看都是黑的。这其实就是《老子》里"长短相较，高下相形"的道理，尺有所短、寸有所长，一切无绝对，都要比较而言。

大家记住慧能这个出语要成对的嘱咐，以后也好学以致用。比如，老婆问你："我漂不漂亮呀？"你应该回答说："比起我们公司里的那些女同事，你可算不上漂亮；但比起那些歪瓜裂枣来，你绝对算是漂亮的！"


另一个问题是，慧能召集十大弟子，说他们将来会分头弘法，各为一方宗师，这看来是在讨论接班人的问题。但是，传法袈裟呢？每代单传，以袈裟为信，这套规矩怎么不见了呢？

这事不大好说。按《楞伽师资记》的说法，弘忍当初也召集过自己门下的十大弟子，说今后继承自己法门的将有十个人。这显然和《坛经》的说法矛盾。从当时的历史情况看，一方面看不出真有所谓单传这么回事，另一方面也存在着关于传法袈裟的说法，真伪莫辨。

慧能这回并没有再拿袈裟说事，而是对十大弟子说："你们以后传播佛法，应该以《坛经》代代传授，免得失了我顿悟的宗旨。凡是没有得到《坛经》的就不是我的嫡传。以后只要有人见到《坛经》，就像见到我在他面前亲传一样。"

十大弟子领了吩咐，各自抄写了一部《坛经》，以便将来代代相传。得到《坛经》的人是一定能够见性成佛的。

这段文字马上就显出了一个自相矛盾的地方：慧能既然已经提到《坛经》，《坛经》里就不应该出现现在这段文字，那么这段文字显然是后人增补进去的。是不是真的还存在一部原始的《坛经》，这部原始《坛经》又是什么样子，除非再有新的考古发现，否则我们是永远不可能知道了。

以小人之心揣测，这段话推崇《坛经》说"得到《坛经》的人是一定能够见性成佛的"，很像是某位徒子徒孙开山立派的时候给自己抬高身价的手段。但佛门大德不打诳语，想必不会如此，人家说出的话一定就是真的。对了，忘了告诉大家，我手里也有一部《坛经》。

这段文字对我们现代人来说还有一个不好理解的地方，这是因为语境的隔阂。《坛经》既然被提到如此重要的地位，就说明传承禅宗的徒子徒孙拿《坛经》当作信物一样，一部《坛经》就好像当年的传法袈裟。在我们现在这个出版业无比发达的时代已经不大容易体会到一部书的重要性了，而在当时，书到底还是不易获得的东西，十大弟子手里的《坛经》也都只是唯一的手抄本，而不是批量的印刷品。其实即便时代再靠后，比如宋代，一般人家要想读到《史记》《汉书》这样有名的经典都是很不容易的。我们现在随便一个大学生读的书都比当初许多高知要多得多了。

# 七

大师先天二年八月三日灭度，七月八日唤门人告别。大师先天元年，于新州国恩寺造塔，至先天二年七月告别。

大师言：汝众近前！吾至八月欲离世间，汝等有疑早问，为汝破疑，当令迷者尽使与安乐。吾若去后，无人教汝。法海等众僧闻已，涕泪悲泣。

唯有神会不动，亦不悲泣。六祖言：神会小僧，却得善不善等，毁誉不动！余者不得。数年山中更修何道！

大师言：汝今悲泣，更忧阿谁？忧吾不知去处在！若不知去处，终不别汝。汝等悲泣，即不知吾去处；若知去处，即不悲泣。

性无生无灭，无去无来。汝等尽坐，吾与汝一偈，真假动静偈，汝等尽诵取。见此偈意，汝与吾同，于此修行，不失宗旨。众僧礼拜，请大师留偈，敬心受持。

偈曰：一切无有真，不以见于真，若见于真者，是见尽非真。若能自有真，离假即心真，自心不离假，无真何处真！有情即解动，无情即不动；若修不动行，同无情不动。若见真不动，动上有不动；不动是不动，无情无佛种。能善分别相，第一义不动，若悟作此见，则是真如用，报诸学道者，努力须用意，莫于大乘门，却执生死智！前头人相应，即共论佛语；若实不相应，合掌令欢喜。此教本无诤，诤即失道意，执迷诤法门，自性入生死。


# 神会不哭

唐玄宗的时代是一个辉煌的大时代，如果放眼世界的话，这个时候的唐长安城是世界上最大的城市，盛唐文化之繁荣兴盛也是同时代的翘楚。唐玄宗先天二年八月三日，这一天不知道该不该算一个沉痛的日子，因为就是在这一天，陪伴了我们这么久的慧能大师圆寂了。

据有些版本的说法，慧能是病死的，也许解脱成佛之人也免不了有个头疼脑热。这个说法对那些求佛拜菩萨保佑无灾无病的人肯定会是个不大不小的打击，那就不予采信好了。

慧能圆寂了，《坛经》原文用的词是"灭度"，这和圆寂是一个意思，当然还可以用涅槃、归真等不同的字眼，意思都是一样，如果勉强翻译成我们俗家的话，就是"死了"。

但是，仔细辨析的话，死和圆寂、涅槃的意思其实很不一样。比如，对慧能影响很大的那部《涅槃经》肯定不能翻译成《死经》或者《逝世经》。

佛教的四法印我已经在前边介绍过了一些，"涅槃寂静"就是四法印之一，一个人如果达到了涅槃境界，就超脱了一切烦恼，解脱于生死轮回，这是佛教早期所追求的至高目标。所以，一个人如果圆寂了，当然是件天大的好事。

但随之而来的问题是，难道说慧能大师直到今天才超脱于烦恼、解脱于轮回吗？他老人家难道不是早已经顿悟成佛了吗？

是的，他老人家的确早已经涅槃了，实在是涅槃的概念一方面被搞得越来越复杂，另一方面又被简化为对修行者之死亡的一种敬称，《坛经》这里就是在后一层意义上而言的。

慧能在圆寂之前的一年就为自己建造了一座墓塔，又在死前的一个月向弟子们告别。慧能说："下个月我就要离开人世了，你们有问题的就赶紧问，我要趁着这最后的一点时间给大家释尽疑惑，使你们人人安乐。等我过世之后可就没人教你们了。"

法海等一众弟子听老师这么一讲，无不悲伤流泪，只有神会无动于衷，一滴眼泪都没有。

我们先来思考一下：法海他们和神会，到底谁的反应才是符合"禅意"的？

在我现在这个上下文背景下，肯定多数人都会猜神会，但是我们得想想，假如你切身处在一座寺院里，老住持当着你的面交代遗言，大家都在一旁悲伤流泪，你说你会怎么办？

我们接下来要考虑的一个问题是，如果说神会的反应符合禅意，理论依据是什么呢？


慧能说："没想到神会这个年轻人倒是能做到心念与善念相一致、没有任何恶念的境界，无论毁誉都不动心呀。你们其他人却做不到这一点，你们也真是的，在山中这么多年，修的都是什么道呀！"

慧能是高度评价神会的，现在情况很明显，从禅意来讲，神会是合格的，其他人是不合格的。但是，如果我们拿前边讲过的那些禅宗道理来衡量一下的话，会发现事情不是那么简单。如果我们的心要"念念无住"，如果我们要做到"饥来吃饭，困来即眠"，那么，在悲伤的时候自然而然就应该流泪了。多年相伴的老师马上就要离开了，悲伤之情在所难免，哭一哭也是很正常的呀。

日本禅宗有过一则故事（具体人名和出处我记不起来了，本着"念念无住"之心，我就不去查了），说一位修为很高的女弟子刚刚死了女儿，她痛苦悲泣，一连好多天。同门看到了都不以为然，说："你都是一个得道的人了，怎么能这样呢？"但师父却说："一个得道的人就是这样的。"

现在，两件事情并在一起来看，到底谁说得对呢？

我们有必要看一下慧能接下来说什么："你们这么悲伤流泪，难道是不知道我死后的去处吗？放心吧，如果我连自己死后的去处都不知道，是不会和你们告别的。你们悲伤哭泣，说明你们不知道我死后的去处，如果你们知道了，也就不会哭了。人的本性无生也无灭，无去也无来。你们都坐下，我送你们一个《真假动静偈》，你们好好领会吧。领会了这个偈子，你们就会达到我这样的认识水平了。"

慧能所说的"死后的去处"，虽然说了，却没明说，只说自己知道，然后就转到本性的无生无灭、无去无来了。如果联系起来看，从字面上讲，慧能前辈从没活过，自然也无所谓死去，从不曾来到这个世上，自然也无所谓将要去向哪里。由此推论，生死问题只是一个假问题。但是，佛门又常说"生死事大"，说佛陀之所以向世人传法就是为了解决"生死事大"这个头等问题，慧能自己在前边也谈到过的，怎么到了现在又成了一个假问题呢？

很难理解。但我们按照涅槃的一种通行理论来讲，慧能虽然早就解脱成佛了，但肉身还在，有肉身在就说明解脱得还不够彻底，所以这种涅槃叫作"有余涅槃"，等哪天肉身也不在了（死了）之后，这才获得彻底的涅槃，也就是"无余涅槃"。所以，早已经获得有余涅槃的慧能前辈知道自己马上就要进入无余涅槃了，而无余涅槃是一种极高的境界，是许多修行者毕生的追求，能够这样涅槃当然是一件天大的好事。

好比一位净土信徒，念了一辈子阿弥陀佛，临终之时知道自己就要往生西天极乐世界了，肯定是很高兴的。以常理而言，只要有信心自己把功夫都做到了的，肯定盼着自己早死。早死才能早脱苦海、早上天堂。所以，要死了，这是一辈子里最大的好事，高兴都来不及，怎么能有悲伤呢？

现在回到方才你在寺院里听老住持临终嘱托的场景，明白了这些道理，你会怎么面对他的死呢？哈哈大笑，对老住持说："您可算要圆寂了，这真是太好了，我真替您高兴！"如果你真这么做，肯定会被大家打出来的。按理说你虽然应该替老住持高兴，但还是应该有些悲伤，因为这就像你的一位亲人接到了来自外国的一份聘书，那是一个天堂一般的国度，工作很轻松，待遇还特别高，你为他感到高兴，但毕竟他这一去你们就很难再有见面的机会了，想到这一层，你又会觉得悲伤。

那么，你的悲伤既然是自然而然的，流露一下当然是符合禅意的吧？可是从传统佛教的"四圣谛"来看，你的这种悲伤正是属于苦谛当中的"爱别离苦"，也就是与所爱之人别离而带来的痛苦，如果你连这个"爱别离苦"都没有看破，显然距离解脱还有十万八千里呢。

再来对比一下慧能的圆寂和那位满怀丧女之痛的信徒，抛开"自然而然的感情流露是否符合禅意"这个问题不谈，慧能是清楚知道自己死后的去处的（应该就是无余涅槃），从此跳出轮回、脱离苦海；而那位信徒应该也同样清楚地知道自己的女儿只是像一个凡夫俗子那样死了而已，她的去处仍然是轮回苦海。所以，同样是死，去处不一，一喜一悲也算正常。那么，这位信徒是否也没有看破"爱别离苦"呢？

越往深里想，就越不容易想清楚。也有学者猜测，说这一段明显贬低法海一帮人，唯独把神会抬高出来，想来是神会的弟子们特意加上去的。如果我们也有一点得道的风骨，多把人往好处想的话，这个意见就忽略不计好了。


慧能临终传下的《真假动静偈》，说的还是以前那些意思，但有几句值得提出来讲讲，就是：


> 有情即解动，无情即不动；
> 若修不动行，同无情不动。
> 若见真不动，动上有不动；
> 不动是不动，无情无佛种。


这是说，有生命的东西都有"动"这个属性，而无生命的东西是没有这个属性的。如果我们坐禅入定，也学那些无生命体一样一动不动，这对修佛来讲是南辕北辙的。无生命的东西是没有佛性的，怎么搞也不可能解脱成佛。

我前面讲"风动幡动"的时候，提到过这个"动"的理论依据，慧能正是基于这种认识反对坐禅的。

# 八

众僧既闻，识大师意，更不敢诤，依法修行。一时礼拜，即知大师不久住世。上座法海向前言：大师！大师去后，衣法当付何人？大师言：法即付了，汝不须问。吾灭后二十余年，邪法缭乱，惑吾宗旨。有人出来，不惜身命，定佛教是非，竖立宗旨，即是吾正法。衣不合传。汝不信，吾与诵先代五祖传衣付法颂。若据第一祖达摩颂意，即不合传衣。听吾与汝颂，第一祖达摩和尚颂曰："吾来大唐国，传教救迷情，一花开五叶，结果自然成。"

第二祖慧可和尚颂曰："本来缘有地，从地种花生，当本元无地，花从何处生？"

第三祖僧璨和尚颂曰："花种虽因地，地上种花生，花种无生性，于地亦无生。"

第四祖道信和尚颂曰："花种有生性，因地种花生，光缘不和合，一切尽无生。"

第五祖弘忍和尚颂曰："有情来下种，无情花即生，无情又无种，心地亦无生。"

第六祖慧能和尚颂曰:"心地含情种,法雨即花生,自悟花情种,菩提果自成。"

能大师言:汝等听吾作二偈,取达摩和尚颂意。汝迷人依此颂修行,必当见性。第一颂曰:"心地邪花放,五叶逐根随,共造无明业,见被业风吹。"第二颂曰:"心地正花放,五叶逐根随,共修般若慧,当来佛菩提。"

六祖说偈已了,放众人散。门人出外思惟,即知大师不久住世。


# 预言身后事


弟子们听完了《真假动静偈》,明白了老师的意思,也就不敢多说什么了。法海突然问了个敏感问题:"老师,您老人家去世之后,衣钵传给谁呢?"

这个问题,问的就是那件要命的袈裟。看来法海还是按着一脉单传的意思来理解的,关心的是慧能选谁来做唯一的传人。

慧能说:"佛法我都传完了,你就别多问了。在我死后二十多年,将会有各种邪法出现,乱我顿教宗旨。那时候会有人站出来,不惜性命,评判是非,重立我的宗旨。这个人,就是我的传人。至于袈裟嘛,我看就别再往下传了。哎,你们可别觉得我这么做是欺师灭祖,我来给你们念一下前任五代祖师爷的《传衣付法颂》,按照达摩老祖的意思本来就不该以袈裟相传的。"

达摩的颂是这样的:"吾来大唐国,传教救迷情,一花开五叶,结果自然成。"至少从字面上看，没看出慧能说的那个意思。也许"一花开五叶，结果自然成"预示着禅宗将来会自然而然地分为五家，分别光大佛法，所以也就没有衣法单传的必要吧。

"一花开五叶"是禅宗很著名的一句话，是说在慧能之后弟子们分头弘法，到了唐朝末年，先后创立临济宗、沩仰宗、曹洞宗、云门宗、法眼宗。慧能禅法分为五家，是为"一花开五叶"，五家的源头全在曹溪，所以还有个"曹源一滴水"的说法。

回过头来想想达摩的话，如果我们相信他老人家法力无边，具有预言能力的话，他的预言显然是非常准确的；如果对特异功能持怀疑的话，那就可以怀疑达摩的这个偈子到底是谁写的，又是在什么时代写的。如果这样一想的话，我们这部敦煌本的《坛经》虽然出处很早，但至早也是唐朝末年才成书的。而且达摩又不是唐朝才来华的，为什么偈子会说"吾来大唐国"呢？显然是不懂历史的人在此作伪。

也有学者根据慧能说的死后二十多年如何如何，推测"这个人"是指神会。那么，我们把两个看法结合起来，就可以推测这个版本的《坛经》很可能是神会的后人编纂出来的，这一段内容也是神会的后人伪造进去的。考之其他版本的《坛经》，慧能说的不是二十多年后而是七十多年后，这个预言肯定不是针对神会而发的。

为什么慧能不传袈裟了，这个问题也很复杂。如果根据《曹溪大师别传》，慧能说自己自从得了袈裟之后连番受到刺客追杀，好几次险些小命不保，所以，为怕后人也落得同等遭遇，袈裟还是不传为好。从此，传法的凭证就从袈裟变成了《坛经》。

现实主义的说法是，神会在滑台大会上指证神秀一系不是禅宗嫡传，一个重要理由就是神秀没有得到弘忍的传法袈裟。那么，你神会既然这么讲，你是慧能的嫡传，你倒是把袈裟拿出来给我们看看呀！但是，一面对这个问题，神秀就开始语焉不详，说这个袈裟现在不在我这儿，是在那个谁谁谁那儿。至于在《坛经》里补上这么一段把传法信物由袈裟改为《坛经》的话，也许是神会一系为自己没有袈裟而做的开脱。

这件袈裟到底下落何在，一团乱麻说不清；袈裟到底存不存在，也一样扑朔迷离。唐中宗曾经下旨要召慧能进京，这份诏书里明确提到传法袈裟，而胡适曾有专论考证史料中这份诏书是后人伪造的。种种史料复杂矛盾，多般考证疑云密布，面对此情此景，还是一个"信"字最简单呀。

# 九

六祖后至八月三日食后，大师言：汝等依位坐，吾今共汝等别。

法海问言：此顿教法传受，从上已来，至今几代？

六祖言：初传授七佛，释迦牟尼佛第七。大迦叶第八，阿难第九，末田地第十，商那和修第十一，优婆鞠多第十二，提多迦第十三，佛陀难提第十四，佛陀密多第十五，胁比丘第十六，富那奢第十七，马鸣第十八，毗罗尊者第十九，龙树第二十，迦那提婆第二十一，罗睺罗第二十二，僧迦那提第二十三，僧迦耶舍第二十四，鸠摩罗驮第二十五，阇耶多第二十六，婆修盘多第二十七，摩拏罗第二十八，鹤勒那第二十九，师子比丘第三十，舍那婆斯第三十一，优婆堀第三十二，僧伽罗第三十三，婆须蜜多第三十四。南天竺国王子第三子菩提达摩第三十五。唐国，僧慧可第三十六，僧璨第三十七，道信第三十八，弘忍第三十九，慧能自身当今受法第四十。大师言：今日已后，递相传受，须有依约，莫失宗旨！

法海又白：大师今去，留付何法？令后代人如何见佛？六祖言：汝听！后代迷人，但识众生，即能见佛。若不识众生，觅佛万劫不得见也。吾今教汝识众生见佛，更留见真佛解脱颂。迷即不见佛，悟者即见。法海愿闻，代代流传，世世不绝。

六祖言：汝听！吾与汝说。后代世人，若欲觅佛，但识佛心众生，即能识佛。即缘有众生，离众生无佛。心迷即佛众生，悟即众生佛。愚痴佛众生，智慧众生佛。心险佛众生，平等众生佛。一生心若险，佛在众生中；一念悟即平，即众生是。我心自有佛，自佛是真佛，自若无佛心，向何处求佛！

大师言：汝等门人好住。吾留一颂，名自性佛真解脱颂。后代迷人，闻此颂意，即见自心自性真佛。与汝此颂，吾共汝别。颂曰：真如自性是真佛，邪见三毒是真魔，邪见之人魔在舍，正见之人佛则遇。性中邪见三毒生，即是魔王来住舍；正见忽除三毒心，魔变成佛真无假。化身报身及净身，三身元本是一身，若向身中觅自性，即是成佛菩提因。本从化身生净性，净性常在化身中，性使化身行正道，当来圆满最真净。淫性本是清净因，除淫即无净性身，性中但自离五欲，见性刹那即是真。今生若悟顿教门，悟即眼前见世尊。若欲修行去觅佛，不知何处欲求真！若能身中自有真，有真即是成佛因；自不求真外觅佛，去觅总是大痴人！顿教法者是西流，求度世人须自修，今报世间学道者，不于此事大悠悠！

大师说偈已了，遂告门人曰：汝等好住，今共汝别。吾去已后，莫作世情悲泣，而受人吊问、钱帛，着孝衣，即非圣法，非我弟子。如吾在日一种，一时端坐，但无动无静，无生无灭，无去无来，无是无非，无住，坦然寂静，即是大道。吾去已后，但依法修行，共吾在日一种。吾若在世，汝违教法，吾住无益。

大师云此语已，夜至三更，奄然迁化。大师春秋七十有六。大师灭度之日，寺内异香氤氲，经数日不散。山崩地动，林木变白，日月无光，风云失色。八月三日灭度，至十一月，迎和尚神座于曹溪山，葬在龙龛之内。白光出现，直上冲天，三日始散。

韶州刺史韦据立碑，至今供养。

此《坛经》，法海上座集。上座无常，付同学道际。道际无常，付门人悟真。悟真在岭南曹溪山法兴寺，见今传授此法。如付此法，须德厚上根，知心信佛法，立大悲，持此经以为依承，于今不绝。

和尚本是韶州曲江县人也。如来入涅槃，法教流东土，共传无住，即我心无住。此真菩萨说，直示行实喻，唯教大智人。是旨，依凡广誓修行，遭难不退，遇苦能忍，福德深厚，方授此法。如根性不堪，称量不得，须求此法，违立不德者，不得妄付《坛经》。告诸同道，令知密意。

# 西天谱系·风云失色

八月三日，大限之日。慧能吃完了饭，对弟子们说："大家都找个位子坐下，今天我就要和你们告别了。"

法海这回不哭了，在老师人生的最后一天平静地请教了一个学术问题："您传授给我们的顿教法门，在您之前已经传了多少代了？"

　　慧能这时候表现出了超强的记忆力，说："最初依次传授了七位佛祖，释迦牟尼佛就是第七位。从释迦牟尼以后，大迦叶是第八祖，阿难是第九祖……龙树是第二十祖……南天竺国三王子菩提达摩是第三十五祖，这就传到了我们唐朝，慧可是第三十六祖，僧璨是第三十七祖，道信是第三十八祖，弘忍是第三十九祖，到我自己是第四十祖。你们以后也要让佛法代代相传呀！"

　　我得解释一下，上边这段话里的省略号可不是慧能省的，而是我给加的，慧能前辈当时可一个都没落下，挨个儿把这个传承谱系从头背到尾，而且在达摩之前还尽是什么迦那提婆、僧迦那提、僧迦耶舍、鸠摩罗驮这类梵文音译的名字。

　　惊叹完这位临终老人的记忆力之后，我们得打个问号：禅宗的谱系真有这么长吗？

　　这问题的答案是斩钉截铁的：没有。

　　释迦牟尼之前的那六位佛祖就不用说了，明显纯属虚构；从释迦牟尼到达摩，这一段师承叫作禅宗的西天谱系，这套东西全是禅宗后学编出来的，一点谱都没有。

　　这里边还大大牵扯着宗派斗争的因素，你说你根红，我说我苗正，你说你有十八代显赫祖宗，我说我有三十六代纯正佛缘。都说得信誓旦旦，其实没一个靠得住的。这也是正常心理，就好像我们俗人也愿意说自己是炎黄子孙、伏羲血脉一样，史学家的严肃考据一般也只在圈内进行，谁又敢冒天下之大不韪去公开宣讲呢？

慧能讲的这段谱系传承，很可能不是他自己说的，而是徒子徒孙窜改祖师爷语录——《坛经》内容从大梵寺讲话记录之后多有后人增窜的痕迹。

　　但是，我们还是怀抱善念，就当真的听吧。接下来，慧能又给弟子们讲了几个偈子，核心思想还是以前那些。最后，慧能嘱咐大家丧事要从俭，说完之后，在三更时分溘然而去，享年七十六岁。

　　大人物的死是要应天象的。这一天，寺内异香弥漫，数日不散，寺外"山崩地动，林木变白，日月无光，风云失色"（这是《坛经》原话）。十一月，弟子们在曹溪安葬老师，此时又有白光显现，直上云天。韶州韦市长为慧能大师立碑纪念，慧能大师永远活在我们心中。

　　大家也不必惊诧，随便翻翻那些对高僧生平的记载，这实在是很常见的。如果我们要做唯物的理解，就得核对当时当地的气象观测记录；如果要做唯心的理解，不妨把"日月无光，风云失色"之类的形容当作是弟子们当时当地的一种心情。唯一的疑点是，根据比较粗略的慧能年谱，慧能应韦据之邀在大梵寺说法大约是在唐仪凤二年（677年），这一年慧能四十岁，而慧能圆寂的时候已是七十六岁，这之间隔了三十多年，韦据居然还在做韶州市长？！

　　《坛经》最后一段是交代自己的传承和法海的几句嘱托：这部《坛经》由法海编辑完成，法海去世时把它交给了同学道际，道际传给悟真，悟真至今仍在曹溪山法兴寺传授。法海说过：只有遇到福德深厚、不畏艰险的人才可以向他传授这部《坛经》，如果遇上根底浅的人，就算他再想学也不让他学。《坛经》是不可以轻易传授的。

这段记载明显还是后人增补的，内容上很有几分江湖气息。不过法海说得一点不错，现在，《坛经》已经讲完了，能把我这番传授从头读到尾的人一定都是福德深厚、不畏艰险的人。恭喜大家了！

对了，今后大家如果突然看到"山崩地动，林木变白，日月无光，风云失色"，千万不要为我悲伤。

# 后记

　　我更多地致力于描述、梳理和分析，而不是评判。换句话说，我只是侦探，而不是法官。而我最后要说的话帕累托前辈早就清晰地表达过了，所以恕我偷个懒，把他的两段话摘录过来：

　　第一，我们不想以任何方式来关注任何宗教、信念、形而上学的信仰、道德或其他事物的固有真理。这并不是说我们对这些事物有半点蔑视，仅仅是因为它们超出了我们不愿超出的界限。我们只从外部观察宗教、信仰等事物，不考察它们的内在价值，因为它们是社会现象。因此，我们完全不会去研究"根据某项高于经验的原则，A应当等于B"的这种命题。但我们要研究一种信仰是如何产生和发展的，它与其他社会现象有何关系。

　　第二，要不超越作者思想表达的范围，不将他从未构思过的其他内含的命题附加到他陈述过的命题上，同样十分困难。如果你在A物上观察到某个缺陷或某个长处，人们就会认为你在整体上诋毁或赞誉此物。这对于宣传性言说或同情感一致的推理来说，还可以，至少可以部分地理解；但当人们试图从对一致性的简单描述或研究中得出结论，推理就不正确，

因为根据逻辑－实验方法客观地进行推理的人无须表达自己
的情感，且不管是明确的还是含蓄的表达。

熊逸